中青年学者文库

赵永清 ◎著

德国民主社会主义模式研究
Reserch on the Democratic Socialism Model of Germany

北京大学出版社
PEKING UNIVERSITY PRESS

图书在版编目(CIP)数据

德国民主社会主义模式研究/赵永清著. —北京:北京大学出版社,2005.10

(未名·中青年学者文库)

ISBN 7-301-08923-6

Ⅰ.德… Ⅱ.赵… Ⅲ.民主社会主义-模型-研究-德国 Ⅳ.D751.621

中国版本图书馆 CIP 数据核字(2005)第 029716 号

书　　　名:	德国民主社会主义模式研究
著作责任者:	赵永清
责 任 编 辑:	锡　羊　舒　岚
版 式 设 计:	王炜烨
标 准 书 号:	ISBN 7-301-08923-6/G·1477
出 版 发 行:	北京大学出版社
地　　　址:	北京市海淀区成府路 205 号　100871
网　　　址:	http://cbs.pku.edu.cn
电　　　话:	邮购部 62752015　发行部 62750672　编辑部 62750673
电 子 信 箱:	xuyh@pup.pku.edu.cn
排　版　者:	北京高新特打字服务社　82350640
印　刷　者:	三河新世纪印务有限公司
经　销　者:	新华书店
	650 毫米×980 毫米　16 开本　14 印张　201 千字
	2005 年 10 月第 1 版　2005 年 10 月第 1 次印刷
定　　　价:	28.00 元

未经许可,不得以任何方式复制或抄袭本书之部分或全部内容。
版权所有,翻版必究

序 一

民主社会主义是当代国际经济政治生活中一个重要的思想和实践流派，同时又是一个有着广泛影响的社会政治形态。它之所以成为一些国家执政党的政治理念和社会党国际的思想圭臬，是因为它有着既广博又斑驳和比较坚实的思想理论基础，有一系列前赴后继的理论家在不同的国度进行着既有国别色彩又有共同指向的民主社会主义理论大厦的构建，同时它还有一大批在国际政治生活中较为活跃的具有重大影响的政治活动家进行着参政、执政的政治实践。社会党国际目前有 90 多个正式成员党参加，在 20 多个国家执政或参政。如果加上观察员、咨询组织和机构，社会党国际的成员达 120 多个，党员 3000 多万。

国内对民主社会主义的研究已开展多年，但对民主社会主义典型模式的个案研究（除"瑞典模式"以外）还不多见。赵永清的《德国民主社会主义模式研究》是对民主社会主义模式个案研究的新的切入和尝试，为我们展开了民主社会主义模式研究的新视角。

赵永清 1982 年跟随我读硕士，1985 年毕业后工作几年又读我的首批博士。他毕业 10 年来在世界政治经济领域笔耕不辍，一边从事政策研究，一边撰写了大量论著，在学界产生较大反响。《德国民主社会主义模式研究》是他长期跟踪德国民主社会主义发展、演变和运动轨迹的突出成果。德国的民主社会主义模式以理论架构完整、历史渊源深厚、实践经验丰富见长。赵永清运用历史唯物主义观点,从历史到现实、从理论到实践、从国内政策到对外关系等诸多方面对民主社会主义的德国模式进行了全面系统的探讨和分析,在我国这方面的研究中尚属鲜见,具有相当的突破性意义。赵永清对德国民主社会主义的理论与实践既明确地指出其与马克思主义科学社会主义的根本对立及其历史局限性,又实事求是地剖析其中的合理因素和一定的进步意义。特别是关于德国民主社会主义的基本价值论、共决制的思想与实践、党与工会的关系等问题的阐述,内容新颖,论述出色,反映出作者的思想深度和创新。全书结构完整,材料丰富,逻辑严谨,说理清晰,具有较高的学术价值。祝贺该书的出版填补了我国民主社会主义模式个案研究的空白,希望赵永清把这方面的研究继续做下去,取得更多更新的成果。

是为序。

曹长盛
2005年3月于蓝旗营

序　二

赵永清与我是北大博士同学。实际上早在1982年，永清从西安交大考入北大国际政治系读硕士研究生时我们就已相识，当时我刚刚从北大国政系毕业留系任教。我们都是"文革"后通过首届全国高考上大学的，上学前都插过队或工作过，大家都有着相似或相同的经历。1991年，我们又一同回母校读博士，同专业、同宿舍，接触就更多了。当时，学生宿舍非常紧张，我因为一边读书一边上班，除了有时候中午偶尔休息之外，我实际上不住校。这样，每到节假日，永清的爱人就带着孩子从南方远道而来，一家三口在北大校园相聚，乐融融、情依依，读书之余有亲情相伴很受同学羡慕。记得我当年写博士论文，永清同学还将他翻译的德文资料供我参考。回忆博士学习生涯，至今历历在目。

一晃博士毕业已10余年。10多年来，同期毕业的博士同学都在各自的岗位上努力工作，取得了不菲的成绩。永清同学在政府机关从事政策研究等相关工作，运用自己所学努力在理论和政策的结合点上刻苦钻研，撰写了许多有深度有见地的文章和论著，有些产生了较大影响。如世界经济政治化问题，永清同学多年专注于此，在这方面的研究成果比较领先，对经济政治化、政治经济化关系的辩证论述及其发展趋势的预测引起较大反响，一系列重要论点被多方关注、转载。

现在呈现在读者面前的这本书，是永清同学在博士论文基础上长期跟踪研究德国民主社会主义问题的结晶。其重要的创新和着眼点主要在于：民主社会主义到底为何有如此大的影响力——从概念、到思潮、到运动、到模式。永清同学从民主社会主义中极具典型意义、具有重大影响的德国"参与型社会主义"模式入手，通过民主社会主义在德国社会内部生成发展演化的历史过程，阐明了作为一种延绵不断的思潮、作为一种经久不衰的运动、一种在现行资本主义制度框架内颇有生命力的体制结构要件的德国民主社会主义的来龙去脉。德国民主社会主义主张工人共同参与企业管理，其"共决制"思想和实践较为完善，开创了西方发达国家实行共决的先河。永清同学对这一思潮与科学社会主义尖锐对立的理论分析深刻，政策对应性强，对于我们加深理解不同社会结构的差异和人类历史发展存在的多元现象有一定的借鉴意义。全书框架结构清晰，材料丰富，有历史、有理论，有逻辑分析、有事实阐述，与永清同学的其他文章一样，读起来有理论穿透力，不枯燥。

前不久，永清同学被派往中国驻科特迪瓦共和国大使馆任经济商务参赞，赴任前当年的同学们为他送行，大家都祝他在新的岗位上继续努力钻研、深入思考，对世界经济政治问题，对中国经济与世界经济的融合问题，对发展中国家的经济外交等做出自己新的更大的贡献。我想，凭着他多年的执着和韧劲，他一定会有更好的成果奉献出来。

蔡 武
2005 年 4 月

目　录

导言 …………………………………………… (1)
第一章　德国民主社会主义溯源 ………… (13)
第一节　德国民主社会主义源于社会
　　　　民主主义 …………………………… (14)
　　一、1848年革命时期德国的社会民主主义 …… (14)
　　二、19世纪六七十年代德国的社会
　　　　民主主义 …………………………… (16)
　　三、19世纪八九十年代德国的社会
　　　　民主主义 …………………………… (19)
第二节　德国民主社会主义发端于伯恩施坦
　　　　修正主义 …………………………… (21)
　　一、德国资本主义的迅猛发展和统治阶级的
　　　　"双重政策" ………………………… (21)
　　二、德国工人运动的严重右倾 …………… (24)
　　三、伯恩施坦修正马克思主义、发端民主
　　　　社会主义 …………………………… (26)
第二章　世界观和理论核心 ……………… (32)
第一节　价值中立、伦理主义的世界观 …… (33)
　　一、价值中立的多元主义 ………………… (33)
　　二、伦理的社会主义 ……………………… (39)
第二节　核心的基本价值论 ………………… (46)
　　一、主要内容及其相互关系 ……………… (47)
　　二、核心地位及其实质 …………………… (51)

第三章　国家观和民主论 …………… (63)
第一节　捍卫、拥护现存国家 …………… (63)
一、笃信国家社会主义 …………… (64)
二、推崇资产阶级民主共和国 …………… (66)
三、拥护、捍卫现存国家 …………… (68)
四、参与缔造现代国家 …………… (71)
第二节　从政治民主到经济民主 …………… (78)
一、政治民主论 …………… (78)
二、经济民主论 …………… (87)

第四章　经济理论和政策 …………… (94)
第一节　混合经济理论 …………… (95)
一、所有制思想的演变 …………… (95)
二、混合经济理论的形成 …………… (99)
第二节　总体调节政策 …………… (104)
一、总体调节政策的认识基础 …………… (105)
二、总体调节政策的提出和贯彻 …………… (107)

第五章　共决制思想和实践 …………… (115)
第一节　共决制思想的历史发展 …………… (115)
一、共决制思想的萌芽 …………… (115)
二、共决制思想的发展 …………… (118)
三、共决制思想的完善 …………… (119)
第二节　共决制的贯彻实施 …………… (121)
一、共决制的两种实施模式 …………… (121)
二、共决制实施效果分析 …………… (127)

第六章　工会运动 …………… (134)
第一节　工会中立于政治斗争 …………… (134)
第二节　工会独立于政党政治 …………… (142)

第七章　社会政策 …………… (151)
第一节　充分就业和生态环保政策 …………… (151)
一、就业问题 …………… (152)
二、职业培训 …………… (154)
三、劳动人道化 …………… (160)

四、生态环保 ………………………………（162）
第二节　收入、财产和福利的分配政策 ……（167）
　　一、收入分配 ………………………………（167）
　　二、财产分配 ………………………………（169）
　　三、福利分配 ………………………………（171）
第八章　国际政策 …………………………（179）
第一节　德国问题——从"理想"到现实 ……（180）
　　一、僵硬的、理想主义的"德国统一" ………（180）
　　二、灵活的现实主义的新东方政策 …………（182）
第二节　国际社会——在安全和发展中
　　　　　维护和平 ……………………………（185）
　　一、和平构想 ………………………………（186）
　　二、安全政策 ………………………………（187）
　　三、共同发展 ………………………………（188）
结语 …………………………………………（191）
参考文献 ……………………………………（205）
后记 …………………………………………（213）

导　言

一

当今世界,国际政治经济发展激荡着与以往迥然不同的历史画卷。一超多极、恐怖主义、宗教纷争此起彼伏;受政治多极化影响,经济全球化、区域经济合作、各种各样的区域性贸易安排五彩缤纷——真可谓东边日出西边雨,你方唱罢我登场,一波未平,一波又起。但是,如果没有曾经的潜滋暗长、波涛汹涌,就不会有新世纪的波澜壮阔、气象万千。回顾20世纪的社会政治发展,具有重大影响的社会政治思潮显示着一种十分清晰的脉络和走向——列宁主义和民主社会主义百年分道,潮起潮落,在国际共产主义运动和国际工人运动中比肩走过整整百年:上半世纪,列宁主义风起云涌,高潮迭起,态势蔚为壮观;下半世纪至今,民主社会主义后浪推前浪,在全球范围迅速扩展,影响广泛,成为当代国际政治中的一股重要势力。

从19世纪末到20世纪初的世纪之交,即马克思恩格斯逝世以后,西方资本主义的发展出现了一些新的现象,英法德在相继完成工业革命以后,经过较长时间的量的增长和积累,资本主义生产关系出现了新的变化:垄断以巨大的推动力把资本主义推向前去,资本主义向帝国主义阶段迅速过渡。经济上的垄断及其意志开始主宰国家政治生活;资产阶级的政治统治更加成熟老练。资产阶级民主经过百年反复日益完善,而工人运动在此期间经历了一个较长期的和平发展阶段。此时此刻,需要对资本主义社会的新发展做出分析,以便正确地指引国际共产主义运动和国际工人运动。就是在这种历史背景下,列宁主义和民主社会主义的鼻祖——伯恩施坦修正主义应运而生,从不同的方向对马克思主义进行了发展和修正,对国际性的共产主义运动和工人运动产生了重大影响,其影响伴随着整个20世纪的百年变迁。

列宁坚持从马克思主义的方法论出发,对当时的世界历史现象作了科学的阐释和得出革命的结论,指引俄国革命走向胜利,并影响到许多国家共产党的革命道路和世界历史的发展进程,极大地改变了世界力量的对比,向前发展了马克思主义。当然,不可否认,有些国家在受到列宁主义影响的同时,犯了教条主义的错误,在一定程度上减弱了列宁主义的影响力。但从总体上来看,在20世纪上半叶,无论在影响的深度和广度上,列宁主义都超过了民主社会主义。

而在欧洲一些传统的工人运动比较发达的国家,有些人则是用改良主义观点来解释马克思主义。他们认为马克思的分析只是针对以前的资本主义,不能再适应新的情况,应借助各种各样的哲学、经济学理论,修正马克思主义。其代表人物,在法国有饶勒斯、米勒兰,英国有费边社,德国有伯恩施坦。特别是伯恩施坦,是修正主义集大成者。自从伯恩施坦19世纪末系统修正马克思主义并在《社会主义的前提和社会民主党的任务》中提出民主社会主义概念以来,经过20世纪初和两次世界大战期间的逐步发展演变,民主社会主义首先在德国获得了长足的进展,从起初的概念发展为对德国工人运动具有主导性影响的政治思潮,在魏玛时期又有初步的改良实践,在长期的发展进程中逐渐形成一个相对独立的、较为完整的思想体系,使德国的工人运动成为名副其实的从理论到实践的民主社会主义改良运动。但与列宁主义相比较,在20世纪上半叶,民主社会主义除了在个别或少数国家的工人运动中具有主导性影响之外,在整个国际工人运动大潮中,其影响与列宁主义相比还是略逊一筹。

第二次世界大战以后,列宁主义和民主社会主义对国际工人运动影响力的对比发生了显著变化——民主社会主义迅速扩展,而列宁主义的影响力和凝聚力却逐步衰减,特别是在具有工人运动传统的欧洲。战后的社会主义国家纷争不断,损害了马克思列宁主义的光辉形象。毛泽东错误发动"文化大革命",在国际上也造成不好影响。斯大林和毛泽东晚年犯下的严重错误,使得相当一部分人对马克思列宁主义的理论和科学社会主义的前途和命运产生怀疑和担忧。加之在列宁主义的影响下建立起来的社会主义国家由于种种原因对社会主义制度的优越性发挥得不够充分,经济建设搞得不够理想,科技发展在大多数领域没有跟上世界潮流,与西方发达资本主义国家的差距越拉越大。这就使欧洲发达资本主义国家工人运动中根深蒂固的思维定势愈益强化:列宁主义没有前途,民主社会主义是最佳选择。20世纪80年代末90年代初的东欧剧变和苏联解体,更将这一思维定势推向极端——有相当一部分列宁主义式政党公开抛弃列宁主义,举起民主社会主义大旗,成为民主社会主义党。虽然在苏东剧变后的初期民主社会主义也受到一定挫折(现在似有回升迹象),但一些"西方马克思主义者"和民主社会主义者却始终坚信,社会主义优于资本主义,未来的社会主义必将是民主社会主义。

从战后西方发达资本主义国家新科技革命的迅速展开和步步深入来看,不仅使这些国家原已较高的生产力跃上新的台阶,而且促使资本主义社会在战前就已经处在变化中的社会结构和阶级结构进一步发生了深刻的改变,中间阶层人数日益众多,无产阶级生活水平稳步提高,而且许多人还拥有股份。在范围日益扩大的工人参与民主管理的情况下,以往传统工人运动中的劳资对立已很模糊,工人阶级的斗争意识逐渐弱化,革命性越来越不明显。这种生产关系的自然而然的改变,为民主社会主义的改良主张提供了大显身手的广阔的历史空间和实践舞台。民主社会主义认为"在资本主义的树上接上社会主义的枝子"不仅在理论上而且在实践中已有可能,这种结合之果既非是那种对资本进行私有垄断的资本主义、亦非是那种会导致"极权主义"的、实行生产资料社会化的共产主义,而是采取中间道路——第三条道路的民主社会主义,即通过渐进的、"平静的革命"或"平静的社会化",对资本主义进行和平改良,以实现民主社会主义所追求的自由、公正、相助等一系列基本价值以及民主政治、混合经济、福利国家、世界和平等等。民主社会主义的纲领主张在一定程度上适应了第二次世界大战以来新科技革命带来的资本主义世界的变化,因而其影响力在欧洲日增,并进而逐步扩展至亚非拉美。民主社会主义的国际组织——社会党国际目前有90多个正式成员党参加,在20多个国家执政或参政。如果加上观察员、咨询组织和机构,社会党国际的成员达120多个,党员3000多万。民主社会主义在其长期的演化过程中不仅影响广泛,而且还形成了几种不同的发展模式,如著名的"瑞典模式"、德国社民党的"参与型社会主义模式"、法国社会党的"结构改革型社会主义模式"等。

从20世纪欧洲工人运动的发展可以看出,在马克思主义基础上衍生起来的列宁主义和对马克思主义修正的民主社会主义百年来的变迁清晰表明:列宁主义渐呈劣势,科学社会主义暂处低潮;民主社会主义则取上升之态。不管这一态势能延续多久,作为一个严肃的世界政治经济工作者,应在马克思主义历史唯物主义基础上,对之进行科学的研究和思考。关于列宁主义的潮起潮落、升降沉浮,是一个重大的研究课题,有待另文叙述。本书着眼点在于:民主社会主义到底为何有如此大的影响力——从概念、到思潮、到运动、到模式?

二

民主社会主义这股国际性的改良主义思潮,尤其在第二次世界大战以来发展较快。由于民主社会主义在世界上影响日增,国际上许多学者都在密切注视民主社会主义的发展,对民主社会主义进行日益深入的研究。前苏联理论界在民主社会主义的批判性研究方面成果累累,其代表作有:尼基京:《民主社会主义思想体系批判》,费多谢耶夫主编:《什么是"民主社会主义"?》,萨雷切夫著:《寻求第三条道路——现代社会民主党思想发展史》,以及西比列夫著：《社会党国际》等。这些著作的翻译出版，对推动我国学术理论界开展民主社会主义研究起到了一定的作用。但这些著作有着一些共同的缺陷，即只作一些面上的总体定性描述，缺乏对具体的民主社会主义模式的较为深入的个案分析。西方学者在民主社会主义研究方面的理论著述汗牛充栋，主要有：〔德〕勃兰特、〔奥〕克伦斯基、〔瑞典〕帕尔梅：《书信与谈话集》，〔美〕史蒂文·克雷默：《西欧社会主义——一代人的经历》，〔法〕雅克·德罗兹：《民主社会主义(1864—1960年)》，〔德〕托马斯·迈耶尔、〔法〕雅克·德罗兹、〔美〕卡尔·兰杜埃：《论民主社会主义》(以上已有中译本)，以及〔德〕维利·艾希勒：《民主社会主义论集》，〔德〕霍尔斯特·海曼、托马斯·迈耶尔：《改良社会主义和社会民主主义——关于魏玛时期民主社会主义的理论讨论》，托·迈耶尔：《民主社会主义导论》、《民主社会主义中的基本价值和科学》等。西方学者的文章、著作对于我们研究民主社会主义颇有启发，但由于其观察问题的方法与基本立场与我们不同，其立论基础我们不能同意，其研究结论当然是不能全盘接受的。

改革开放以来，我国在民主社会主义研究方面发表、出版了大量文章和若干论集，逐步从开始时对民主社会主义的一般性介绍、评论到对民主社会主义作较为深入的个案研究和比较研究。所谓个案研究，就是研究民主社会主义的不同模式。要把民主社会主义研究深入下去，个案研究和比较研究必不可少。而前者又是后者的基础，因为比较研究必须建立在个别研究的基础之上。在这方面，对影响较大的瑞典模式的研究是我国学术界有关民主社会主义模式研究的先声。但即使对研究较早的瑞典模式，也还未系统化，对民主社会主义其他模式的研究更是如此。民主社会主义模式多种多样，除瑞典模式外，还有德国模式、英国模式、法国模式等。民主社会主义在不同的时代、不同的国度具有不同的表现形式。尽管民主社会主义在其总体特征上有许多共性的、普遍的、一般的内涵，如改良、多元、妥协、议会道路、全民党等等，但在不同的国家，民主社会主义的不同发展模式又呈现出明显的区别：瑞典模式与德国模式不同，法国模式与英国模式有异。不同的历史传统、文化背景、经济结构、民族习惯乃至宗教影响导致民主社会主义模式的多样性。本书以德国民主社会主义为研究对象,力图通过德国民主社会主义在德国资本主义社会内部生成、发展、演化的历史过程,搞清民主社会主义作为一种延绵不断的思潮、作为一种经久不衰的运动、作为一种在资本主义制度框架内颇有生命力的体制结构要件的来龙去脉。通过剖析德国民主社会主义这一"个别",来更好地认识民主社会主义"一般";通过对德国民主社会主义基本理论的分析,来揭示民主社会主义与科学社会主义的尖锐对立;通过对德国民主社会主义一些政策主张的评述,吸取其中一些有益的经验。同时,对德国民主社会主义模式的研究,对于我们理解不同社会结构的差异和人类历史发展所存在的多元现象亦有重大的现实意义。

三

从世界范围来看,德国的民主社会主义无论是作为一种思潮、运动,还是其从理论到实践对资本主义发展的影响和国际工人运动的影响来看,都极具典型意义。从思潮的渊源来看,民主社会主义源于社会民主主义,但无论是社会民主主义起初只是作为一个概念产生于1848年欧洲革命中(当时还未形成一种思潮),还是19世纪60年代作为一种思潮对一个国家的工人运动产生重大影响,德国都堪称最早;现代意义上的对资本主义进行改良的民主社会主义概念最早就是由德国社民党的理论家伯恩施坦提出来的。从民主社会主义思潮的发展演变来看,早在魏玛时期,德国民主社会主义的思想体系就已经初具规模,政治民主、经济民主作为民主社会主义思想体系的大的框架就已经基本形成,并且有过初步的民主社会主义理论和实践相结合的尝试,也就是说,早在社会党国际1951年公开举起民主社会主义大旗以前,德国就已经有过民主社会主义的实践,只是因为希特勒法西斯的崛起才中断了这一实践过程,从而限制了德国魏玛时期民主社会主义的影响。民主社会主义成为一种国际思潮,被当作国际社会民主党的思想体系和政策的基础,成为社会党国际和加入该国际的各个社会民主党的正式理论,是第二次世界大战以后的事。但是,由于德国在战前就已有过民主社会主义从理论到实践的改良尝试,所以我们完全可以说,德国的民主社会主义是社会党国际民主社会主义的理论先导。确实,从民主社会主义的理论形态来看,德国民主社会主义理论色彩最浓,理论本身也最系统,对社会党国际民主社会主义的理论影响也最大。(1)从民主社会主义运动的角度来看,这一运动之所以能扩展到欧洲以外的世界其他地区,是与德国社民党主席勃兰特长期担任社会党国际主席分不开的。作为德国党主席同时又是社会党国际杰出的活动家,勃兰特以"新东方政策"和使民主社会主义成功地向全球性扩展名闻遐迩。德国民主社会主义运动的世界性影响可见一斑。总之,从德国民主社会主义的典型性来看,研究、了解了德国的民主社会主义,也就基本把握住了作为一种国际思潮的民主社会主义的发展脉络。

称德国民主社会主义为模式,是以 1959 年社民党哥德斯堡代表大会通过的新党纲——哥德斯堡纲领为界碑的。哥德斯堡纲领使社民党完成了重大的理论转轨,在党的性质、指导思想和世界观方面都通过该纲领的明确界定从以前的渐变转为质变和突变,并最终使社民党从在野走向执政,得以用政权的力量去贯彻、实施了一系列带有德国特色的民主社会主义政策,扩大了德国乃至国际民主社会主义运动的影响。以哥德斯堡纲领的发表为重要标志,德国的民主社会主义逐渐模铸成型而模式化。哥德斯堡代表大会成为社民党历史的界碑,哥德斯堡纲领成为德国民主社会主义运动的界碑,哥德斯堡模式成为德国民主社会主义的特称。(2)但是,德国的民主社会主义并不是在 50 年代末一下子在哥德斯堡模式化的,也并不是凝固于哥德斯堡一成不变的。在哥德斯堡以前,在两次世界大战之间时期,甚至早在 19 世纪末 20 世纪初,在 1848 年欧洲革命中,德国工人运动中的改良主义、民主社会主义概念、民主社会主义思想体系、民主社会主义实践等等就在逐步繁衍、成型、操作、展开、演变着。没有百年来长期的改良主义从思想到实践的演化和德国社会结构的变化,就没有德国民主社会主义的哥德斯堡模式。况且,自哥德斯堡纲领发表以来,特别是 20 世纪七八十年代以来,随着科技革命的发展和国际政治经济形势的变化,纲领中原有的一些提法已不再适合新的时代,许多说法已落后于时代的发展,尽管基本价值仍然适用。所以社民党在20世纪70年代中叶和80年代末先后通过了"1975—1985年经济政治大纲"和"1989年柏林纲领",对哥德斯堡纲领的许多方面作了发展和修正。因此,如果因为德国民主社会主义重要的发展阶段是以哥德斯堡纲领为标志和界碑就只研究哥德斯堡纲领本身或只围绕哥德斯堡纲领发表前后进行研究,是无法使人看清德国民主社会主义的全貌、无法使人知晓其来龙去脉的。所以,本书既以哥德斯堡纲领为重要的历史和理论的着眼点,同时又立足哥德斯堡,将笔触延伸至德国工人运动和社会政治经济发展的广阔的历史空间,从德国近代历史变迁、社会变革和政治思潮嬗变的交互作用的关系整体中去把握德国民主社会主义的来龙去脉及其精神实质。

德国民主社会主义既是一种思潮,又是一种运动,是正在进行着和持续着的一种变化。从长远来看,具有百余年历史的德国社民党的民主社会主义的发展变化还远未完成。尽管如此,德国民主社会主义还是有一个相对的、大致可以把握的框架,这主要指德国民主社会主义的思想体系、德国民主社会主义运动和德国民主社会主义内容广泛的政策实践。任何一个思想体系,总有一些基本的、核心的概念作为支撑,德国民主社会主义思想体系也不例外。本书按照历史和逻辑的统一的研究方法,从搞清德国民主社会主义概念从何而来又是怎样形成的作为研究德国民主社会主义的理论起点和逻辑起点;以德国民主社会主义的世界观和理论核心——基本价值论、国家观和民主论为主体解析德国民主社会主义思想体系的理论框架;对德国民主社会主义的经济理论(混合经济论)和政策(总体调节政策),以及代表了德国民主社会主义典型特征的、具有广泛影响的共决制思想和实践,则是从理论和实践相结合的角度去进行剖析;对德国民主社会主义的工会运动、社会政策和国际政策则主要是从运动的角度、从政策的贯彻实施即实践的角度展开阐释。全书将循着德国民主社会主义溯源、德国民主社会主义理论、德国民主社会主义理论和实践的结合、德国民主社会主义实践这样一种次序分章叙述,力图较为客观地、历史地揭示出德国民主社会主义的主要层次和整体内涵。

四

在德国资本主义的框架内衍生、发展起来的德国民主社会主义是德国历史的产物。历史的秘密只有从历史的进程中去揭示，德国民主社会主义发生、发展的原因显然只有从德国近代历史的发展变化中去寻求。所以，简单分析一下德国近代历史变迁的特点和阶级结构的特点，是我们理解德国民主社会主义发生、发展的重要的历史前提。

与英法相比，德国资本主义的发展要落后得多。英国和法国在15世纪结束前已是强大的民族实体。16—18世纪，英国已经实现了向资本主义的过渡，法国已确立绝对君主制，德国却分裂成300个独立邦、50个自由市和1500个帝国骑士领地。在16世纪时，德国的商品经济比英法发展程度高，城市也十分发达，按理来说，向资本主义过渡应该比较容易。但由于诸侯割据，封建势力特别顽固，德国资本主义社会取代封建主义社会其过程格外艰难。德国从公元9世纪到19世纪长期处于分裂状态，王权一直十分弱小，造成诸侯势力特别强大，全国统一的局面难以形成。这就给需要统一的市场的资本主义的发展造成种种障碍，使德国远远落后于同时期的欧洲其他国家。后来，当普鲁士19世纪初通过施泰因—哈登贝格改革强盛起来以后执统一德国之牛耳时，由于德国历史上王权长期衰落形不成强有力的中央集权这种特殊的历史发展，只有用普鲁士的强权才能改变这种局面，所以俾斯麦就顺理成章地走上了用铁和血、通过王朝战争从上面来完成德意志国家统一的道路，从而使得后来的德国具有强烈的军国主义和国家主义色彩。德国发动两次世界大战以及1990年德国重新统一后世人普遍担心的到底欧洲是"德国的欧洲"还是德国是"欧洲的德国"以及新纳粹的崛起等等，都要从这个背景出发去考虑。当然，这一历史背景也是我们在研究德国民主社会主义发生、发展、演变以及与此相关的德国其他一些社会主义思潮，如国家社会主义、民族自由主义的社会主义时所不能忽视的一个重要方面。

与德国资本主义发展的落后成正比,德国资产阶级相对于英国、法国的资产阶级和德国本国的容克贵族封建势力,力量要小得多。德国资本主义不仅发展时间比英法晚,而且在发展程度上也没有出现过英法曾经历过的资产阶级经济繁荣和政治统治的时代。当英国资产阶级早于德国两百多年、法国资产阶级早于德国一百多年横扫中世纪封建残余的时候,德国资产阶级还根本不能实行资产阶级革命和在国内实现所谓的"资产阶级自由"。由于落后于欧洲主要资本主义国家而在世界贸易中无足轻重以及与此有关的经济生活的衰落;德意志政治上的分散性和落后性;国民精神的停滞和衰败,而封建腐朽反动的王朝势力却十分强大,所有这一切,都阻碍了德国资产阶级的强大、繁荣和昌盛。即使德国资产阶级想有所发展,也受到先进的英法资本主义和落后的容克贵族势力的内外夹击。德国工业资产阶级人数较少,而且受到英法向德国倾销工业品的压力,商业资产阶级主要输出容克地主的农产品,与地主、贵族有密切联系,并维护他们的特权。由于德国资产阶级力量弱小,因而在政治上软弱动摇。它把安全地握有自己的资本看得比直接掌握政权重要得多,所以甘心屈从于军事官僚专制,让封建贵族去掌握政权,自己则埋头于发财致富。但是,封建制度的束缚、国家的分裂限制着德国资本主义的进一步发展。软弱的德国资产阶级不能彻底清除容克影响和中世纪的封建残余,同时它害怕工人运动和无产阶级更甚于封建势力。德国资产阶级在尚未取得完全的经济地位之前,就和容克贵族站在一起,共同反对日益强大的无产阶级,"把普鲁士政府看成是它反对工人的救星"。[3]因此,德国资产阶级不主张进行根本改革,只要求在普鲁士立宪政府的领导下,建立除奥地利之外的全德联盟,而社会生产力的发展又不得不把资产阶级推到前台,所以德国后来成了资产阶级与容克贵族结盟统治的国家。德国资产阶级这种依附于容克贵族的政治上的软弱性,注定其在德国的社会政治变革中没有大的作为。

德国资本主义的不发展,造成了完全依靠工资生活的雇佣劳动者——德国无产阶级不可能在德国居民中间占大多数。为了壮大自身力量,德国工人运动必须寻找同盟军,而这样的同盟军只能在处于无产阶级和资产阶级之间的广大的小资产阶级阶层中去寻求。由于德国的大资本家和工业资产阶级不发达,德国小资产阶级人数很多,几乎占城市居民的大多数。而德国城镇人口在全部人口中又占有很大的比重(因为德国城市众多,早在16世纪初就有大约100个自由城市)。(4)马克思、恩格斯在《共产党宣言》中指出:"在德国,16世纪遗留下来的、从那时起经常以不同形式出现的小资产阶级,是现存制度的真实的社会基础。"(5)在德国历史上,特别是在1848年革命中,小资产阶级民主派一度强大有力,"它不但包括了城市的绝大多数资产阶级居民、小工商业者和手工业者;跟着它走的还有农民和尚未得到城市中独立的无产阶级支持的农村无产阶级。"(6)小资产阶级虽然人数很多,但在封建割据状态下很难组织起来,不能掌握自己的命运,常常把希望寄托在皇帝和国家身上,这就使得他们在关键时刻往往缺乏革命的彻底性,更多地是呈现出改良色彩,为德国小资产阶级改良主义的广泛流行提供了深厚的社会土壤。德国小资产阶级,按其经济生活条件来说,接近资产阶级;按其存在的不稳定性来说,则又接近无产阶级的地位。恩格斯在《德国的革命和反革命》中对德国小资产阶级的历史作用非常重视,他特别强调:"这个阶级在所有现代国家和现代革命运动中,都居于极重要的地位,而在德国尤其重要,在最近德国各次斗争中,它常常起着决定性的作用。"(7)而只要在资本主义条件下,小资产阶级就总是"经常重新形成着"。(8)因此,在德国,小资产阶级改良主义思想可以经常改头换面以适应新的条件,成为德国社会思潮中的一个常数。直至现代,德国民主社会主义重要的社会基础——中间阶层,其阶级属性虽然可以划归工人阶级,但其改良主义的政治取向则与德国历史上小资产阶级的政治取向非常相似。所以,研究德国的民主社会主义,不可忽视德国历史发展所造成的软弱的资产阶级、不强大的无产阶级和人数众多且发达的小资产阶级这一特殊的历史现象。

注:

(1)前苏联研究社会党国际的专家西比列夫就曾指出:"德国社会民主党是国际社会民主党的思想领袖。"《社会党国际》,中国社会科学出版社1983年版,第46页。

(2) 如前苏联科学院社会科学情报研究所研究室主任 B.C.奥尔洛夫著:《民主社会主义:失算、探索、问题》一书,就将民主社会主义的德国模式称之为"哥德斯堡模式"。〔民主德国〕1985年德文版。

(3)《不要任何妥协!》,三联书店1964年版,第8页。

(4) 城镇人口占全人口的比重,1890年为47%,1900年为54.3%,1910年为60%。转引自《新编剑桥世界近代史》第12卷,中国社会科学出版社1987年版,第644页。

(5)(6)(7)《马克思恩格斯选集》第1卷,人民出版社1985年版,第279页,第384页,第505页。

(8)《马克思恩格斯选集》第4卷,人民出版社1985年版,第493页。

第一章
德国民主社会主义溯源

德国民主社会主义是一个整体。它包括德国民主社会主义的思想体系、理论结构、运动演进、政策实践等等。要从整体上研究德国的民主社会主义,首先就得搞清它是从何而来。从某种意义上说,追溯思潮的源头比研究这一思潮本身更为重要。相对于欧洲几个主要的社会党来说,英国工党的民主社会主义理论主要依据工联主义和费边社的改良主义,法国社会党的民主社会主义则是继承了蒲鲁东的改良主义思想。德国社会民主党的民主社会主义则有着更加深厚的理论传统。对德国民主社会主义影响最大的当属拉萨尔主义和伯恩施坦修正主义。但更早一点则可追溯到1848年革命时期。当时提出的"只有在民主—社会的共和国里,社会问题的解决才是可能的"原则成为后来德国社会民主党的政治主线。德国社会民主主义的工人运动从一开始起就将社会主义和民主结合在一起作为其行动准则。1869年,由奥·倍倍尔和威·李卜克内西在爱森纳赫建立的党即取名"社会民主工党",具有明显的社会民主主义性质。爱森纳赫纲领中突出了至今仍然构成社会民主党特征的核心:自由民主与社会主义的紧密联系。[1]因此,考察德国民主社会主义的由来,必须从1848年革命谈起。

第一节
德国民主社会主义源于社会民主主义

一、1848年革命时期德国的社会民主主义

德国1848年革命的首要任务是实现被分裂成了36个邦的国家的统一,消灭封建专制制度,废除封建割据,建立资产阶级民主的民族国家,为发展资本主义扫清道路。完成这一历史使命的本应是资产阶级,但由于德国资产阶级力量弱小和政治上的动摇,结果任务落在了无产阶级、农民和小资产阶级身上。当时德国的无产阶级大部分还是手工业工人,思想上受小资产阶级民主派影响较深,所以,在1848年德国革命中,小资产阶级激进民主派占主导地位。

1848年,德国先进工人在许多城市成立了政治性的工人协会,而协会的领导绝大多数是小资产阶级民主派,他们竭力把工人建立独立组织的意图引导到小资产阶级的轨道上去。当时德国的工人运动"完全受小资产阶级民主派支配和领导。"[2]马克思和恩格斯也充分意识到这一点,认为共产主义者同盟的盟员只能以民主派极左翼的身份进行活动。马克思、恩格斯在1848年6月创办的《新莱茵报》也是以民主派机关报的面貌出现的。[3]恩格斯在后来回顾这一段斗争历史时曾经指出:"如果我们当时不愿意这样做,不愿意站在已经存在的、最先进的、实际上是无产阶级的那一端去参加运动并推动运动前进,那我们就会只好在某一偏僻地方的小报上宣传共产主义,只好创立一个小小的宗派而不是创立一个巨大的行动党了。"[4]马克思、恩格斯在办报的同时派能干的共产主义者同盟盟员斯蒂凡·波尔恩(1824—1898)去柏林组织工人中央委员会。波尔恩虽然在组织上参加了共产主义者同盟,但在思想观念上是属于小资产阶级民主派。他迫切想以政治活动家的身份出来活动,只图在自己周围纠合一群人,企图建立一个仅仅依靠众多的追随者就可以实现自己愿望的组织。所以他在组织了工人中

央委员会以后,又在柏林建立了全德工人兄弟会,与各色人等称兄道弟,并自称是社会民主主义者。

全德工人兄弟会的建立符合德国工人阶级实行跨地区联合的迫切要求,使许多工人协会建立了松散的联合,并促进工人进一步组织起来。作为一个以建立工会和合作社为目标的组织同工人中某些强烈的行会要求相比,全德工人兄弟会体现了德国的工人运动发展到了一个较高的组织阶段。但是,斯蒂凡·波尔恩只是局限于向国家提出经济和社会要求,主张合法地实现"劳动合作社",以及提出一些小资产阶级的改良建议。他们的口号是"一人为大家,大家为一人"。在这一口号下,自助相助和社会改良的原则成为当时工人运动的坚强柱石。1848年9月18日,"工人兄弟会"致全体工人和工人协会的呼吁书中就这样写道:"工人必须自己救助自己"。"只有相助,你们才会强大有力。"[5]由此可见,"相助"后来作为民主社会主义的基本价值,在德国工人运动中早有端倪,源远流长。波尔恩这些社会民主主义者希望"工人阶级通过自身的组织成为政治的和道义的力量,在民主的国度中推行社会改革"。[6]他们希望议会立法,促成结社自由、介绍工作,设立保健机构和疾病保险机构、成立消费和生产合作社,法定的工人保护和对工时、工资的参与决定。总之,是只搞经济斗争,不搞政治斗争,只重社会问题而轻政治问题,没有提出推翻旧制度的目标,也没有超出当时资产阶级的改良要求。恩格斯对此有过非常恰当的评价:"他们特别致力于组织罢工,组织工会和生产合作社,却忘记了首要任务是通过政治上的胜利先取得一个惟一能够牢固地、可靠地实现这些东西的活动场所。"[7]结果可想而知,法兰克福议会对他们的要求毫不理睬。随着运动的进展,全德工人兄弟会"对无产阶级的伟大政治活动采取袖手旁观的态度,成为一个孤独自在的团体,在很大程度上只是在纸上存在,它的作用小到极点",[8]1850年后被反动派所取缔。可以说,这时德国小资产阶级改良主义的社会民主主义还未成为一个思想体系和政治派别,影响还不大。但我们从波尔恩的思想观点及其活动中,已可窥见出德国后来民主社会主义改良思想的萌芽。

几乎与此同时,已经创立了科学社会主义的马克思和恩格斯也自称是社会民主主义者。1848年德国三月革命失败后,为援救德国的大批流亡者,马克思、恩格斯于同年9月在伦敦组建了"社会民主主义德国流亡者委员会",马克思任该委员会主席,以便同小资产阶级民主派古斯达夫·司徒卢威(1805—1870)领导的流亡组织相区别。1849年11月,恩格斯在写给《泰晤士报》的信中也自称为"一名德国社会民主党人"。但是,马克思、恩格斯自称的社会民主主义与波尔恩的社会民主主义有着根本的区别,二者代表了工人运动的不同的方向。列宁对此曾经明确指出:"1848年德国的工人运动中有两种趋向……一种是波尔恩(我们的经济派的亲属)的趋向,另一种是马克思主义的趋向。"(9)波尔恩的趋向就是指望通过民主的方法改造社会,但这种改造超不出小资产阶级的范围。他们不是要消灭资本和雇佣劳动,而是努力缓和二者之间的矛盾并运用相助和道义的力量使之变得协调起来。而马克思主义的趋向则主张在首先进行彻底的资产阶级民主革命的基础上过渡到社会主义革命,建立无产阶级专政,最终消灭私有制,消灭阶级,实现共产主义。由此可以看出,前者是改良的社会民主主义,后者是革命的社会民主主义。可见德国自有社会民主主义出现之时,就有革命和改良之分。此后,社会民主主义在德国的发展变化,就是沿着这两条线进行的。

二、19世纪六七十年代德国的社会民主主义

1848年革命虽然失败了,但在革命运动中发展起来的社会民主主义的要求和愿望却无法被消灭。德国工人运动经过十多年的低潮后于60年代又重新高涨起来,并继承着社会民主主义的传统。在领导工人建立自己独立的政治组织方面,拉萨尔功不可没。马克思对此赞誉道:"在德国工人运动沉寂了15年之后,拉萨尔又唤醒了这个运动。"(10)拉萨尔于1863年建立了全德工人联合会,还将该组织的机关报定名为《社会民主党人报》。可见当时在德国,"社会民主主义"的时髦程度和使用频率之高。但拉萨尔的社会民主主义却宣扬超阶级的国家观,认为国家不是一个阶级压迫另一个阶级的工具,而是教育和推动人类社会走向自由的工具,认为工人只要争得普选权,并在国家帮助下建立工人生产合作社,然后逐

步发展到赎买地产和生产就可以使资产阶级君主国变成"自由的人民国家",就能实现社会主义。他还要工人阶级把争取普遍、平等、直接的选举权作为政治纲领,把建立由国家帮助的生产合作社作为改善经济地位、实现社会主义的惟一手段,并借口所谓"铁的工资规律",反对工人开展罢工运动以及一切革命斗争,企图使德国工人运动按照他的改良主义路线发展。拉萨尔社会民主主义的普选权万能论、自由国家论和国家帮助论是对德国1848年革命中改良的社会民主主义的继续和发展,而其中特别是"人民国家"的思想得到后来伯恩施坦的倍加赞赏。直到今天,拉萨尔的国家观对德国当前民主社会主义理解工人运动在其政治实践中同国家的关系方面仍有巨大的影响。

为了争取全德工人联合会这个当时德国无产阶级惟一的全国性组织,使德国的工人运动沿着革命的社会民主主义的道路健康发展,马克思、恩格斯同全德联中的先进分子威廉·李卜克内西建立了联系,并影响后者把全德联中的先进会员团结在自己周围。1865年2月28日,李卜克内西在一次工人集会上批判了拉萨尔的主要观点,宣称德意志工人的迫切任务是"建立一个独立的政党",因此被拉萨尔派开除出全德联。此后,李卜克内西到莱比锡工人教育协会中工作,与协会主席倍倍尔结成亲密战友。倍倍尔感到德国工人运动的分裂不利于工人运动的发展,因而迫切感到"必须实现社会民主主义各派工人的统一"。1869年8月,全德先进工人组织在爱森纳赫城召开了代表大会,也沿用社会民主主义这个名称,成立了德国社会民主主义工人党这一国际工人运动史上第一个在一国范围内建立起来的无产阶级政党。在马克思、恩格斯的影响和倍倍尔、李卜克内西的领导下,该党高举革命的社会民主主义的大旗,在国际工人运动中很长一段时间起着先锋模范作用。许多国家效法德国社会民主主义工人党成立了社会民主党。但是,由于李卜克内西和倍倍尔当时对马克思主义并不十分精通,且常常在马克思革命的社会民主主义和拉萨尔改良的社会民主主义之间摇摆不定,所以犯过许多错误。比如在建党成立大会通过的爱森纳赫纲领中就有拉萨尔主义色彩的要求,如自由人民国家、国家帮助的生产合作社、不折不扣的劳动所得等等。特别是在1875

年爱森纳赫派和拉萨尔派合并这一重大问题上,李卜克内西瞒着马克思、恩格斯,致使合并代表大会通过的哥达纲领充斥着拉萨尔主义浓厚的改良色彩。纲领接受了通过实行普选权,争取建立自由国家,并依靠国家贷款帮助建立生产合作社,和平长入社会主义等一系列拉萨尔的机会主义理论,根本回避了国家的阶级本质和建立无产阶级专政等问题。当然,从当时德国无产阶级的组织程度和斗争需要来看,两派合并,克服组织上的分裂,有利于德国工人运动向横广发展。但是,思想理论上的妥协和让步,则又为日后德国社会民主党蜕化变质埋下祸根。马克思、恩格斯对这种"合并高于一切的"无原则妥协非常不满,对哥达纲领进行了严厉的批评,写下了著名的《哥达纲领批判》。遗憾的是,《哥达纲领批判》当时未能发表,德国社民党内的改良的社会民主主义从合并之日起就一直未能完全清除。改良主义以纲领的形式在党内通过并固定下来,使德国社民党内的机会主义观点得到合法庇护,成为后来修正主义在党内出现的温床。

由于当时德国工人运动中社会民主主义的改良主义占了上风,为了避免混淆视听,马克思、恩格斯在19世纪70年代一段时间内,曾经放弃使用社会民主主义。恩格斯为此指出:"我处处不把自己称作社会民主主义者,而称作共产主义者。这是因为当时在各个国家里那种根本不把全部生产资料转归社会所有的口号写在自己旗帜上的人自称是社会民主主义者。……在德国,自称为社会民主主义者的是拉萨尔派;虽然他们中间的许多人愈来愈深刻地意识到生产资料归社会公有的必要性,但是道地拉萨尔式的由国家资助的生产合作社仍然是他们纲领中惟一被正式承认的东西。因此,对马克思和我来说,用如此有伸缩性的名称来表示我们特有的观点是绝对不行的。"[11]恩格斯代表马克思共同指出,关于国家和生产资料公有化的基本理论,是关系到德国工人运动应坚持什么原则和向什么方向发展的重大问题。废除资产阶级国家,建立无产阶级专政和实行生产资料社会化,是马克思主义区别于改良主义的两个基本点。在这两个重大问题上,马克思主义与改良的社会民主主义截然不同。以社会民主主义来指代马克思恩格斯特有的科学社会主义观点绝对不行。

三、19世纪八九十年代德国的社会民主主义

进入80年代,社会民主主义的工人运动发生了重大变化。经过第一国际时期马克思和恩格斯对蒲鲁东主义、拉萨尔主义、工联主义和巴枯宁主义以及其后的杜林主义的批判斗争,马克思主义在各国工人运动中得到日益广泛的传播。马克思的学说在英、法、德被知识分子的许多代表人物加以认真学习、研究和运用。许多国家纷纷先后重版和新版马克思恩格斯的经典著作。而在马克思主义的故乡——德国,马克思恩格斯的著作则获得特别广泛的传播。马克思主义从起初工人运动中的一个流派逐渐成为各国社会民主党内占主导地位的思想。至90年代,各国社民党实际上都把社会民主主义理解为与马克思主义同义,正如布劳恩塔尔在其所著《国际史》第1卷,第231页指出的那样:"第二国际绝大多数党在纲领上都以马克思的思想体系,他的哲学历史观、经济学理论、阶级斗争理论、国家学说和革命理论为依据。"都用马克思主义作为自己的纲领和策略的基础,并在实际斗争中取得了令人瞩目的成就。在这方面,德国社民党走在各国工人运动的前列。经过与俾斯麦的"非常法"长达12年坚持不懈的斗争,社民党从"非常法"初期的摇摆不定,到在马克思恩格斯的帮助下把合法工作与秘密工作结合起来,在议会斗争中不断壮大力量,终于迫使国会于1890年1月否决了这项反动提案,并在同年2月的国会选举中获得1427298张选票,占全部选票的19.7%,是参加选举的政党中获票最多的政党。同年9月,反社会党人法被废除。社民党影响日增。但由于当时还不具备社会革命的条件,而主要是利用资本主义的长期和平发展对无产阶级进行缓慢的组织教育工作,用什么样的名称还不显得十分重要。加上各国党约定俗成,普遍运用了社会民主主义这一提法(当时还有不少国家面临着反对封建专制和资本主义这样双重的历史任务,具有既有民主主义又含有社会主义的双重色彩的社会民主主义概念容易被资产阶级民主派和无产阶级社会主义派所接受),所以,马克思恩格斯有意识地容忍了社会民主主义,同时也指出社会民主主义的不科学性:"对于经济纲领不单纯是一般社会主义的而直接是共产主义的党来说,对于政治

上的最终目的是消除整个国家因而也消除民主的党来说,这个词还是不确切的。然而,对真正的政党来说,名称总是不完全符合的;党在发展,名称却不变。"(12)这表明,恩格斯认为社会民主党这个名称不完全符合无产阶级政党的性质,党发展了,名称也应该变化。后来当革命形势来临将革命提上日程的时候,改名的任务由列宁来完成了。

从以上社会民主主义在德国的发展变化可以看出,社会民主主义概念在不同的历史阶段具有不同的涵义。在1848年革命时期,社会民主主义呈现出改良和革命的初步分野,当时改良的社会民主主义影响还不大,革命的社会民主主义——马克思主义在工人运动中也未占统治地位;19世纪六七十年代,社会民主主义成为德国工人运动中一股占上风的改良主义思潮,尽管马克思恩格斯对德国社会民主主义的改良主义特性进行了激烈的批判,但收效不大,为此,马克思恩格斯放弃使用社会民主主义;19世纪八九十年代,马克思主义在工人运动中占统治地位,德国社会民主党成就巨大,社会民主主义被人们看成就是马克思主义,于是马克思恩格斯有条件的使用社会民主主义,同时也指出社会民主主义概念的"不确切"是"不消除国家和民主",不适合作为无产阶级政党的党名,应予改变。遗憾的是,恩格斯不久逝世,未能将这种不确切的社会民主主义概念和名称予以明确的界定和清理。虽然后来20世纪初由列宁完成了从社会民主党到共产党的转变,但由于列宁初出茅庐,对德国社会民主党影响不大,所以,从总体上来看,尽管德国社会民主主义有革命和改良之分,但前者只在短时间内对德国工人运动有较大影响,而改良的社会民主主义基本上在德国工人运动中占据主导地位。至90年代初,不仅福尔马尔鼓吹合法主义、议会主义和和平地实现社会主义,而且党的公认的领袖威·李卜克内西也常常谈论和平过渡到社会主义的可能,显露出"非常法"初期已有的改良苗头。搞清在民主社会主义产生以前德国工人运动中社会民主主义的改良占了上风的思潮走向,对于我们理解同样也是以改良为本质特征的民主社会主义源于社会民主主义非常重要(当然,民主社会主义的改良和社会民主主义的改良相比,无论在内涵还是范围上都更加深刻和广泛,二者在理论和实践上不是同一个层次）。德国社民党的理论家伯恩施坦、考茨基等人恰恰是利用了社会民主主义"不消除国家和民主"也就是"保留国家和民主"的不确切性，在德国社民党内一直潜滋暗长的改良的社会民主主义的推动之下，在工会运动改良实践的配合下，在国家观、民主观等诸多方面对马克思主义的哲学、政治经济学和科学社会主义进行了全方位的修正，并在修正的同时提出了民主社会主义概念。德国民主社会主义遂由此发端。

第二节
德国民主社会主义发端于伯恩施坦修正主义

19世纪90年代，德国资本主义的发展、统治阶级的策略、工人阶级的状况以及德国社会民主党内部都发生了很大变化，这些变化对德国工人运动产生了巨大影响。特别是恩格斯逝世以后，改良的社会民主主义发展演变为对马克思主义革命原理的系统修正，其突出标志就是伯恩施坦修正主义的形成。伯恩施坦修正主义是德国民主社会主义的理论基石。德国民主社会主义从此发端。

一、德国资本主义的迅猛发展和统治阶级的"双重政策"

德国1871年结束了长期分裂割据的局面，创造了经济发展的安定环境，为资本主义的发展扫除了政治障碍。中央集权制的建立，强有力的国家政权推行有效的内外政策，使资本主义的经济发展有了坚强的后盾。德国从19世纪中叶开始工业革命。较之英法等国，德国工业革命速度快，周期短，短短几十年，德国充分利用欧美其他国家科学技术上的最新成就，将工业发展建立在电气基础上（欧美其他国家的工业是建立在蒸汽机的基础上），这使得德国无需更新旧设备，而集中力量投资于最新的科学技术部门，在电气、化工、炼钢、光学等现代化的工业部门遥遥领先。至19世纪80年代末90年代初，德国完成了工业革命，在最新技术基础上建立起完整的工业体系,为 90 年代经济起飞打下了坚实的基础。1895年,德国经济走出 90 年代初的经济危机和停滞,出现史无前例的经济飞跃,这一飞跃势头一直持续到第一次世界大战的爆发。至 1900 年,德国国民生产净产值从 105 亿马克增长至 365 亿马克,工业生产的绝对值增加了 6 倍。劳动生产率的提高还促进了生产的集中。1893 年,德国的莱茵—威斯特伐利亚煤炭辛迪加控制了德国煤炭生产的一半,而 1904 年建立的"钢铁工厂联营",几乎控制了全德国的钢铁生产。至 20 世纪初,德国已然成为欧洲头号工业强国。

德国后起资本主义实力的迅速膨胀,必然就要贪婪地去争夺海外市场。威廉二世的"世界政策"就是向海外扩展殖民地,建立大德意志帝国。为了保证"世界政策"的顺利推行,必须保证国内安定。所以"非常法"时期实行的镇压被废除该法后的怀柔所代替。在"非常法"被废除之初头几年,德国政府在卡普里维执政期内(1890—1894)推行的是缓和政策。1890 年 5 月,帝国议会通过了"关于工商业管理条例修正案"的立法草案,规定星期日休息,禁止雇佣 13 岁以下的童工,缩短女工的劳动时间等。次年又通过该案的补充条例,规定实行节日休息制,取消实物工资,实行货币工资,保证工人生命安全等。这些微小的改革远远不能满足工人的要求,因而工人斗争并未止息,1893 年和 1894 年的工人罢工次数均超过 100 次。由于缓和政策并不能缓解社会矛盾,所以威廉二世去掉"明君圣主"的外罩,实行暴虐统治。他在一次新兵宣誓仪式上说:"在当前社会主义进行阴险活动的时刻,我命令你们,朝你们自己的亲属、兄弟甚至双亲开枪……,你们无论如何必须毫无怨言地听从我的命令。"[13] 1894 年 2 月,政府制定了"防止颠覆法案",规定只有颠覆企图、没有颠覆事实的也要判处监禁。普鲁士政府甚至制定了被称之为"小非常法"的结社补充条例,规定所有触犯刑律的,或者危害安全、特别是危害国家安全或社会秩序的集会和结社均由警察予以解散。威廉二世在竭力强化镇压机器的同时,矛头直指社会民主党。他认为"只有首先取缔社会党人,加以斩首,必要时进行清洗,消除其危害,然后才能对外战争……"否则的话,"假如在对外发生严重冲突的时候,有一半的兵力不得不放在国内对付总罢工,那我们就要失败了。……我们需要制定一个把社会民主党人流放到加罗林群岛的法令。"(14) 1897年12月,帝国内务部颁布密令,要求各邦政府为制定"苦役监禁法"献策。次年6月,这项法案以"保护工商业劳动状况"为名正式向帝国议会提出,按照法案,将取缔工人的罢工权和结社权,从严解释刑法条例,提高对罢工工人的惩罚标准。这些法案尽管在人民的强烈抗议下为议会所否决,但在有些邦事实上已仿效施行了。从1897年9月至1898年8月,普鲁士法庭判处罢工工人和社会民主党人共54年的徒刑和近2万马克的罚款。1898年9月至1899年8月,法庭又判处罢工者总计53年监禁、108年徒刑和2.3万多马克罚款。

与严酷镇压相伴而行的,是威廉政府的怀柔政策。统治者深知,仅有"暴力政策"和"特别法令""只会给社会民主党的磨坊注水,使其内部得到加强和巩固,只会得到类似非常法的结果。"普鲁士的古斯塔夫·施莫勒尔教授在普鲁士上院的演说中道出了推行"双重政策"的必要性。他认为,必须在"镇压任何起义和制止任何革命运动发生"的同时,"用公正的手向工人表示,政府会关心他们的幸福",让他们感到帝国"是一个公正的道义的最高权威","没有这种双重政策,和解的目的就无法达到。"(15) 施莫勒尔主张继续推行社会改革。在"双重政策"思想的指导下,帝国政府采取了一系列柔化措施,极力把自己打扮成凌驾于各阶级之上的公正的政府。政府让社民党继续获得合法地位,并不断扩大社民党"参政"的机会。1898年,社民党在议会中的议席是56个,1903年增至81个。政府还尽量使工人的社会状况和生活条件得到改善和提高。19世纪末20世纪初,德国的工业和农业部门的实际工资都有程度不同的提高。政府一面用反动的结社法取缔和限制工人政治组织,同时又通过资产阶级政治团体举办各式工人教育协会,传授自然科学知识,诱使工人追求成为发明家、科学家,弱化工人的政治斗志。1903年3月,帝国议会通过保护儿童法,进一步限制使用童工和对童工的无控制的剥削。政府也听任工会存在和发展。1896年,各种工会会员约33万人,1901年67万人,至大战前夕的1913年已超过250万人。帝国政府就是通过镇压和怀柔相结合的双重政策,蒙蔽了一部分工人的阶级意识,分化了德国的工人运动。

二、德国工人运动的严重右倾

19世纪末20世纪初,德国资本主义的迅猛发展,统治阶级的双重政策对工人运动产生很大影响。由于资本主义发展迅猛,社会财富激增(1883—1913年,德国国民收入从每年150亿马克增至450亿马克),这就使得统治阶级有可能从巨大的超额利润中抽出一部分用来收买工人阶级的上层分子。容克资产阶级推行"世界政策"的需要,使这种收买直接受到政权的扶植。德国各地的市政当局每年都经常拨出巨款"津贴"各种受资产阶级影响和控制的协会、工会和合作社。在这些群众组织中,一大批专职领导脱离生产,领取高薪,成为"工会官僚",构成一个强大的工人贵族势力。19世纪末20世纪初,这个阶层的人数约有1.5万人,成为资产阶级在工人运动中的社会支柱。正如列宁在评价这一时期资本主义的和平发展时指出的那样:"……几十年的'和平'时代并不是没有留下痕迹就过去了,它在一切国家中必不可免地造成了机会主义,使机会主义在议会、工会、新闻界等等的'领袖'中占了优势。"[16]

德国资本主义从自由竞争向垄断过渡后,广大城乡小生产者每况愈下,大量落入工人队伍。但由于德国的垄断组织通常是在容克政权的支持下形成的,这与欧美各国通过大鱼吃小鱼、小生产广泛破产来实现垄断的道路是有所不同的。也就是说,德国的小生产者阶级虽也破了产,但并未彻底无产化,他们中的许多人仅仅是作为同路人参加工人贩动,远远没有革命的彻底性。他们虽也部分地赞同马克思主义的观点,却又认为共产主义可望不可及,因而热衷于点滴改良、阶级调和、摒弃斗争、鼓吹博爱等等。这种小资产阶级的庸人观点成为德国反马克思主义的修正主义思潮特别广泛深厚的基础。

德国资产阶级采取镇压和怀柔相结合的两手政策,使得社民党中害怕"非常法"重新恢复、从而对合法主义和议会主义的贪恋迅速发展。由于社民党选票不断增加,和平取得政权可能性也在增长。党"几乎能像数学那样地确定它取得政权的时间了"。[17]所以,特别是在议会党团中,不断出现否定革命道路的言论。1891年2月,机会主义分子格里林伯尔格在议会公开宣称,党从来没有同意马克思关于暴力革命和无产阶级专政的思想。1891年6月和7月,福尔马尔两次在慕尼黑的"黄金国"大厅的集会上发表演说,公然要求党改变路线。福尔马尔认为,在政府改变了政策的时候,社民党也应当相应地改变策略:"从前的僵局松弛了,古老的冰块融解了,许多一直被束缚住的力量开始发芽和活动了,……对于一切种类的变化和改良的抵抗被冲破了";"对善意要伸出手来,对恶意要给以拳头!"福尔马尔鼓吹缓慢的、逐步的、有组织的发展,提倡建立在"实际情况的坚实基础"上的策略,"力求通过实际的局部成就这个惟一可能的方式来达到目的。"

福尔马尔的机会主义言论是伯恩施坦修正主义的先驱,是党内新的右倾危机的信号。但是社民党的领导对这一危机缺乏警惕。1891年9月在爱尔福特举行的党代表大会对福尔马尔采取了宽容的态度,仅仅略加批评了事。1892年12月,在柏林举行的党代表大会上通过的反对国家社会主义的决议虽然是针对福尔马尔的,却连他的名字也不敢提一下,尽管恩格斯一再指出福尔马尔已完全丧失了社会民主党党员的立场,要求党同他决裂。但是,社民党党中央始终对他采取调和主义的态度,听任他留在党内并且窃居领导职位,这说明右倾机会主义思想在德国社民党内已经有了相当广泛的影响。对机会主义者来说,从理论上全面修正马克思主义的时机已经来到了。

从社民党组织本身来看,党的机构越来越庞大,仅职员就有四千多人,还有大批辅助性组织,如党校、报纸、合唱团、人民剧场等。此外,一大批社民党党员进入各大城市的议会。特别是在德国南方各地的市镇议会里,社民党人一旦当选为议员,就同资产阶级政党进行合作,不止一次地被迫投票赞成提交给他们审批的预算,党内逐渐出现一个专职的官僚集团,如著名代表人物艾伯特、谢德曼等。他们关心的首要问题是从物质上如何改善无产阶级的待遇、自身如何精通每天的业务,而把革命斗争和实现社会主义置之脑后,党组织本身成了目的,一切都为了组织。而在社民党影响下的工会内部,改良主义势力更大。工会官僚惧怕任何革命运动,反对政治性群众罢工,竭力鼓吹社会和平,以阶级合作代替阶级斗争。他们吝惜工会储金,不愿意实行革命的、进攻性的斗争策略,而是主张采用谈判、调解和仲裁的方式来解决劳资争端,在工人运动中保持安定局面。当社民党内在19世纪末20世纪初与伯恩施坦修正主义展开意识形态的激烈争论时,在工会内部,改良主义的实践却越来越强化起来(详见第六章)。这些都为伯恩施坦主义在德国党内和德国工人运动中产生、传播创造了条件。加上德国统治阶级采取双重政策,造成改良的社会氛围,工人贵族是改良主义的中坚,落入无产者队伍、但并未彻底无产化的小生产者是改良的社会基础,以上种种条件孕育、催化了德国工人运动内部的修正主义这一反马克思主义思潮。

三、伯恩施坦修正马克思主义、发端民主社会主义

恩格斯逝世以后,从1896年底起伯恩施坦开始在考茨基编辑的德国社民党理论刊物《新时代》上以"社会主义问题"为总题发表了6篇文章,对马克思主义公开提出修正。他认为,时代变了,资本主义变了,马克思主义关于无产阶级革命的学说已经过时了。垄断的出现使资本主义又有了适应能力。德国经济的飞跃、持续发展使得人们不得不对马克思主义的经济危机论、资本主义崩溃论产生怀疑。资本主义有比过去所假定的更长的寿命和更强的弹性,经济危机已经可以防止甚至根本不会产生。资产阶级和无产阶级的阶级斗争将不是更加激烈而是更加缓和。先进国家中的资产阶级正在一步步地向民主制度让步,"在100年前需要进行流血革命才能实现的改革,我们今天只要通过投票、示威游行和类似的威逼手段就可以实现了。"因此,他认为,资本主义可以长入社会主义,社会主义可以在资本主义制度内部实现。社会对经济生活的监督、基层民主自治的建立等都是向社会主义的发展。"伴随着这一发展,经济企业自然从私人管理转入公共管理",因此,对无产阶级政党有最大意义的不是取得政权,实现最终目标,而是进行改良。伯恩施坦公开承认:"我对于人们通常所理解的'社会主义的最终目的'非常缺乏爱好和兴趣。这个目的无论是什么,对我来说都是毫不足道的,运动就是一切。所谓运动,我所指的既是社会的总运动,即社会进步,也是为促成这一进步而进行的政治上和经济上的宣传和组织工作。"[18]从此,"最终目的是微不足道的,运动就

是一切"风行一时,成了修正主义的"格言",它"比许多长篇大论更能表明修正主义的实质"。[19] 总之,伯恩施坦对马克思主义的修正在政治和经济方面所提出的主要主张就是:在政治上,在资本主义条件下,通过把工人阶级组织起来,训练他们运用资产阶级民主和利用议会斗争的合法手段来改造国家制度;在经济上,通过社会对经济生活的监督,通过工人的经济组织、地方自治机构等的活动,逐步使资产阶级少数人的利益服从多数人的公共利益,使企业从私人管理转变为公共管理。伯恩施坦的这些思想,奠定了后来民主社会主义思想体系的理论基石。德国民主社会主义的政治民主、经济民主理论,基本上就是在伯恩施坦的思想基础上发展起来的。

我们说,德国民主社会主义发端于伯恩施坦修正主义,不仅仅指伯恩施坦修正主义奠定了德国民主社会主义的理论基石,而且是因为伯恩施坦在德国社会主义思想史上首先提出了具有改良意义上的民主社会主义概念。1899年,伯恩施坦在其《社会主义的前提和社会民主党的任务》这本集修正主义之大成的著作中,从哲学、政治经济学和科学社会主义三个方面对马克思主义进行了全面的修正后指出:"如果社会民主党有勇气从实际上已经过时的一套惯用语中解放出来,并且愿意表现为它今天实际上的那个样子,即一个民主社会主义的改良政党,那末,它的影响将比今天大得多。"[20] 那么,什么叫做"民主社会主义的改良党"呢?伯恩施坦接着解释道,成为民主社会主义改良政党的关键并不在于发誓放弃所谓革命这一纯粹思辨的权利,而是在于"通过民主改良和经济改良的手段来实现社会的社会主义改造"。[21] 伯恩施坦在此给民主社会主义下了明确的定义,即,所谓民主社会主义,也就是不是用革命手段(尽管伯恩施坦在将革命说成是一种"纯粹思辨"的同时表面上也不放弃革命)而是用民主改良和经济改良的手段来实现的社会主义。其后,德国社会民主党人正是在伯恩施坦的民主社会主义这一本质规定的基础上去逐步逐步地构建德国民主社会主义思想体系、从事民主社会主义运动,将民主社会主义模铸成型产生世界性影响的。也正是在这个意义上,在伯恩施坦首次明确提出民主社会主义概念并给以本质规定的意义上,我们认为,德国民主社会主义发端于伯恩施坦修正主义而不是其他什么主义。

如果说,在伯恩施坦修正主义形成以前,在伯恩施坦提出民主社会主义概念以前,尽管社会民主主义概念不确切,还是被人们看做就是马克思主义的话,那么,在伯恩施坦修正马克思主义、提出民主社会主义概念以后,德国的社会民主主义中马克思主义的色彩就在逐渐减弱了。德国社会民主党的革命性其后也渐渐被改良所代替。指出这一点对于我们正确理解德国民主社会主义的由来至关重要。德国民主社会主义从社会民主主义逐步演变而来。德国民主社会主义概念的核心——改良源于社会民主主义的改良。德国改良的社会民主主义有三个发展阶段。波尔恩的社会民主主义是改良的社会民主主义的初始阶段,其主要特征是只搞经济斗争不搞政治斗争;拉萨尔的社会民主主义是改良的社会民主主义的中级阶段、发展阶段,虽然提出了政治要求,但其政治纲领是在所谓的自由人民国家的帮助下建立生产合作社和争取普选权;伯恩施坦的社会民主主义是改良的社会民主主义的高级阶段、完成阶段。伯恩施坦提出的"通过民主改良(政治民主)和经济改良(经济民主)的手段来实现社会的社会主义改造"较之于拉萨尔时代而言,由于有了"非常法"时期卓有成效的议会斗争的经验,改良的方法和手段以及目标指向更加明确和具体了;伯恩施坦用"最终目的是微不足道的,运动就是一切"的高度抽象,更集中、更概括地阐明了德国社会民主党人的全部工作都可归结为渐缓的"改良"二字。以伯恩施坦为界碑,德国改良的社会民主主义通过伯恩施坦修正主义完成了向民主社会主义的转化。以社会民主主义的改良为源头的民主社会主义自伯恩施坦之手出笼,开始了自身的历史行程。

在此,有一个问题需要指出的是,在德国,首次明确提出"民主社会主义"的其实并非伯恩施坦,而是威廉·李卜克内西(1826—1900)。李卜克内西在早于伯恩施坦30年,即1869年就明确指出:"民主社会主义深信政治问题和社会问题有着紧密的联系,因而它骄傲地拒绝了同现存制度的任何协议,力求为社会争取一个民主的国家,以便在社会主义的原则上组织社会。我们正是这种社会主义的拥护者,只有我们才有权称自己为社会主义的党,其他人不过是一些集团或宗派。我们是社会民主党。"但是,我们只要仔细辨析就可以看出，李卜克内西的民主社会主义与伯恩施坦以改良为核心的民主社会主义概念在内涵上是完全不同的。虽然用词完全一样，但由于出自不同的时代和出发点不一样，二者涵义相去甚远。伯恩施坦是在修正马克思主义、将改良理论系统化时提出民主社会主义概念的，而李卜克内西的民主社会主义不是从改良的角度，而是从德国社会民主党人争取德国统一的角度提出来的。这种民主社会主义实际上就是社会民主主义，但这种社会民主主义既非波尔恩式的改良、亦非拉萨尔式的改良，当然也不是如许多文章和著作认为的是与科学社会主义同义，因为当时的社会民主主义还没有被看做就是马克思主义。如果一定要为李卜克内西的民主社会主义定性的话，那么，我们只能从李卜克内西提出"民主社会主义"概念的上下文和结合当时的历史背景，将这种"把社会问题和政治问题结合起来"的民主社会主义看成是德国社会民主党人的一种斗争手段。[22]为了避免概念上的混淆和误解，考虑到在伯恩施坦以前李卜克内西已明确使用过民主社会主义概念，所以本书在界定德国民主社会主义发端于伯恩施坦时，特别强调伯恩施坦首先提出的是"改良意义上的"民主社会主义。

由上可见，尽管早在伯恩施坦以前，波尔恩、拉萨尔、福尔马尔等人已提出过改良，但只有伯恩施坦赋予改良更全面、更完整的涵义，完成了社会民主主义到民主社会主义的转化，因此将伯恩施坦称之为"为德国民主社会主义概念奠定思想基础的'教父'"是恰如其分的。德国社民党理论家托·迈耶尔(Meyer)在谈到德国民主社会主义诞生时代时也同样认为："德国民主社会主义诞生于马克思主义同修正主义以及社会主义同马克思列宁主义之间的冲突。"[23]他还在《伯恩施坦的建设性社会主义》一书中说："伯恩施坦的社会主义理解的基本结构今天已经成了大多数西欧社会民主党（自觉或不自觉地）的纲领的基础。"[24]在魏玛共和国时期（1918—1933）和法西斯专政时期（1933—1945），当时德国"民主社会主义的理论和纲领大体上也是具体表述和进一步发展修正主义关于社会主义的一些观点。"[25]

1959年社民党通过的哥德斯堡纲领使修正主义的主要内容成为现代民主社会主义的理论基础。勃兰特在1979年纪念哥德斯堡纲领发表20周年时,就公开承认伯恩施坦是这一纲领的鼻祖。1982年,在纪念伯恩施坦逝世50周年大会上,当时的社民党主席、联邦议会党团主席福格尔讲:"伯恩施坦所指示的前景导致了当今社会民主党所主张的民主社会主义。"(26)而当20世纪70年代的资本主义经济危机使相当一部分社民党人丢掉了对资本主义的幻想时,德国社民党领导又发起"伯恩施坦复兴",企图以此来克服社民党内的意识形态危机,他们编纂、散发和讨论伯恩施坦名著摘录,竭力论证伯恩施坦的遗产可以作为拟定德国民主社会主义运动的有效的政治战略的基础。由此可见,伯恩施坦开启民主社会主义对德国社会主义运动的影响至今仍经久不息。

自从伯恩施坦提出民主社会主义概念以后,德国的民主社会主义逐渐从最初的原则性概念、从伯恩施坦奠定的理论基础上发展为一个较为完整的思想体系、一股日渐汹涌澎湃的思潮、一个日益强大的运动。在两次世界大战之间时期,德国社民党的理论家希法亭等人沿袭和完善了伯恩施坦提出的一些基本思想,搭起了德国民主社会主义思想体系的理论框架。第二次世界大战结束以后,特别是以哥德斯堡纲领为界碑,德国民主社会主义经过战争洗礼和战后初期的阵痛日益发育成熟,逐渐模铸成型,无论理论还是实践,在国际民主社会主义运动中,都具有典范作用,影响越来越大。民主社会主义的德国模式日益引起世人瞩目。

注:

(1)纲领明确指出:"政治自由是工人阶级经济解放的必不可少的先决条件。因此,社会问题是同政治问题密不可分地联系在一起的,前者的解决受后者的制约,而且只有在民主的国家中才是可能的。"《德国社会民主党简史(1848—1990)》,1991年波恩德文版,第330页。

(2)《马克思恩格斯选集》第1卷,人民出版社1985年版,第382页。

(3)《新莱茵报》的全称为《新莱茵报·民主派机关报》(Neue Rheinische Zeitung. Organ der Demokratie)。

(4)《马克思恩格斯全集》第21卷,人民出版社1985年版,第19页。

(5)霍尔斯特·施勒希特:《全德工人兄弟会(1848—1850)——莱比锡德国工人中央委员会》,魏玛1929年德文版,第338页。

(6)同(1),第27页。

(7)(8)《马克思恩格斯选集》第4卷,人民出版社1985年版,第200页。

(9)《列宁选集》第1卷,人民出版社1972年版,第627页。

(10)《马克思恩格斯全集》第32卷,第557页。

(11)(12)(17)《马克思恩格斯全集》第22卷,人民出版社1985年版,第490页,第490页,第290页。

(13)(14)(15)转引自丁建弘、陆世澄:《德国通史简编》,人民出版社1991年版,第478页,第499页,第500—501页。

(16)《列宁全集》第21卷,人民出版社1987年版,第79页。

(18)《社会主义的历史和理论》,东方出版社1989年版,第19页。

(19)《列宁全集》第15卷,人民出版社1987年版,第19页。

(20)(21)《伯恩施坦言论》,三联书店1973年版,第203页,第203页。

(22)拙文:《李卜克内西的民主社会主义是科学社会主义吗?》,详见《北京大学学报》1993年第4期。

(23)(25)托·迈耶尔:《民主社会主义导论》,1982年柏林德文版,第64页,第48页。

(24)《伯恩施坦的建设性社会主义》,1977年西柏林和波恩德文版,第4页。

(26)伊林·费切尔编:《受委托的历史:维·勃兰特关于工人运动史的演讲集》,1981年德文版,第312页。

第二章
世界观和理论核心

从德国民主社会主义思想发展的历史来看,它虽然始终认为资本主义具有无法克服的矛盾,要用社会主义取而代之,但它不完全是从马克思主义的基本原理出发得出社会主义必然代替资本主义的结论,而是从各种各样思想流派中(包括马克思主义的、资产阶级的、小资产阶级的、古典的、现代的)吸取他们所认为的对社会主义发展有益的思想观念,其中主要是伦理学动机。马克思主义的科学社会主义认为,社会主义是历史的必然,社会主义的历史发展是由资本主义的经济基础决定的,是由资本主义生产力发展到一定程度突破资本主义生产关系而产生的。而德国民主社会主义却认为,资本主义人剥削人的不平等,资本主义社会的失业、贫富悬殊等弊端,是违反了人类道德天性,违背了人类的平等、自由、博爱等准则。因此,社会主义取代资本主义不是历史发展的必然,而是道义的必然,社会主义是从伦理信念中引导出来的。社民党前联邦干事长、党的基本价值委员会成员格洛茨更直言不讳地宣称,德国社民党的民主社会主义依据的是"伦理",而不是历史唯物主义。[1] 德国民主社会主义把世界历史的发展看做是"有负责意识的人向善或恶的创造",从而根本背离了科学社会主义的历史唯物主义。[2] 本章拟从剖析德国民主社会主义的世界观入手,进而对其理论核心——基本价值论进行透视。

第一节
价值中立、伦理主义的世界观

一、价值中立的多元主义

20世纪50年代,社民党在制订战后新纲领的过程中,曾经就"德国社会民主党是否是一个具有统一的世界观的党"这一问题进行广泛讨论,讨论的结果是党承认世界观的开放性,德国民主社会主义不遵循专一的世界观。

第二次世界大战结束以后,社民党进行重建。当时党的领袖舒马赫强调党在世界观方面实施开放的原则,即使是出于基督教动机,但对社会主义表示赞成的人在党内也可以找到自己的政治归宿。舒马赫希望社民党"成为一个真正能让所有宗教和世界观都能充分表现自己的共同体",[3]以便使党在更广大的范围内照顾不同社会阶层的觉悟程度,满足不同的需要,从而扩大自身的力量。1947年8月社民党代表会议决议强调马克思主义"对社会民主党来说并不是所有知识的惟一的和绝对的源泉"。这是社民党战后宣布世界观多元化的理论先声。[4]其后,哥德斯堡纲领贯彻了这一主导思想,完成了社民党历史上具有划时代意义的转折。纲领放弃了具有约束力的世界观,宣布世界观的开放和多元。与战前社民党最后一个正式纲领海德堡纲领相比,哥德斯堡纲领坚持价值中立,其中有关马克思主义、无产阶级的解放斗争、反对剥削阶级和垄断资本主义之类的词句已完全消失。哥德斯堡纲领认为:"在欧洲植根于基督教伦理学、人道主义和古典哲学的民主社会主义不想宣布任何最后的真理,这并不是因为它对各种世界观或宗教的真理缺乏了解和漠不关心,而是因为它尊重人们对信仰的选择,无论是一个政党还是国家都无权决定信仰的内容。""德国社会民主党是一个思想自由的党。它是由具有不同信仰和思想的人组成的一个共同体。"纲领宣称,德国社会民主党将在自己的活动中遵循自由、公正、相助三个基本价值，但这些概念与世界观没有任何关系，而是反映着"社会民主党政治活动的总的道德水准"。[5]勃兰特后来讲得更直露，他认为社民党作为一个人民的党，摆脱了意识形态的束缚，有意识地拒绝充当"以一种世界观为依据的党"。[6]自此，不以马克思主义作为全党统一的指导思想，而是兼容并蓄各种世界观甚至宗教教义，显示出了社民党民主社会主义在世界观方面的中立性和多元主义的重要特征。哥德斯堡纲领多元主义的出笼，解决了社民党长期以来理论上的马克思主义、实践中的改良主义的背离，完成了改良主义理论和实践的统一。

德国民主社会主义世界观多元主义的形成，绝非战后一朝一夕，而是自伯恩施坦修正主义出现以来半个多世纪长期酝酿的产物。在伯恩施坦修正主义出现以前，社民党内拉萨尔主义残余影响很深，虽然在19世纪八九十年代，马克思主义在与其他种种非马克思主义思想流派的斗争中曾确立在社民党内的统治地位，但至19世纪末，伯恩施坦修正主义的出现向马克思主义发起了挑战，马克思主义的统治地位受到动摇。伯恩施坦为了使马克思主义从反映自然、社会及思维规律的世界观变成局部的方法论原则，提出"政党没有世界观"的思想，要求政党多关心实际事务而不是世界观。伯恩施坦认为，社会主义是一个多元化的模式，[7]社会利益是多种多样的，生产资料私有制不是社会利益冲突的惟一根源。对于多样性的社会利益来说，只有一个开放的、多元主义的国家才是公正的。前德国社会民主党主席福格尔在1982年纪念伯恩施坦逝世52周年的讲话时，称赞伯恩施坦将多元主义引入了社民党。福格尔指出，伯恩施坦的这一认识包含着独立于阶级的多元主义观念。既然社会是多元的，决定社会存在的因素和社会发展的动力也必然是多元的，因此，马克思主义的唯物史观应用这种多元主义的历史观来代替。继伯恩施坦以后，考茨基的多元论思想阐述得更加直截了当。他在1927年撰写的《唯物主义历史观》一书中说道："承认唯物史观并不应当成为社会民主党成员的一个先决条件。社会民主党对每一个愿意为无产阶级的解放斗争，为反对压迫和剥削进行战斗的人都是公开的，而不管那个人在理论上来如何论证他的这种愿望，是根据唯物主义、康德主义、基督教义或别的什么学说。"⁽⁸⁾考茨基的这段话,已经非常接近哥德斯堡纲领的理论表述。德国民主社会主义世界观的多元主义特色,可以说是直接承袭了考茨基思想的衣钵。

在德国民主社会主义世界观多元主义的形成过程中,两次世界大战期间德国社会民主党著名的右翼理论家库尔特·盖尔的理论活动占有特殊地位。在第二次世界大战初期,1939年,盖尔与当时奥地利马克思主义者鲍威尔就处于地下状态的社会民主党人在同法西斯斗争时应采取什么活动方式进行辩论时撰写了《自由党》一书,阐述了自己对党的活动原则的理解,并把党的活动原则与世界观问题联系起来,认为思想自由是党活动原则的基点。从这一观点出发,盖尔认为:"对党的历史作用的这种理解要求对党的性质做出比正统的马克思派所规定的更加广泛的定义。要更灵活、更生动、更有生机、更注重精神,而少弄一些僵死的、教条主义的东西。只有在这样的党内才会有思想运动的地位,无论是正统派还是自由派,无论是唯物主义还是唯心主义,都在党内有一席之地"。⁽⁹⁾这是对当代民主社会主义世界观多元主义的朦胧表述。1974年,盖尔的这本书被作为重要的历史性文件收入《社会民主党丛书》再版,主编克洛茨巴赫在"序言"中称赞盖尔"在论述民主社会主义的基本价值——'自由'方面,在克服机械经济论方面,在毫不含糊地解释多元化民主和确定人民党的方向上,他表现出自己是一位先驱者。他所发出的信号在第二次世界大战后的党内辩论中产生了影响,导致了1959年在哥德斯堡通过了新的社会民主党原则纲领"。⁽¹⁰⁾

此外,埃里希·奥伦豪尔在第二次世界大战期间也力主社民党应向全社会开放。他在1942年对"旅居英国的德国社会主义组织联盟"说:"一个民主的、自由的社会主义党,本质上应不懈地努力争取居民中更多的阶层来支持它的观点和任务,并使它们相信它的主张和宗旨的正确性。因此,这个新党在原则上必须向赞成并愿意协助实施它的宗旨和政策的每一个人开放。"⁽¹¹⁾他认为,如果对党内每一个人的世界观、宗教信仰或其他的哲学动机持宽容态度,社民党就将成为"抛弃学理主义狭隘性"而行动的党。这是两次世界大战期间继盖尔之后论述社民党世界观多元主义的第二次尝试。

由上可以看出，战后德国民主社会主义世界观的多元主义绝不是偶然的，而是有伯恩施坦、考茨基和第二次世界大战中党内的一些理论家的理论活动作为其背景的，二战期间的理论活动又与为反抗法西斯独裁、要联合一切可以联合的力量，故而在接收党员方面、在世界观方面放宽了要求有关。而这些多元主义的主导思想又恰好适应了战后以来德国阶级结构、社会阶层和蓬勃兴起的科技革命的发展变化，有利于民主社会主义在更广泛的居民阶层中扩展影响，赢得更多选民的同情和支持。所以，要了解战后社民党之所以在党的纲领中确认多元主义原则的原因，还必须考察一下该党在战后联邦德国议会斗争中的竞选状况。

在联邦德国议会选举、政党政治的斗争过程中，社民党欲成为执政党，就必须赢得广大选民的拥护和支持。但在战后初期的几次大选中，社民党的选票却始终在30%左右踟蹰不前，得票率总是落后于基民盟和基社盟组成的联盟党，且差距越拉越大（见表2-1）。党员人数在整个50年代急剧下降。为此，党内的一些理论家要求首先从改革党的思想路线着手。如弗里茨·埃勒指出，德国的社会结构已发生变化，旧的阶级概念已经过时，工人早已变成雇员。广大工人已不再是无产阶级，也不想当无产阶级了。对现代产业工人来说，已经不再是"失去的仅仅是锁链的问题"，党应该彻底抛弃马克思主义原则，抛弃阶级斗争学说，和马克思主义世界观告别。为了争取各阶层广大选民，特别是争取信奉基督教的选民和新的中间阶层选民，同时也是为了表明社民党与苏联式共产党的区别，社民党终于决定在党的指导思想上全面开放，由此，多元主义就不可避免。战后联邦德国由于工业化的发展带来社会结构的变化，产业工人人数下降，第三产业人数增长，新的中产阶级和第三产业成为社民党工作的主要目标。能否争取到中间阶层，意味着能否争取到政权。社民党既要保持传统形象，维持工人阶级的支持，又要赢得新的中产阶级的信任，并使之走到一起，除了向全民开放，实行多元主义，别无他途。尽管当时党内斗争激烈，在讨论、制定哥德斯堡纲领的过程中，党内马克思主义的拥护者为了维护党的纯洁进行了顽强的斗争，然而，正如当时党的主席奥伦

表 2-1　联邦议院第一、二、三届大选中各政党所获选票百分比
（以全部有效选票 100% 计算）

政党 联邦 议院届期	联盟党	社会民主党	自由民主党	其他政党
第 1 届（1949 年）	31.0	29.2	11.9	27.9
第 2 届（1953 年）	45.2	28.8	9.5	16.5
第 3 届（1957 年）	50.2	31.8	7.7	10.3

豪尔在哥德斯堡党代会上发言所说："要求我们把卡尔·马克思和弗里德里希·恩格斯的政治纲领原则，作为我们 1959 年的基本纲领的观点，这完全是非马克思主义的态度。如果我们追求这种思想，那么，我们在短期内就会变成失去任何政治影响的宗派。"(12) 不以马克思主义为指导思想，而又为了避免成为"宗派"，剩下来的只能是在抽象的"人"这一点上寻找共识。在"人"的基础上寻找共同点，找到的只有基本价值——自由、公正、相助；只有这些基本价值才能成为广泛的居民阶层共同行动的前提。只要对基本价值稍稍进行论证就可以发现，基本价值本身就是多元主义的，对基本价值的认同完全可以有不同的动机，既可以是宗教的、伦理的，也可以是哲学的、人道的，不同的阶级、阶层、人群，在基本价值上达到了最大限度的政治共识。多元主义在党纲中的确立，使不同的信仰和意识形态在党内都有立足之地。社民党在党的指导思想上彻底放弃以马克思主义为指导，党的性质随之发生质变。社民党从此由工人阶级政党变为"人民党"（Volkspartei）。党纲中这种"多元主义"的重大转折，使社民党得以成功地扩大了其选民阶层，给党自身带来很大的政治收益。正如苏珊·米勒所说："通过实行这种开放，迄今为止阻碍德国社会民主党争取党的支持者，特别是争取来自宗教阶层的支持者的障碍被排除了。"社民党在联邦德国政党政治格局中所占的政治比重大大增强，在其后不久的几次大选中，选票逐渐增多，选民阶层扩大至社民党以前影响很小的妇女、青年、天主教徒、农民和高级职员。1969 年第 6 届大选中，社民党与自由民主党组成执政联盟，首次击败联盟党，勃兰特入主绍姆堡宫（西德政府在波恩的办公所在地），成为社民党第一位联邦德国总

理。社民党在联邦议院中议席所占比例,也从 1957 年的 34% 上升至 45.2%(见表 2-2)。由于党的大门向各阶层开放,党员人数也有很大增长。1958 年,社民党党员为 623816 人,1965 年突破 70 万,1970 年达 80 万,1975 年更过 100 万大关。

表 2-2　联邦议院第 1—6 届各政党获议席一览表

届期	日期	议员总数	联盟党		社会民主党		自由民主党		其他政党	
			议员数	占总数(%)	议员数	占总数(%)	议员数	占总数(%)	议员数	占总数(%)
1	1949 年 8 月	402	139	34.6	131	32.6	52	12.9	80	19.9
2	1953 年 9 月	487	244	50.1	151	31.0	48	9.9	44	9.0
3	1957 年 9 月	497	270	54.3	169	34.0	41	8.3	17	3.4
4	1961 年 9 月	499	242	48.3	190	38.0	67	13.7	—	
5	1965 年 9 月	496	245	49.5	202	40.5	49	10.0		
6	1969 年 9 月	496	242	48.8	224	45.2	30	6.0		

资料来源:联邦德国新闻情报局:《1949—1979 年政治年鉴》,1981 年德文版。

由于以上种种原因,战后几十年来,多元主义始终成为德国民主社会主义世界观的一大特色和社民党在重要的转折关头频频祭奉的"法宝"。无论是社民党执政期间通过的"1975—1985 年经济政治大纲",还是两德统一前夕社民党 1989 年柏林纲领,都充满了多元主义的鲜明色彩。大纲把各种教会、宗教团体和具有不同世界观的团体都看做是社民党值得欢迎的伙伴,而且期望在争取一个人道的社会的斗争中从它们中间获得支持。柏林纲领则认为欧洲民主社会主义的思想渊源于"基督教、人道主义哲学、启蒙思想、马克思主义的历史和社会学说、工人运动的经验。"

值得注意的是,近年来社民党内有一股向马克思主义"复归"的倾向。社民党 1989 年柏林纲领在谈到民主社会主义的思想来源时发生了如上所说承认"马克思主义的历史和社会学说"的微妙的但值得重视的变化。这一方面表明社民党对马克思主义尚未一概否定,还有保留的承认马克思主义是一种批判的方法;另一方面因为党内还存在一些自称马克思主义者的社会民主党人,为了容纳和团结这部分人,也需要给党内马克思主义者以一席之地。面临着社民党党内左翼传统的思想影响,从完全放弃马克思主义到对马克思主义的片面的复归,并不意味着德国民主社会主义以马克思主义为圭臬,而只是表明德国民主社会主义在新形势下的更加兼容和多元。

总之,所谓价值中立的多元主义,其实是貌似中立,从根本上来说是放弃了马克思主义的核心思想——历史唯物主义理论和阶级斗争、无产阶级革命学说。多元主义的实质是否定马克思主义。社民党理论工作者约翰内斯·康德尔和弗里茨·维尔马对此直言不讳,他们认为,德国民主社会主义奉行的多元主义是对历史唯物主义和辩证唯物主义垄断社会主义科学性的一种抉择,多元主义与马克思主义是完全割裂的。[13]德国民主社会主义从实用主义出发鼓吹世界观中立,将世界观建立在基督教伦理学、人道主义、启蒙思想等各种理论融合的基础之上,这些理论(有时甚至是相互敌对的理论)融合成大杂烩,只能导致思想上的折衷主义,而无法对社会现实做出切合实际的解释。由于党的指导思想不明确,党成了各种思想聚合的集散地,而不是思想明确、目标专一的先锋队。从另一方面来说,多元论在否定马克思主义的同时,隐含着"一元"的思想,即崇尚伦理主义。无论是基督教、人道主义哲学、启蒙思想,还是他们所理解的"工人运动的经验"(相助),他们都是从伦理角度来吸取和认同的。因此,所谓"中立"并不中立:多元是现象,一元是实质——伦理主义是德国民主社会主义世界观的惟一归宿。

二、伦理的社会主义

在西方,"伦理"一词来源于古希腊语"依索斯"(ethika,出自e-thos),原指风尚和习俗。亚里士多德开始提出"伦理学"概念时,主要是用来研究人们在社会生活中所必须遵循的习俗和惯例。后来的伦理学则逐渐成为关于道德问题的学说,主要研究有关道德及其起源和发展、人们的行为准则、人们相互间的关系及对社会、国家的义务等。所谓道德,是指人类社会中依靠社会舆论、传统习惯和内心信念来维持的、以美恶评价为标准的规范、意识和行为活动的总和。而伦理就是指处理人们之间相互关系应当遵循的道德和规则。长期以来,由于伦理与道德的意义相近,所以人们常常将两者并用。如前所述,德国民主社会主义将社会主义看做是一种道德观念,认为社会主义的目标就是一种脱离现实的道德完美,整个社会主义的发展过程是由道德原则所支配的,只有从伦理观念中才能引伸出社会主义的本质。因此,德国民主社会主义从本质上讲就是伦理社会主义。

那么,这种伦理社会主义是怎样形成的呢?

德国民主社会主义的伦理特征并不是第二次世界大战以后在哥德斯堡纲领中一下子产生的。回顾历史,在德国思想界和社民党内早就有过关于是否应当在社会主义中引进伦理的争论。德国早期伦理社会主义的代表人物有约·雅科比、赫·柯亨、弗·阿·朗格、威·文德尔班、亨·李凯尔特。当时,他们曾经从公平、正义的角度去理解社会主义。当马克思主义刚刚在德国兴起之初,许多人之所以宣传、信奉马克思主义,主要是因为他们认为,马克思揭示出了剩余价值的不道德。可见,伦理社会主义在德国是有思想基础的。

19世纪末20世纪初,新康德主义的代表人物赫尔曼·柯亨(Herman Cohen,1842—1918)宣传康德伦理学,提出伦理社会主义。柯亨是新康德主义马堡学派的代表人物,曾任马堡大学哲学教授。他把康德的唯心主义伦理思想当作社会主义学说,把社会主义看成是一种抽象的道德概念,认为社会主义社会的目标和理想就是实现康德的脱离阶级、脱离现实的"道德完美"。康德认为,世界是不可知的,人不可能认识客观规律,但人的理性使人有能力选择"善"或"恶"。人不仅是生物的存在,而且是理性的存在,人的理性可以决定自己的行动是服从道德律令还是听命于自然。柯亨从康德的"善恶说"和道德概念出发,认为社会主义所关心的首先不应是经济问题,而是道德问题,社会主义应当建立在伦理学的概念基础上。为了建立这种伦理社会主义,柯亨认为必须越过马克思,走向康德。柯亨的这种伦理社会主义思想受益于朗格。弗·阿·朗格(Friedrich Albert Lange,1825—1875),曾参加过1848年欧洲革命并自称是"社会主义者"。他认为,未来的社会主义与客观物质生活条件无关,而主要与人心中的"伦理观念"有关,因为人的伦理观念或康德的"绝对命令"是先验地植根于人的心理—生理组织内部的。由此出发,朗格反对社会革命,鼓吹改良主义,主张通过提高人类的伦理观念来促进"人类的团结",使人类历史不陷入"黑暗"和"停顿",从而达到"理想社会"。

与马堡学派流行的另一个新康德主义学派是弗赖堡学派,因其代表人物文德尔班、李凯尔特都曾在弗赖堡大学任教而得名。弗赖堡学派的哲学家特别强调"价值"学说,他们把世界分为"事实世界"与"价值世界"。所谓"事实世界",就是表象(现象)世界或经验世界,而"价值世界"则是人的主观意志(本体)的世界。文德尔班(Wilhelm Windelband)根据康德的实践理性学说提出一种"普遍价值"理论。他认为,每个人都有"普遍意识",这种意识是先天存在的,具有先验的"普遍价值",这种先验的普遍价值,就是康德作为最高道德原则的"绝对命令"或"良心",是人们评论"价值"的共同准则。它凌驾于个人感情之上,是必须普遍遵守的伦理学规则。正是有了这种先验的"普遍意识"和"普遍价值",才使人们之间的行为得以协调,保证了人类社会的存在和发展。从这种价值学说出发,弗赖堡学派认为研究"事实世界"的自然科学具有抽象性、规律性、必然性,而研究"价值世界"的社会历史科学则没有抽象性和规律性,只有个体性或具体性。在弗赖堡学派那儿,社会历史发展是无规律可寻的,而只是由"个别"、"偶然"、"具体"的事件构成的。李凯尔特(Henrich Riekert)就曾说过:"历史概念,就其特殊性与个别性而言,它是只发生一次事件的概念,它与普遍规律的概念是对立的"。[14] 由此,弗赖堡学派认为,自然科学的任务在于寻求规律,社会历史科学的任务则是对具体的历史事件进行评价,而评价是对事件"价值"的评价,因而社会历史科学是关于"价值"的科学。如李凯尔特所言:"没有价值,就没有任何历史科学"。[15] 由于人具有先验的"普遍意识"和"普遍价值",即康德所说的"良心"或"上帝"的"至上命令",因此,人的内心理念成了评价社会历史事件的普遍标准。为了改变现存社会,他们认为无需改造社会经济关系,消灭生产资料私有制,废除剥削,而只要根据伦理原则建立起作为"道德人的交往团体"的法权国家就够了,法权一经改造,加上人们的"善良意志"、"至善"、"良心",社会变革即可成功。弗赖堡学派的这种"伦理社会主义"与马堡学派的"伦理社会主义"一起,成为后来德国民主社会主义具有强烈的伦理色彩的思想渊源。这种早期的伦理社会主义的基本特点是将社会主义与历史唯物主义割裂开来,否认社会主义是社会发展的客观规律的结果,认为社会历史是由道德原则支配的,社会主义的理论基础应是康德的伦理学,即一种信仰主义的伦理学。

伦理社会主义思想首次在社民党党纲中正式提出是魏玛共和国时期党的1921年格尔利茨代表大会通过的新党纲。当时,为了指导新纲领的制定,社民党前进出版社发行了一本宣传小册子。在该书中,新康德主义哲学家卡尔·弗尔兰德虽然主张保留马克思的经济历史理论,但同时也主张用康德的伦理学说来论证社会主义。[16]因此,格尔利茨纲领在其草案中明确指出:"德国社会民主党是一个劳动人民的党,它力图通过建立确保社会全体成员福利的公共经济,同时普遍地提高人民的精神和道德文化,来消灭资本主义经济制度。"[17]纲领草案完全摒弃马克思主义的阶级斗争学说,再也不提"阶级斗争"概念,而是主张以道德要求消灭资本主义。正式通过的党纲表述得更明确:资本主义经济"使争取无产阶级解放的阶级斗争成为历史的必然,成为道德的要求"。[18]"社会主义"在格尔利茨纲领中不再被看做是客观规律发展的必然要求,而只是一种社会正义的象征,阶级斗争也不再是无产阶级及其政党推翻资本主义社会、建立社会主义社会的主要手段,而成为注入新康德主义伦理内容的道德要求。

第二次世界大战时期,德国社会民主党被取缔,处于地下和流亡状态。但是,由于新康德主义影响并未完全消除,只是由于战争而暂时中断,所以,第二次世界大战后,一遇适当的条件,崇尚伦理的新康德主义就极易恢复。所谓适当的条件是指:(1)针对希特勒法西斯主义践踏人的道德和尊严,战后重建的社民党特别注重强调意识形态领域中的伦理社会主义因素,重视"人是目的"的康德的伦理学说。(2)为了争取基督教选民。社民党认为,强调伦理因素有利于争取广大群众,尤其是基督教群众。在德国,基督教在各个阶层都有广泛影响。争取信教群众的支持,是社民党执政的重要保证。(3)随着时代的发展和科学技术的进展,许多问题如核能应用带来的危险、环境污染、试管婴儿等仅仅从经济角度似乎已无法解决,而更大程度上是伦理问题。社民党用伦理的社会主义来回答这些问题,可望得到和平主义、生态主义、女权主义等新社会运动的呼应。

对战后德国民主社会主义溶进伦理社会主义具有重大的理论影响的首推莱昂纳德·内尔逊(Leonard Nelson,1882—1927)及其弟子维利·埃希勒(Willi Eichler,1896—1971)。

内尔逊是国际社会主义青年联盟下属的社民党"社会主义小组"(1918—1925)的创始人。第一次世界大战期间,内尔逊利用大学讲坛和"社会主义小组"揭露和批判民族主义狂热,抨击战争。1925年,内尔逊因与社民党有分歧而另建了"国际社会主义战斗联盟",直至1927年去世。他自称为"革命的修正主义者",要求以康德的批判哲学为基础,修正马克思主义,反对历史唯物主义,发展他自己的伦理的自由社会主义。他认为,把社会历史看成由一定规律支配的若干发展阶段,将导致人的消极或狂热,因此,他主张用人的理性实现社会的公正、平等和自由。他将心理学中的"内省"这一主观方法看做是认识的最后源泉,并试图从心理学—人类学角度证实人的认识能力,进而以所谓"理性的自信"克服康德"纯粹理性批判"中悬而未决的思维与存在的矛盾。康德认为,作为道德基础的"善良意志",不受任何外部因素的干扰,彻底摆脱了现实欲望和个人利益的束缚,纯粹出于尊重理性自身的道德律按"应该"而行动。这种只以"善良意志"为基础的无任何条件、目的,且又丝毫不计较后果的行为准则,康德称之为"实践理性"先天规定的绝对的道德律令,即道德的最高原则的"绝对命令"。当然,现实生活中从来就没有这种"善良意志"。脱离了具体的现实的人,脱离了社会的物质生活基础,就落入主观唯心主义的窠臼。为了弥补康德道德哲学中的这种固有缺陷,内尔逊试图把康德的"绝对命令"变通为要求人们出自义务感来行动,但是,这仍然没有跳出主观唯心主义。内尔逊以伦理唯心主义作为其主张的自由社会主义的理论基础,承袭了康德哲学中的唯心伦理观。由于内尔逊1927年就已去世,加之战争期间特殊的历史条件,所以,在两次世界大战之间时期,内尔逊伦理社会主义思想远没有战后影响大。第二次世界大战结束以后,社民党内的一批伦理社会主义者(即以内尔逊弟子艾希勒为代表的内尔逊派),对社民党战后的纲领、政策逐步产生巨大影响。内尔逊本人也被称作是"死后对哥德斯堡纲领起了重要作用的哥廷根哲学家"。[19]这种状况,恐怕是内尔逊在世时始未料及的。

维利·艾希勒是社民党的权威理论家和党内伦理社会主义的主要代表,曾任哥德斯堡纲领起草委员会主席,被称为哥德斯堡纲领精神之父之一。艾希勒早年是内尔逊的学生和助手,深受内尔逊的思想影响,成为内尔逊的得意门生。内尔逊去世后,艾希勒接替内尔逊成为"国际社会主义战斗联盟"的领导人。30年代初,面对着日益猖獗的德国法西斯势力,艾希勒从以人道主义为基础的伦理观和民主观出发,坚决反对法西斯主义。第二次世界大战结束以后,艾希勒大力宣传伦理社会主义,在这方面的代表性文章是1953年发表的"社会主义是伦理的实际运用"和"社会主义中的伦理根源"。在这些文章中,艾希勒师承内尔逊,接过新康德主义马堡学派的"善恶说"和弗莱堡学派的"价值说",将伦理社会主义发展到一个新的阶段,即将民主社会主义和伦理社会主义在理论上互相连接起来。正是通过艾希勒,民主社会主义本质上使伦理社会主义得到完满体现。其伦理社会主义思想主要体现在以下几个方面:

第一,否认历史发展的必然性、规律性,强调历史发展的伦理性、道义性。艾希勒认为,社会发展是难以科学地认识的,"人的积极性由人们自觉的或不自觉的动机所左右,通过各种社会力量的冲突导致某种对力进行合成的平行四边形,对这种平行四边形的预测从科学上说是不可能的,因而在可以预期的未来是根本办不到的。"[20]因此,艾希勒不承认有客观规律,他认为所有的规律或计划都得由个人去完成和执行,而人们总是要寻找适合自身的手段去实现目的。艾希勒认为,无论是历史唯物主义还是达尔文的物种起源学说,无论是黑格尔的历史是理性的不可避免的实现还是基督徒信仰一切由上帝安排、人只能清静无为的观点,所有这些学说都忽视了个人在历史发展中的作用,把个人置于发展规律之下,这种"在个人责任之外、在个人责任的彼岸进行的"发展是不存在的。[21]艾希勒由此提出"民主社会主义者把历史视为有负责意识的人的向善或向恶的创造"。这就在否认历史发展的必然性、规律性的同时,强调了历史发展的伦理性和道义性。艾希勒认为,社会主义根本就不需要科学的论证,只需要伦理学的论证。历史唯物主义不把伦理看做为个人的任务,只把伦理限制为一种上层建筑,剥夺了伦理在人们的社会生活中所具有的独特性质,因而有很大的局限。

第二,突出伦理社会主义的实践性。艾希勒反对把伦理只看成是修身养性的学说。他认为,"伦理的立场总是对行动的肯定的立场",[22]是一种对公平和美的渴望。若不将伦理付诸实践则无法改变世界,也无助于解释世界。社会主义作为一项持久的任务,就是伦理在政治中的实践,这种伦理思想要求自由、平等和公正。艾希勒引用德国著名剧作家莱辛《智者纳旦》中的话说,虔诚的幻想比善行容易得多,倘若不去行动,幻想再虔诚也无济于事。艾希勒还经常用孔子的话来支持他关于伦理实践性的主张。艾希勒在文章中多次引用孔子《论语》中微子篇第十八中的"欲洁其身而乱大伦。君子之仕也,行其义也"来证明不能独善其身,而是必须在政治中实践伦理。艾希勒解释孔子的"仕"不是指从事任何一种职业,而是感到对政治制度负有义务,即人应当不仅要善其身,而且要参与政治变革。

第三,致力于民主社会主义的理论核心——基本价值(自由、公正、相助)理论的建设,完成德国民主社会主义和伦理社会主义的对接。为了给民主社会主义奠定伦理基础,从理论上阐明二者之间的必然联系,艾希勒绞尽脑汁、苦苦思索。他曾向自己提出一个问题:"民主社会主义"这一提法是怎么提出来的?他自问自答,社会主义来源于启蒙运动、自由运动和法国资产阶级大革命时期的自由、平等和博爱的思想。但是在俄国布尔什维克取得政权、1919年共产国际建立之后,产生了是走民主道路还是专政道路的分歧,因此要强调民主社会主义。那么,既然伦理是处理人们相互关系时所应遵守的道理和规则,既然社会主义来源于启蒙运动、自由运动和法国大革命的自由、平等、博爱思想,而早期社会主义在追求一个人在其中自由生活并受到公正对待的社会这一目标又原本上是一致的,因此,自由、公正、相助这三个基本价值理应成为民主社会主义的基本伦理价值。当然,自由、公正、相助这三个基本价值的提出和理论阐述,并非艾希勒一人所为,但是,艾希勒将伦理社会主义溶进民主社会主义,使民主社会主义和伦理社会主义完成理论对接的开创性工作应当肯定。1959年,社民党通过划时代的哥德斯堡纲领,艾希勒的上述伦理社会主义思想在纲领中得到充分体现。当时,艾希勒是纲领起草委员会主席,纲领的第一稿和第二稿都由他亲自执笔。在艾希勒的思想影响下,哥德斯堡纲领认为社会主义运动是"雇佣劳动者对资本主义制度的一种自发的和道德上的抗议",申明社民党是一个"以共同的基本的道德观念和政治目标为基础"的"思想自由的党"(伦理性),声称"社会主义是一项持久的任务,即争取、捍卫自由和公正,而且它本身在自由、公正中经受检验"(伦理社会主义的实践性),"自由、公正、相助和从共同结合中产生出来的彼此间所承担的义务,即是社会主义意向的基本价值。"(基本价值论)。纲领中的这些基本思想都鲜明地打上艾希勒伦理社会主义的烙印。艾希勒对此非常满意,认为由于纲领的通过,伦理就不再是空谈,而是一个党、一种社会力量、一群人通过政治手段等种种措施去开展的政治实践。如果说,哥德斯堡纲领意味着德国民主社会主义模式成型的开端,那么,这同样也意味着从康德到柯亨、文德尔班,经内尔逊直至艾希勒终伦理社会主义之大成,伦理社会主义终于成为德国民主社会主义公开承认的基本思想,从此开始了战后德国民主社会主义——伦理社会主义的新的发展阶段。

第二节
核心的基本价值论

尽管民主社会主义本身处在不断变动之中,没有一个固定的框架,可谓是包罗万象,兼容并蓄。但相对而言,德国的民主社会主义有着较为坚实的理论体系,如政治理论有民主理论、国家理论,经济理论有混合经济论、总体调节思想、经济民主思想等等,但所有这些理论、思想与基本价值论相比,则不能不处于从属的地位。基本价值论自社民党1959年正式提出至今几十年来,一直是德国民主社会主义理论的核心。

一、主要内容及其相互关系

基本价值论是正宗的"德国产"。在社民党于哥德斯堡纲领中首次提出基本价值论以前,社会党国际和某些国家社会民主党的文件中,偶尔也提到过社会主义的价值以及"自由"、"平等"等字眼,但都未将其作为基本价值予以深入阐述。只有德国社会民主党将基本价值作为民主社会主义的理论核心,成立了专门的基本价值委员会,制定通过了一系列有关基本价值的文件和文献,阐明了基本价值的地位、作用和影响,突出了德国民主社会主义的伦理价值色彩和工人运动的色彩。

第二次世界大战结束以后,德国社民党即开始了新的理论探索。1947年8月,该党在齐根海因举行文化政策会议,当时担任社民党文化政策委员会主席的艾希勒等伦理社会主义者主导该会,并通过了《齐根海因声明》。声明否认马克思的历史唯物主义,声称"自马克思以来的历史进程,揭露了只从经济角度观察的片面性",而"社会民主党人把人的思想自由和道德责任也看做是对历史进程起塑造作用的因素。社会民主党为自己的最终政治目标而斗争,但它不仅仅是根据经济发展的趋向或出于物质的目的性的原因,而是为了人的尊严。"[23]声明显然认为伦理道德也能影响世界历史进程,并且提出社会民主党争取实现公正、自由和友爱,这是后来在1959年哥德斯堡纲领中确定的自由、公正、相助三个基本价值的最初提法。这些提法表明,德国社民党力图背离马克思的历史唯物主义,从伦理道德中引伸出社会主义的本质。

1954年柏林党代会通过的、由艾希勒负责起草的新的行动纲领,进一步强化了党内已经存在的这种伦理社会主义倾向。纲领宣称社会主义是道德的必然性,历史唯物主义是"历史的乌托邦",它所设想的未来无阶级集体主义社会是"在地球上无法实现的梦幻"。[24]这个行动纲领体现出来的思想倾向已显示出1959年哥德斯堡纲领的初步轮廓。

1959年11月,德国社民党哥德斯堡党代会正式通过的该党战后第一个党纲——哥德斯堡纲领,把自由、公正和相助明确地确定为民主社会主义的基本价值,宣称社会民主党致力于建立一种符合这些道德观念的生活秩序。基本价值论在德国社民党党纲中的明确提出和确立,使以伦理社会主义为基础的思想理论路线得以在该党内形成并巩固,这不仅对德国党而且对其他国家的社民党产生了重大影响。基本价值论提出至今已三十余年,其影响经久不衰,虽然德国党后来的《1975—1985年经济政治大纲》和1989年柏林纲领对哥德斯堡纲领作了重大修改,提出了不少新的时代问题,但对纲领中民主社会主义的基本价值却未作丝毫改变,而是更加充分地肯定三个基本价值,并将其具体化和精确化。

何谓"价值"?据联邦德国1986年出版的《社会主义辞典》中关于"伦理"条目的阐释认为,价值是指人们希望追求的或认为值得追求的东西,基本价值也就是人们根本的希望和追求。那么,社会民主党人到底追求什么价值呢?

1. 自由

德国社会民主党认为,人作为个体,必须并且有能力获得自由。思想自由、信仰自由、良心自由必须得到保护。他人的自由是个人自由的界限和条件。自由要求摆脱依附、困苦和恐惧,自由也要求能获得施展个人才能和负责地参与社会和政治生活的机会。只有那些感到自己在社会福利方面已经得到充分保障的人,才能利用自己争取自由的机会。而为了争取自由,就必须使每个人都享有同等的生活机会和全面的社会保障。因此,自由首先意味着摆脱任何有损于人的尊严的依赖关系,并在公正和相助的要求所规定的限度内自由地发展自己的个性。由此可见,民主社会主义的自由有三层涵义:第一,必须符合人的尊严;其次,以发展人的个性为目的;再次,自由的实现不能违背另两个基本价值——公正和相助。

2. 公正(平等)

民主社会主义基本价值中的公正概念,是将平等也包括在一起的。公正与自由一样,也必须建立在所有人具有同等尊严这一基础之上。公正要求人们享有同等的自由,在法律面前人人平等,要求参加政治与社会生活,以及享受社会保障的同等的机会。平等的生活机会并非意味着千篇一律,而是意味着所有的人都有发挥个人爱好和个人才能的可能性。公正还要求男女之间的社会平等,要求在收入、财产和权力分配方面,在接受教育、培训和增进文化素养方面有更多的平等。也就是说,公正和平等不仅是指社会物质财富的均等分配,更重要的是指人们在精神享受、社会权利和生存、发展方面都有公正的机遇。总之,民主社会主义的公正观意味着人们有同等的尊严,反对任何对个人的歧视。

3. 相助

在民主社会主义三个基本价值中,相助最具有工人运动的色彩。德国社民党认为,相助在工人运动和民主社会主义的历史上起了决定性的作用。它曾经创建和鼓舞了为争取自由与平等而斗争的工人运动,而且至今在争取人道的社会的斗争中仍然具有重要意义。相助产生的社会和经济基础是社会分工和合作,其外在表现是各阶层之间的同舟共济。但这并不意味着相助只是个别利益的简单相加,也不意味着相助仅仅是社会斗争的一种武器。相助更重要的意义在于,作为自由平等的人,在意识到彼此间负有责任并相互帮助时友好相处。因此,相助具有一种普遍性的和人类友爱的意义——相助没有国界。当然,作为在法律权利之外彼此承担义务的意愿,相助不能强加于人。相助是自觉自愿的。对全社会而言,相助要求社会为陷入苦难中的单个人承担责任,绝不允许把社会的风险推到个人或者推到乐于助人的个人身上。在一个社会中,当乐于助人者、从事福利活动的集团和公共机构提供的帮助取代了福利国家的照顾时,个人自由和社会公正的空间就会大为扩展。为了强调与马克思主义和法西斯主义的区别,民主社会主义的基本价值论在谈到相助时特别指出:"共产主义和马列主义运动的错误是,认为没有自由的平等是可能实现的,人们可以借助强制手段来达到相助。法西斯主义的错误是,认为可以在人与人之间不平等的基础上和在没有个人自由的情况下建立一个休戚与共的经济共同体。"[25] 而民主社会主义的相助与极权的、权威的、假革命的集体思想相反,它不是建立在盲目相信权威或屈从的基础之上,而是建立在自由的人的自觉和理智的赞同的基础上。就三个基本价值的相互关系而言,自由排在基本价值论的首位具有特殊意义。因为,民主社会主义对社会主义的理解是,社会主义不仅仅是满足物质目的,而首先是维护人的尊严,即尊重个人的自由选择和个人的自由发展。没有意志自由,就谈不上公正和相助。自由意味着每一个人都有权在公正和相助的限度内发展个性。当然,自由列于首位,并不意味着一种绝对的自由,对此,德国社民党1989年柏林纲领特别强调自由是有限度的,绝不是无限的:"他人的自由是个人自由的界限和条件。"[26]同时,自由也不是不负责任的放任自流,而是要承担社会责任,负责地参与社会和政治生活。由于每个人在实现其价值的过程中,免不了要和他人发生冲突,因此,没有公正和相助,就不能实现真正的自由。公正意味着平等的自由,亦即人人都有平等的权利,但公正绝不是搞平均主义,正如德国社民党前主席勃兰特所说:"公正的基本价值不以平均主义为目的,而是以均等总能得到实现为目的,也就是说,在于生活机遇的平等所能实现的程度。"[27]就像自由只有在具备物质和社会条件的情况下才能实现一样,公正也只有在社会全体成员都有平等和真正的机会自我实现时才能达到。所以,勃兰特将"自由与公正互为前提"作为社民党的出发点。[28]相助是自由和公正之间的环节,因为只有通过彼此承担义务的行为(相助),才能使尽可能多的公正与尽可能多的个人自由协调一致。因此,"相助的基本价值的目的并不在于个性的消除,而是在于甘愿为他人承担责任和把自己的利益放在最后",在于"有意识地准备通过自我约束扩大所有人的自由"。[29]也正是在这个意义上,德国民主社会主义理论家托马斯·迈耶尔赋予相助以"充实和规范自由"的重要作用。[30]作为人们相互依存的外在表现,相助鼓励人们互相帮助和用负责的态度处理相互关系。人们愈是把他人看成自由和平等的人,相助的情谊愈有可能形成。总之,三个基本价值的出发点都是个人,它强调人的个体性,反对那种"集体无意识"的实现客观历史规律。在"人"的基础上,三者关系协调一致。近年来,德国社民党在基本价值论中更加强调突出"人的尊严"。德国党柏林纲领在这一方面与哥德斯堡纲领相比,除了继续从唯心的伦理观出发强调与生俱来的人的尊严的先验性以外,另一个突出之点,就是将"人的尊严"贯穿于三个基本价值之中:"自由要求摆脱有损于人的尊严的依附,摆脱贫穷和恐惧"、"公正的基础是每个人都有同样的尊严"、"相助也要求……过一种合乎人的尊严的生活"。(31)这样,以人的尊严为主线,自由、公正、相助体现了一种强烈的道德自律、意志自律色彩。其关系如下图所示:

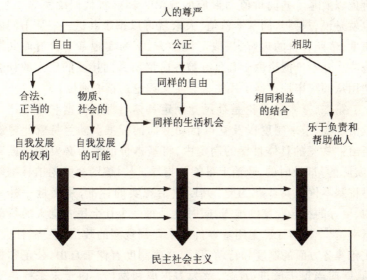

如图可见,民主社会主义的基本价值自由、公正、相助,在人的尊严的统帅之下,三者互为条件,互相支撑:在等级上,三者是平等的;在内容上,三者互相解释;在贯彻实施上,三者互相制约,互相协调,互相充实,最终共同指向并构成民主社会主义的理论核心。

二、核心地位及其实质

为什么基本价值论一经提出,就被置于民主社会主义理论的核心地位呢？这是因为,社会民主党人认为:

第一,基本价值论是使社会民主党人达成一致性的思想基础。德国社民党哥德斯堡纲领宣布,德国民主社会主义植根于基督教伦理学、人道主义和古典哲学,主张思想自由,价值中立,向全社会开放。与以前党纲中以马克思主义为主导思想相比,这就必然会使各种不同的思想和意识涌入党内。倘若没有一个基本的价值准则和目标,则党内必然杂乱无章,一盘散沙,没有凝聚力。在这种多元主义、伦理主义盛行的状况之下,纲领同时又宣称:"党的一致性是以共同的基本的道德观念和政治目标为基础的。"这儿"基本的道德观念",就是指"基本价值"。参加社会民主党的人,其文化背景、哲学观念、意识形态、宗教信仰可能各不相同,但共同的道德价值以及基于共同价值而形成的政治目标能将他们维系在一起。也就是说,只要认同基本价值,大家就可以携手共进——从不同的角度,依照各自的理解,采取不同的方式,为实现基本价值而共同奋斗。基本价值论由于其具有被各阶层所共同接受的巨大的社会功用从而牢牢地占据了民主社会主义理论的核心地位。

第二,基本价值论是社民党制定具体目标的依据和用以评价政治现实、未来制度以及党员行动方向的标准。勃兰特就此曾经指出:"在党的具体目标的制定中,将基本价值作为必要的依据和'实际的'即及时的、政治上可能的指导。"[32]德国社民党柏林纲领更将基本价值具体化为党"判断政治现实的标准,是衡量一种新的、更好的社会制度的准绳,同时也是每一个社会民主党人的行动指南。"[33]德国社民党用基本价值来评判现实的政治、经济、社会、文化等各方面的制度和行动,只要这些制度有悖于自由、公正和相助,就应当谋求改进,反之,就大力提倡和发扬。由于未来社会形态很难预测,因此,在社民党人看来,未来社会制度无论什么样,只要符合基本价值,就是美好的、值得社民党人为之奋斗的。至于用基本价值来约束、规范社民党人的言行,是因为唯基本价值是衡量成为社民党人的标准。只要符合这一要求,任何一个公民都可以成为社民党的同路人。既然基本价值论是"依据"、"标准"、"指南",它成为民主社会主义的核心理论就毫不奇怪了。

第三,基本价值论所倡导的是人类的未来,世界的希望。德国社民党将基本价值的作用推向极致。如哥德斯堡纲领将基本价值提到无以复加的高度:"只有一个根据民主社会主义的基本价值建立起来的制度才是世界的希望。"该党《1975—1985年经济政治大纲》又将这一观点具体表述为:"民主社会主义的基本价值和基本要求所具有的意义,远远超出了经济政治关系的形态。它们关系到人类的整个社会生活现实,并且建立在人道主义和基督教的传统的基础之上。因此,我们不仅把各种教会、宗教团体和具有不同世界观的团体看做是国家或社会行动的值得欢迎的伙伴,而且也期望在争取一个人道的社会的斗争中从它们中间获得支持。"在社民党人看来,基本价值不仅是党内一致性的思想基础,而且是整个人类社会最至高无上的东西,它作为人们头脑中的一种价值观念,其意义远远超过现存的社会经济关系。因为,作为观念形态的价值是永恒的,而现存的社会经济关系以及建立在这些社会经济关系基础上的政治理论、经济理论等都是暂时的,无论哪一种社会制度都要被民主社会主义的基本价值所取代,也无论哪一种政治、经济理论最终都要以基本价值论为依归。基本价值亘古不灭,永世长存,只有基本价值才代表、预示着人类的未来、世界的希望,其他一切都是过眼烟云,转瞬即逝。此外,基本价值既是人类改造世界的准则,又是动力和值得追求的目标,观念的东西经人掌握后成为物质的力量,和人一道成为改造世界的主体,始终是主动的,而社会经济关系则是被动的。只要人们普遍确立了基本价值观,并据此改变现存的社会经济关系,就可以使社会不断地朝着美好的方向发展。社民党人将基本价值论提到如此的高度,并进而决定其他理论的归属,其在整个民主社会主义思想体系中的核心地位可见一斑。

由上可见,基本价值论比民主社会主义的一般理论地位重要,在概念内涵上也比"民主"等政治概念更加宽泛和可感知,可以作出各种各样、形形色色的理解。仅以"自由"为例,就既可以理解为政治自由、思想自由,也可以理解为个人行动的自由、言论自由等。"公正"和"相助"概念则极易引起广大信仰宗教的教徒的共鸣,因而容易使人接受。如许多愿意接受社会主义的纲领而不愿意接受马克思主义理论的天主教徒工人和强调全人类在上帝面前都是兄弟和处于平等地位的基督教徒群众,受基本价值的指引,成了社会民主党的选民。正是由于基本价值理论与其他诸理论相比有种种"优势"和巨大的社会功用,所以,基本价值论一经提出,很快就确立了在民主社会主义理论中的核心地位。可以毫不夸张地说,基本价值论是破译民主社会主义思想体系的"密码",了解了基本价值论,就掌握了民主社会主义理论的精髓。民主社会主义的种种理论都可以从基本价值论得到说明。对此,德国社民党的理论刊物《新社会》曾作过如下解释:"基督教关于人的形象的学说与人的伦理要求,法国革命宣布的人权,康德的伦理学和启蒙思想,黑格尔的历史辩证哲学,马克思的资本主义批判,伯恩施坦的批判的马克思主义,卢森堡的自发论,舒马赫的自由社会主义和布尔什维主义批判,勃洛赫、霍尔克哈依梅尔、阿多尔诺、哈贝马斯、科拉科夫斯基、吉拉斯以及其他人的最近言论——这些承先启后、互相影响的民主社会主义思想文件,可以归结为一个伦理学动机。"[34]也就是说,尽管民主社会主义的思想体系杂乱无章,包罗万象,且不断变化,但最终都能从伦理主义的基本价值论进行验证。民主社会主义对经济稳步发展进行衡量的标准,就是看经济发展是否提供了稳步增长的繁荣以创造条件使所有人都享有自由,都能公正、平等地分享经济成果,从而使大家的个人自由有相同的基础,以便使所有人都摆脱屈辱的依附地位和经济剥削。再如民主社会主义者制定的各项改良政策,也是建立在基本价值论自由、公正、相助的伦理基础之上。关于自由与社会民主党经济政策之间的关系,哥德斯堡纲领曾作过透彻的说明:"自由选择消费和自由选择就业岗位是社民党经济政策的决定性基础,自由竞争和雇主自由地发挥其主动性是社民党经济政策的重要因素。工会和雇主协会在缔结劳资合同时的自主是自由制度的一个重要组成部分。"德国社民党前主席勃兰特在就任联邦德国总理时就社民党的内外政策与伦理价值的关系时也曾指出:"现行的方针政策明显隶属于马克斯·韦伯所说的'伦理信念'这种观点。责任必须建立在良心的基础之上。……我们要力争'成为对内对外都友好相处的民族',这个对和平政策与国内改良政策的说明,同时也是对精神—伦理纲领的说明。"[35]再从国家理论来看,"法治国家论"就是为了保护公民的自由,"社会国家论"既是为了保障公民的基本社会权利,同时也是为了消除社会不公。政党理论中的世界观中立、意识形态多元化等更是体现了基本价值论中的思想自由。其他如"社会市场经济"中的"总体调节政策"、"共决制"的思想与实践等也都是从自由、公正、相助出发而提出并贯彻实施的。

基本价值论在民主社会主义理论中的核心地位,如下图所示:

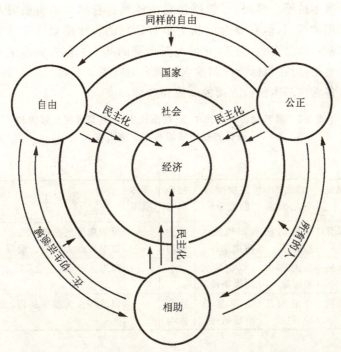

如图,民主社会主义以基本价值论为核心,向国家、经济、社会层面层层扩展,整个社会,从上层建筑到经济基础乃至社会生活的各个方面,均在基本价值论的辐射之内。首先,是在国家层次上,实现国家民主化,这一步,民主社会主义认为,在目前西方发达资本主义国家已经得到相当程度的实现;然后,将基本价值论逐步扩展至经济、社会领域。从理论角度来看,国家层面的政治民主(普选权、议会制、政党政治等)目标均符合基本价值且已基本实现,而经济和社会层面的经济民主(混合经济、总体调节、共决制等)以及上图"外圆"所示的社会民主(社会福利和社会保障等政策措施)正在反复实践过程中,有待进一步深化。

在此,需要指出的是,自从社民党 1959 年在哥德斯堡纲领中提出基本价值并逐渐将基本价值精确化和具体化以来,联邦德国的其他几个主要政党,如基民盟、基社盟、自民党也将自由、公正、相助的基本价值作为这些党纲领的原则基础。自民党在 1971 年的"弗莱堡大纲"中、基民盟在 1975 年的"曼海姆声明"中都逐一阐述了基本价值。然而,尽管这些党在谈到各自的基本价值时与社民党用词相同,但在概念内涵上是有区别的。社民党民主社会主义的基本价值自由、公正、相助与其他党的基本价值在内容上有相似和重叠,但在目标指向和重点强调方面有诸多不同。从表2-3可看出各党在基本价值方面的一致和差异。

表2-3 联邦德国社会民主党、自由民主党、基督教民主联盟和基督教社会联盟基本价值比较

	自	由			备 注
	范围				
社民党	自由的法治国家	以物质为前提条件	社会参与	集体范围	
自民党	自由的法治国家	(以物质为前提条件)	社会参与	—	反对集体的范围 以财产作为相对的前提条件
基社盟	自由的法治国家	(以物质为前提条件)	—	—	反对人的"社会化"
基民盟	自由的法治国家	以物质为前提条件	社会参与	—	以成绩作为前提是相对的

	公	正	
	定义	具体化	重点强调
社民党	同样的自由	同样的生活机会	赋予相同的社会生活机会
自民党	(同样的自由)	不仅仅是同样的初始机会	—
基社盟	—	机会均等根据成绩大小	在机会均等的条件下共处和完全按照成绩大小进一步消除社会差别
基民盟	同样的尊严	同样的初始机会	防止非人道的生活,强调不平等的合法性(针对现状)

	相助	
	界定	目标方向
社民党	维护弱者利益和同舟共济激励工人运动	消灭不平等 保证人们相互间的地位平等
自民党	（各人互相承担责任）	—
基社盟	各人之间的互相联合 个人与团体的联合	在困难时提供帮助
基民盟	弱者有权要求得到帮助 强者乐于帮助 利益的结合应维护利益人的尊严	对个人努力解决现存的不平等进行限制容忍现存的不平等

	三者之间的关系	
	一般而言	重点
社民党	三者互为条件	三者同等重要
自民党	（辩证关系）	（突出自由）
基社盟	自由和公正互相补充和互相限制	没有重点
基民盟	三者互相推动和互相限制	经常改变三者之间的平衡关系

注：括弧内的说法意味着该党只是一般的提及，并不作重点强调。

从表2-3可以看出，社民党与其他三个政党对自由、公正、相助的理解是不一样的。从自由来看，虽然各个政党都承认自由的法治国家、自由必须以一定的物质基础为前提条件，但社民党强调自由必须受到社会、集体的约束，自民党反对集体约束，强调自由度以财产作为相对的前提条件，基社盟则对"自由也应对社会负责、参与社会和政治生活"保持沉默，实质上就是反对人的社会参与。社民党将公正具体化为"同样的生活机会"，而基民盟则认为是"同样的初始机会"，这儿虽然只有两字之差，但意思却相去甚远，前者的概念显然更加宽泛。对相助的理解更能看出社民党民主社会主义历史运动（相助激励工人运动）的特点。社民党要求消灭不平等，基民盟则承认不平等的合法性并容忍其存在，甚至对个人努力解决不平等进行限制。对自由、公正、相助三者关系的理解，区别亦一目了然。社民党认为三者互为条件，同等重要；自民党认为三者是辩证关系，自由最重要；而基民盟则经常改变基本价值之间的平衡关系。

由此可见，尽管其他政党也以自由、公正、相助的基本价值作为标的，但由于各自内涵不同，社民党民主社会主义的基本价值与其他党的基本价值是可以区别开来的。联邦德国各政党的发展趋势是在基本政纲方面逐渐趋同，但应该看到趋同过程中也有相异，趋同并不是完全一致。

如果我们用伦理主义和多元主义对基本价值论进行观照就会发现，基本价值论可以在伦理、多元上层层展开，不同的阶层、人群可以有不同的自由、公正观，平等、博爱、相助则具有浓厚的宗教教义色彩。对于基本价值的伦理主义作用，勃兰特寄予很大的希望，他认为国际社会民主党在制订政策和采取行动时，应使基本价值成为民主社会主义"政策的伦理学砥柱"和"行动的道德驱动力"。(36)可见，基本价值论既是伦理主义的，又是多元主义的，它鲜明地体现了民主社会主义世界观伦理、多元的特色：伦理主义和多元主义在基本价值论上合二为一，基本价值论是伦理主义和多元主义的立论基础和归宿。但不管是伦理主义还是多元主义，令各阶层都能接受的基本价值论从哲学上来讲是唯心主义的，是超越意识形态的抽象的人本主义。按照民主社会主义基本价值论的主张，必然得出如下结论：不是现实决定社会理想，而是社会理想决定现实；社会理想是先在伦理方面形成，而后才反映到真实世界——人的理性观念主导着社会发展。

马克思主义创始人认为，基本价值等伦理道德观作为意识形态、作为上层建筑对经济基础具有反作用，资本主义发展到社会主义，应当、可能而且必须实现自由、公正、相助。当然，由于马克思恩格斯所处的特定的社会历史条件，长期专注于同唯心主义作斗争，对上层建筑的反作用阐述得不够。在谈到伦理问题时往往侧重于揭露资本主义道德说教的虚伪性，而很少论述伦理动机对于实现社会主义的重要作用。但如果像民主社会主义那样以此就认为马克思恩格斯的历史唯物主义是"经济决定论"，甚至说马克思主义具有"反伦理倾向"，这是我们坚决不能同意的。我们认为，对资本主义进行道德谴责、以基本价值论作为社会发展的伦理道德论证当然是必要的，但仅仅停留在这一层次上是无法触动资产阶级统治基础的。价值方法只是认识客观现实的一个方面，绝不能把这种道德论证看做是解决社会发展和社会主义问题的惟一的和无所不包的方法。也就是说,道德论证是必要的,但不是惟一的、决定性的。伦理价值或道德准则不是历史的惟一指南。"道德决定论"是违背历史发展规律的。社会主义不只是伦理原则或道德要求,因此,我们不能将社会主义抽象化为纯粹的道德理想。社会主义首先是一门科学,其科学基础在于唯物史观,而不是伦理道德的论证。马克思主义的唯物史观认为,决定社会发展方向的最终动力是生产力和生产关系的矛盾运动,在此基础上,"人们自觉地或不自觉地,归根到底总是从他们……所依据的实际关系中——从他们进行生产和交换的经济关系中,吸取自己的道德观念。"[37]因此,伦理价值与赖以产生它的物质社会关系相比,始终只是第二性的。任何不受时间限制的、独立的精神价值世界是不存在的。价值不是从人类"自我"的神秘内心深处产生、按人们的主观意愿去创造的。任何伦理价值都有具体的历史内容,在阶级存在的条件下则具有阶级性。当然,不可否认,伦理道德不仅是一种社会意识形态现象,属于上层建筑,具有阶级性,而且又是一种社会生活现象,帮助人们解决交往中的矛盾,促进人们的团结,具有全民性。特别是目前的人类面临着核战争等全球性问题,面临着人口、生态、能源、资源等日益恶化的情况,为了全人类的生存和种族的延续,不但必须承认诸如和平、安全等全人类共同的利益和价值观,而且必须遵守同情、人道、诚实、守信等全人类的伦理道德规范,提倡人类共同的伦理道德价值。但是,这只是问题的一个方面。同样不可否认的是,当今世界还不是一个消灭了剥削阶级和剥削制度的大同世界,还有阶级、阶级矛盾和阶级斗争,还存在着不同社会制度的国家,存在着不发达国家和发达资本主义国家的对立。因此,在当今时代,坚持伦理道德的阶级性还是非常必要的。各个阶级都有各自所遵循的价值体系、评价标准和在各阶级利益基础上形成的个人行为方式特征。伦理道德的阶级性最鲜明的表现是不同阶级对社会经济制度不同的道德评价以及不同阶级的社会理想和道德理想的对立。在当今阶级社会中,不同的人对自由、公正、相助等基本价值有不同的、有时甚至是完全相反的理解。在资本主义社会里占统治地位的伦理观点只能是资产阶级伦理观,而无产阶级的伦理观只有到社会主义社会才能起支配作用。我们只有从阶级立场去观察,才是衡量价值的尺度。价值方法只有融会在具体的历史实践中才能作为研究现实的基础和标准。马克思主义的历史唯物主义是从现实中得出价值概念,并把价值概念同物质世界发展的规律性和必然性结合起来,同现实人的现实需要结合起来,而不是同抽象的自由意志或神话般的价值世界结合起来。消灭私有制和人压迫人的制度,摧毁精神、政治、民族或其他方面的压迫,消除阶级的特权和偏见,达到社会道德、政治的统一,是实现自由、公正、相助等基本价值的原则基础。在这一基础上,马克思主义把造就新型和谐的个人看做是社会发展的最高价值和标准。

民主社会主义抛开意识形态,在先验的、超阶级的基础上抽象地谈论自由、公正、相助这些人本主义的永恒的法权观念和道德原则,这些原则实际上是早期资产阶级大革命时期提出的自由、平等、博爱观念的翻版。社民党前主席勃兰特就曾公开承认:"自由、公正(平等)、相助(博爱)这三个概念非常清楚地表明,我们是启蒙运动的后代,这并没有什么不光彩。"[38]社民党另一位主席福格尔也曾指出基本价值与拉萨尔主义一脉相连:"在《工人纲领》的最后一句话里拉萨尔谈到'世界历史的日出的壮丽景象'。这一希望曾经在一个多世纪以来鼓舞了战斗的工人运动……这一老的希望的内容,即建立一个把自由、公正和相助当作尺度来影响人类社会共同生活的社会,在今天和在拉萨尔的时代一样,都是社会民主党一切政治要求的基础和涵义。从制定哥德斯堡纲领以来,我们把这一希望表述为'基本价值'。"[39]但不管社民党的领袖们如何为基本价值进行论证和寻找历史渊源以表明基本价值不是空穴来风,我们只要看一下资产阶级大革命以来两个多世纪的资本主义的发展和社会主义革命运动的历史实践就可以发现,在以生产资料私人占有为主体的资本主义社会中,只要不从根本上变革生产关系,自由、公正、相助等基本价值是根本不可能实现的。在资本主义社会中,劳动人民只有出卖劳动力、任人剥削的自由,而很难谈得上什么基本自由,更不会有充分发挥自己的个性和才能的高层次的自由。对于这种自由的空想性质,德国民主社会主义者自身实际上也已有所认知。《德国社民党 1975—1985 年经济政治大纲》就曾指出:"只有在每个人都获得自由的发展自己个性的真正的(政治、经济、社会、文化)可能性的时候,自由才能成为社会现实,而不再仅仅是幻想或少数人的特权。"(40)在资本主义条件下,实现自由的"真正的可能性"距离现实性相当遥远,至多只不过是幻想和少数人享有的特权而已。至于公正和相助,在生产资料占有的不平等而导致的剥削和被剥削、压迫和被压迫的关系下,除了做一些表面文章以外,并不能解决实质性问题。不改变资本主义的生产关系,这种带有主观唯心主义色彩的基本价值对于社会主义者来说只能永远是空想,而绝不会成为现实。

注:

(1)格洛茨:《一百年之后,马克思留下了什么?》,《新社会》,1983 年德文版第 3 期。

(2)《世界观和政策:维利·艾希勒讲演论文集》,1967 年莱因河畔法兰克福德文版,第 100 页。

(3)《有关 1945 年以来的德国政党的发展文献》,柏林 1971 年版第 3 卷,第 82 页。

(4)《波恩自由社会主义》,哥德斯堡 1973 年版,第 57 页。

(5)M. 施莱、J. 瓦格纳:《自由、公正、相助:基本价值和现实政策》,哥德斯堡 1976 年版,第 7 页。

(6)W. 勃兰特、B. 克莱斯基、O. 帕尔梅:《书信与谈话集》,1975 年法兰克福—科隆欧洲出版社德文版,第 20 页。着重号为笔者所加。

(7)伯恩施坦:《修正主义论集》,1977 年波恩德文版,第 184 页。

(8)《唯物主义历史观》第 1 卷,1930 年柏林德文版,第 154 页。

(9)盖尔:《自由党》,卡·克洛茨巴赫编:《流亡中的三篇文章》,1974 年版,第 353 页。

(10)同上书,第 21 页。

(11)《德国社会民主党纲领性文件汇编》,1984 年柏林—波恩德文版,第 250—251 页。

(12)《社会党国际通讯》,1959 年第 48 期,第 738 页。转引自西比列夫著:《社会党国际》,中国社会科学出版社 1983 年版,第 95 页。

(13)《民主社会主义理论入门》,1979 年科隆和法兰克福德文版,第 17 页。

(14) 李凯尔特:《文化科学与自然科学》,1921年德文版,第18页。

(15) 同上,第91页。

(16) 霍尔斯特·海曼、托·迈尔:《改良社会主义和社会民主主义》,柏林—波恩1982年德文版,第404页。

(17)《德国社会民主党代表大会会议记录(1921)》,柏林—波恩1973年德文版,第358页。

(18) 同上,第3页。

(19)《理论讨论文集》,1973年柏林—波恩德文版,第9页。

(20) W.艾希勒:《民主社会主义导论》,波恩—巴特哥德斯堡德文版1972年第107页。

(21)《世界观和政策》,第380页。

(22) 艾希勒:《民主社会主义论集》,1979年柏林—波恩德文版,第138页。

(23)《德国社会民主党纲领性文件汇编》,1984年波恩德文版,第294页。

(24) 库特·克洛茨巴赫:《通向执政党的道路》,1982年柏林—波恩德文版,第322页。

(25)(26)(31)(33)(40)《德国社会民主党简史(1848—1990)》,1991年波恩德文版,第408页、第356页、第465页、第466页、第465页、第358页。

(27)(28)(29)(32)(35)(36)(38) W.勃兰特·B.克赖斯基·O.帕尔梅:《社会民主与未来》,重庆出版社1990年版,第101—102页,第2页,第102页,第3页,第26页,第3页。

(30) 托马斯·迈耶尔:《论民主社会主义》,波恩1982年德文版,第92页。

(34) 转引自费多谢耶夫等:《什么是"民主社会主义"?》,中国社会科学出版社1984年版,第13—14页。

(37)《马克思恩格斯全集》第20卷,人民出版社1985年版,第102页。

(39)《新社会》1987年第6期。

第三章
国家观和民主论

第一节
捍卫、拥护现存国家

德国民主社会主义的国家观,在德国民主社会主义思想体系中占有重要地位。从建党至今,德国社会民主党人对国家一直持保留态度,从未与资产阶级国家明确决裂。即使是最具马克思主义性质的纲领——1891年爱尔福特纲领,虽然提到工人阶级(通过选举)掌握政权,但未涉及打碎资产阶级国家机器问题。对国家的崇拜贯穿于德国民主社会主义国家观始终。

第一次世界大战前,德国的改良主义与马克思主义在国家问题上的分歧,主要是在如何对待资产阶级民主共和国的态度问题上。马克思主义认为,民主共和国对于无产阶级反对资产阶级的阶级斗争的重要意义主要在于,它为直接地、公开地把无产阶级与资产阶级的阶级斗争进行到底提供了最好的形式和场地,但资产阶级共和国对于无产阶级来说,只是一个短暂的过渡阶段,可以"用它来为革命的社会主义争取广大的群众"。[1] 而改良主义认为,无产阶级利用资产阶级共和国就可以实现社会主义。第一次世界大战以后,随着社民党在国家政治结构中地位的变化和有了直接参政、执政的亲身体验,党从此站在资产阶级国家的基地上,成为现存国家的拥护者和捍卫者。第二次世界大战以后社民党直接参与缔造现代国家,感到对国家更负有义不容辞的责任,对国家的性质、作用等逐步形成了一套较为完整的民主社会主义的国家理论。在国家问题上,社民党远远走在同时代的其他社会民主党前面,成为民主社会主义国家观的理论楷模和典范。

一、笃信国家社会主义

德国民主社会主义国家观的源头,可上溯至19世纪中叶流行于德国的国家社会主义学说。后来在德国社会主义运动中一直传衍、绵延不断的对国家的崇拜,即从国家社会主义而来。

所谓国家社会主义,是期待现存国家把实现社会主义作为自己的理想,肯定国家的道义性和超阶级性,把国家从正义立场出发来维护工人阶级利益的可能性和义务作为实现社会主义的前提。由于国家社会主义把国家的道义性或道义的可能性当作前提,所以,它把实现社会主义的方法寄希望于立法程序,而排斥革命或暴力革命。这一思潮之所以流行于德国,是由德国特殊的历史条件和特殊的阶级构成状况所决定的。19世纪中叶,德国大部分工人是手工业者,农民多数是分散的、一家一户的小农。一般来说,手工工人和小农由于他们自身缺乏凝聚力而不能自己实现阶级利益,他们不能代表自己,一定要别人来代表他们,"他们的代表一定要同时是他们的主宰,是高高站在他们上面的权威,是不受限制的政府权力。这种权力保护他们不受其他阶级的侵犯,并从上面赐给他们雨水和阳光。"[2] 同时,由于他们的散漫性,比大城市居民更容易受政治上的奴役,其特点正如马克思所形象比喻的那样:"溺水者抓稻草,他等不及打救他的船离岸。船就是社会主义革命,稻草就是保护关税和国家社会主义。"[3]

国家社会主义的鼻祖是约翰·卡尔·洛贝尔图斯(1805—1875)。洛贝尔图斯把国家偶像化和神圣化,鼓吹由国家出面采取固定工资,限制利润,搞社会福利,让工人与普鲁士国家结成联盟,调和无产阶级与地主、资产阶级的矛盾,防止无产阶级革命,保存地主、资产阶级私有制。国家社会主义最有影响的代表人物当数斐迪南·拉萨尔(1825—1864)。拉萨尔的国家社会主义由以下有机联系的三个要点构成:首先,拉萨尔鼓吹超阶级的自由国家观。他把发展自由、使人类朝着更自由的方向发展看做是国家的历史使命,把专制君王说成是置身于一切阶级对立之上、献身于普遍利益来完成国家使命的化身。尽管拉萨尔熟知马克思恩格斯的《共产党宣言》,但他却忘记或有意违背科学社会主义关于国家阶级实质的原理,认为国家具有超于阶级之上的独立的道德本质,认为"国家是个人在一个道德整体中的统一";"国家的宗旨就是使人的本质能够积极地发展和不断地完善;换句话说,就是真正实现人的使命,即实现人类所能够达到的文化;国家的宗旨就是教育和推动人类走向自由。"[4]说穿了,拉萨尔这儿所讲的自由国家就是普鲁士王国。其次,通过国家帮助建立合作社。既然是超阶级的自由国家,国家当然就可以拨款帮助工人建立生产合作社,消除资本主义的生产过剩和经济危机,并由此产生一种新型的生产关系,使工人成为企业主,进入"自由和福利的世界"。拉萨尔认为这种国家帮助就是社会主义,是工人阶级摆脱困境的惟一道路。[5]那么,如何实施国家帮助呢?拉萨尔接着提出了第三点:只有通过普遍的、直接的选举权,才能够指定国家履行建立合作社的义务。工人只要参加普选、投票就能使国家按照与全体人民利益相吻合的工人的意愿行事。因此,拉萨尔告诫德国工人"不要左顾右盼,对一切不意味着普遍的、直接的选举权或者同它没有联系,不能促使它实现的事情都要置若罔闻。"[6]拉萨尔还把和平地、合法地争取普选权定为工人党的政治纲领。他对工人说:"直接的普选权不仅是你们的政治原则,也是你们的若干社会原则,是一切社会帮助的基本条件。这是改善工人等级物质状况的惟一手段。"[7]由上可以看出,把普选权绝对化,是拉萨尔国家社会主义的核心,这大大发展了洛贝尔图斯的国家社会主义理论。马克思、恩格斯历来支持工人争取普选权的斗争,认为实现普选有利于工人阶级在全国范围内组织起来壮大自己的力量,但马克思、恩格斯从来反对把普选权绝对化,反对把普选权看做是工人阶级斗争的惟一手段。拉萨尔国家社会主义超阶级的自由国家观、国家帮助建立生产合作社和将普选权绝对化,归根到底,其实质就是把工人阶级解放的希望寄托在地主、资产阶级的国家身上,要工人把压迫和奴役他们的政治工具当作解放他们的工具来使用。

然而,德国的历史并未按照洛贝尔图斯、拉萨尔所设想的国家社会主义道路前进。俾斯麦政府后来的确拨了一点钱为一部分工人建立了合作社,但这些合作社并没有使工人得到解放,而是更有利于反动政府对工人的严格管理,成为政府控制和压迫工人的工具,而且这些合作社很快就垮了台。俾斯麦在普奥战争后也实施了普选权,但普鲁士王国也没有因此成为自由的国家或人民的国家,而仍然是压迫人民的专制国家,只不过是用议会装饰了一下门面而已。尽管国家社会主义作为一种社会主义思想流派在德国历史发展中逐渐销声匿迹,但其理论影响却相当深远,直至当代民主社会主义国家观中仍能窥见拉萨尔国家社会主义影响的痕迹。比如拉萨尔提出的"由国家帮助工人建立生产合作社"的主张,实际上就是当代民主社会主义"社会国家"思想的萌芽(意即如果没有国家作为整个社会利益的代表提供开业资助,合作社设想就永远不能实现。国家通过这种资助,为社会上和经济上的弱者创造了自我发展的前提)。社民党前主席福格尔对拉萨尔国家观的现实影响给予高度评价,他认为:"拉萨尔国家观的基本思想对于社会民主党迄今的实际行动具有决定性意义。它至今仍旧是适用的。受拉萨尔启示的社会民主党国家观的一个历史性胜利在于,它就其核心来说已写入我们的基本法,而且在上一世纪的历史经验和发展的基础上也已不再能够在原则的基础上受到怀疑了。"[8]拉萨尔的国家观对社民党的思想影响由此可见一斑。

二、推崇资产阶级民主共和国

继拉萨尔之后的伯恩施坦没有专门论述国家问题,伯恩施坦的国家观散布于他的许多文章中。早在公开对马克思主义修正之前,伯恩施坦就表现出对民主共和国的很大幻想。伯恩施坦学说模糊地提到过利用国家机器实现生产社会化,主张把国家机器转变成"解放工人阶级的工具"、"把国家拿过来"等观点。他在驳斥德国反动派关于资产阶级民主共和国并不比君主制高明的谬论时也曾经正确地强调共和国同波拿巴警察国家相比是一项进步,但是他未能从资产阶级共和国在无产阶级同资产阶级的斗争中的历史地位的高度来分析这一问题,而是抽象地把君主制和共和制对立起来,侈谈什么"我们要争取的是一个各方面都彻底发展的共和国"、"君主制是永恒的谎言,共和制是通向真理的道路"、"共和制是公开办事,君主制是秘密勾当"等等。此外,他还把法国、美国这样的资产阶级共和国对人民民主权利和政治自由的侵犯主要归咎于封建专制的残余影响和人民还不懂得使用民主,由此陷入对共和国的过分美化和理想化。伯恩施坦对资产阶级民主共和国极为推崇的出发点是基于以下这样一种认识,即不能仅仅把国家看成是压迫机关和有产者事业的代办员。伯恩施坦不否认国家在相当长的历史时期内是压迫和剥削的机关。但是他认为国家的社会政治性质会随着其社会内容的改变而改变。重视国家发展变化的可能性固然没有错,但离开了具体的国家内容和形式,超越时空抽象地谈论国家未来的发展,只会把现实的工人运动引导与资本主义国家合流。正是在这种超阶级的国家观的基础上,伯恩施坦提出国家的本质是"一种共同生活的形式,是一种管理机关","是巨大的共同利益天然的捍卫者",[9]就此而言,工人与国家是一致的,工人阶级必须献身于国家这一巨大整体,不能打碎旧的国家机器,而是要保存这个机器并使之"完善化"。伯恩施坦还断言:"从国家之中跳出去是不可能的,只能改变国家。"[10]总之,伯恩施坦反对马克思关于无产阶级革命必须打碎、摧毁旧的国家机器,建立无产阶级专政以代替资产阶级专政的革命的国家观,主张无产阶级不能只是通过政治灾变夺取政权、独自占有国家权力并运用它来反对整个非无产界的改良的国家观。

德国改良主义的另一代表人物考茨基在对待资产阶级民主共和国的态度问题上与伯恩施坦毫无二致,只不过比伯恩施坦更巧妙而已。考茨基认为,"国家"一词有狭义和广义之分:从狭义来看,国家不是指一种物质实体,而是一种阶级关系,它的实质存在于阶级统治的关系之中;从广义来看,国家就是指国家机器本身,它是伴随着人类社会的产生而出现的。考茨基只承认前者是阶级和历史的范畴,而后者则是一切社会结构、任何阶段的人类社会所固有的。所以考茨基认为,资产阶级民主共和国就国家实质来说是一种阶级统治关系,就民主共和国这种形式来说,国家机关是一种超阶级的东西。也就是说,资产阶级民主共和国的国家机关并不是一种与资产阶级统治思想相关的阶级组织。既然现存的国家机器与资产阶级统治毫不相关,那么就可以为工人阶级服务,不必摧毁和打碎。正因为如此,考茨基一再声明,无产阶级革命不要消灭国家政权,社会民主党一如既往的斗争目标是:"通过在议会中取得多数并且使议会上升为政府的主宰而夺取国家政权,但不是破坏国家政权。"同时也没有必要消灭资产阶级官僚制,因为在他看来,"无论在党组织或在工会组织内部都非有官吏不可,更不必说在国家行政机关内了。"考茨基的结论是:无产阶级的胜利"在任何时候都不能导致国家政权的破坏,它始终只能导致国家政权内部的力量对比的某种变动。"[11]意即无产阶级革命胜利的结果应是民主力量的扩大,而不是专政力量的加强。这一理论就是后来考茨基把民主和专政对立起来的思想基础。

三、拥护、捍卫现存国家

在魏玛共和国时期,社民党多次成为执政和参政党。党的地位的改变和改良主义的实践使得社民党对国家的态度也随之改变。第一次世界大战之前,尽管伯恩施坦已对马克思主义进行修正,民主社会主义的改良思想已露端倪,但毕竟当时改良余地还很小。特别是在爱尔福特纲领时期,社民党基本上是按照马克思主义来对待资产阶级国家,主张充分利用一切合法手段(首先是普选权)来提高工人阶级的政治经济地位,以推翻现存国家、夺取政权、建立社会主义社会为目标。但第一次世界大战后情况发生了很大的变化。1918年德国十一月革命推翻了封建君主专制,建立了民主共和国。应该承认,这是一场历史的进步。但社民党人未能正确地认识到资产阶级民主共和国对于革命的无产阶级来说只是一个短暂的过渡阶段,而是认为德国十一月革命后建立的"民主国家"不再是阶级统治的工具,而是工人阶级可以用以"建立社会主义的政治工具"。当时在德国从事理论和政治活动的"奥地利马克思主义派"主要理论家之一的鲁道尔夫·希法亭[12]通过对资本主义生产的分析,从经济学角度为德国民主社会主义的改良主义国家观提供了论据。他认为,第一次世界大战后的世界资本主义已进入"有组织的资本主义"阶段,它可以用有计划生产的社会主义原则来代替自由竞争的资本主义原则。随着有组织的资本主义的发展,经济生活日益受到国家的影响,社会民主党应当要求国家在社会政策的领域进行干预和扩大权力,利用现存国家领导经济,通过国家帮助实现社会主义。他鼓动社民党:"要依靠国家的帮助,依靠社会的自觉调整的帮助,把这个由资本家组织和领导的经济转变成一个由民主国家领导的经济。"(13)希法亭还就国家和经济相互渗透的事实作出结论说:一个民主国家必然会影响经济朝民主方面发展;而一个受民主国家领导的经济就是社会主义。

利用现存国家的帮助去实现社会主义是希法亭"有组织的资本主义"理论的核心。他的这一理论活动对社民党改良国家观的形成影响很大,为社民党"拥护和捍卫现存国家"奠定了重要的理论基石。从社民党自身的政治实践来看,拥护和捍卫现存国家的现实可能性源于魏玛时期实行的议会民主制。当时各个政党可通过议会选举轮流执政,议会斗争成为一种有效的阶级斗争形式,阶级矛盾似乎可以通过议会民主来解决。在强烈的议会民主光环的笼罩中,社民党认为魏玛共和国已经不是资产阶级的民主共和国,工人阶级和劳动群众已经获得了真正的政治民主,垄断资产阶级在政治上已丧失垄断权,他们对社会的统治只表现在经济领域。因此,社民党明确提出"保卫共和国"的政治口号。认为"保卫共和国"的同时也就是保卫已经获得政治民主的人民的自己的国家。1921年,社民党在由伯恩施坦主持起草的"格尔利茨纲领"中郑重声明:"社会民主党决心竭尽全力保卫已经获得的自由。它认为民主共和国是历史发展所赋予的不可改变的国家形式,对它的任何侵犯都是对人民生存权利的伤害。"(14)1925年,由考茨基和希法亭负责起草的社民党"海德堡纲领"进一步阐发了这一思想,认为"民主共和国是工人阶级进行解放斗争并从而实现社会主义的最有利的基地",捍卫和发展民主共和国这一国家形式,对于工人的解放斗争是绝对必要的。(15)总之,从伯恩施坦改良主义到魏玛时期"保卫共和国"、通过和利用现存国家帮助去实现社会主义,社民党基本上完成了对马克思主义国家观的修正,党对国家的态度、党与资本主义国家的关系逐渐发生了质变。对此,社民党党报《前进报》主编 F. 施坦普费尔的观点很有代表性,他指出:"国家和社会主义,国家和社会民主党是息息相关的……如果我们不脚踏实地的站在国家的基地上,如果我们不为争取国家权力和影响而斗争的话,我们充其量只能成为一个哲学上的宗派,但绝不会成为一个战斗性的政党。"[16]

考察魏玛时期德国民主社会主义的国家观,"保卫共和国、捍卫民主制"的政治口号虽然从反对当时十分猖獗的君主复辟势力的威胁来说具有积极意义,然而却忽视了魏玛共和国的阶级性质,把魏玛共和国看做是凌驾于社会各阶级之上的"自由的人民国家",以为通过议会民主程序来操纵和掌握魏玛共和国就能实现社会主义。这种对资产阶级民主共和国政治功用的片面理解与十分重视民主共和国对无产阶级解放的意义、但也从不抹煞民主共和国的阶级性的马克思主义国家观是有原则区别的。恩格斯对民主共和国曾经作过恰当的评价,他指出:"民主共和国并未消除两个阶级的对立——相反,它只是提供了一个为解决这一对立进行斗争的地盘。"[17]对民主共和国议会民主形式的过分迷恋使社民党人陷入对资产阶级国家的崇拜,所谓"国家和社会主义,国家和社会民主党息息相关"完全是"国家社会主义"思潮在魏玛时期的再现。此外,社民党人错误地将资产阶级经济统治地位和其政治统治地位截然分开,既不符合资本主义的现实,也违背了马克思主义关于经济基础决定上层建筑的基本原理。幻想以魏玛共和国的民主制和"有组织的资本主义"的经济计划性和组织性的逐步结合来进行社会主义改造,过高估价通过民主国家对经济干预实现经济计划化和垄断资本主义克服经济危机的能力,这被后来世界性的资本主义经济危机击得粉碎。从德国的历史发展进程来看,魏玛时期德国民主社会主义的国家观的理论缺陷在政治实践中的危害就更清楚了。拥护和捍卫魏玛民主制共和国的德国民主社会主义者过分强调魏玛民主与君主制相比的历史进步性,始终没有能力摆脱狭隘的议会主义去考虑政治问题,从而忽略了民族主义和法西斯主义势力所主张的"现代元首国家"的真正危险,结果,面临着法西斯势力的崛起一筹莫展,不仅所谓的魏玛民主没有保住,反而使德国陷入了法西斯独裁和专制的深渊。对于社民党在魏玛时期错误的国家观从而导致政治上的失误,该党执委会在第二次世界大战流亡期间曾作过深刻总结:"1918年的变革发生于由于战争和人民群众的民族激情所造成的反革命的发展时期结束之时。皇权不是通过工人阶级的有组织的、有准备的积极的革命斗争,而是通过战场上的失败被推翻的。社会民主党作为惟一完整保留下来的有组织的力量,未遇反抗而获得国家领导权。它从一开始就同资产阶级政党、旧官僚、甚至改组后的军事领导机构分享这个领导权。它把旧的国家机构几乎原封不动地接受下来了。这是在战争期间迷失方向的德国工人运动所犯的严重的历史性错误。"[18]战争期间社民党领导层对魏玛时期德国民主社会主义国家观的深刻反省,是我们考察战后社民党"参与缔造现代国家"的德国民主社会主义国家观时不可忽略的重要的历史背景和理论起点。

四、参与缔造现代国家

第二次世界大战以后,社民党在国家观念上已不再仅仅是以国家的捍卫者和拥护者自居,而是力图参与缔造新的国家制度。战后的德国百废待兴,面临重建。各种政治力量都试图在重建德国的过程中占有一席之地,以争取政治主动。社民党认为,党在第三帝国时期与希特勒法西斯主义进行了艰苦卓绝的斗争,付出了重大的牺牲,因此"有权提出积极参与建立第二个德国民主政体的特殊要求",这种要求"是无法抗拒的道义的和历史的必然结果"。[19]维利·艾希勒讲得更直露,他毫不讳言社民党的首要目标就是上台执政:"我们不为反对国家而斗争,我们为了国家而斗争,为了我们希望统治而且一定要统治的这个联邦共和制的国家而斗争。"党在战后举行的各次竞选中都跃跃欲试,但起初成效不大,只能充当最大的反对党角色而在野。直至1959年哥德斯堡党代会通过新的党纲,并在国家观上作了重大的理论调整,七年后社民党参政,进而执政,党终于和国家溶为一体,成为执政党——"国家党"。[20]经过1966—1982年参政执政的实践,社民党与国家的联系日益紧密,并从理论上逐步加深了对国家的性质、职能、地位、作用的理解,形成了一套较为完整的当代民主社会主义国家观。

1. 法治国家论。还在第二次世界大战中,1942年,埃里希·奥伦毫尔(1933—1945年任流亡国外的社民党执行委员会委员,1952—1963年任社民党主席)就对"旅居英国的德国社会主义组织联盟"说:"全面的专政再次唤醒人们要求正义、法治、保护个人不受专断和暴力之害的愿望。除了对社会安全的向往之外,要求自由和法律保障的愿望,是一切反对纳粹政权的反对派运动的最强大动力。在推翻了希特勒的专政之后,人们将谋求实现这些愿望。"奥伦毫尔的愿望在他担任社民党主席期间得以实现。鉴于希特勒法西斯统治时期无法无天的专制独裁,同时,受西方自由世界的影响,要改善魏玛模式,就必须效法西方,以法治国。社民党认为,只有在和平中以及在一个自由的、民主的社会法治国家的范围内,德国民主社会主义的基本价值——自由、公正、相助才能实现。社民党积极参与了联邦德国基本法的制定,强调法治国家必须依法行使权力。国家权力合法性的依据是法律并受法律的制约。国家行使权力在依据民主宪法的基础上,必须遵循三权分立的原则。哥德斯堡纲领为此指出:"立法、行政和司法三权必须分立,并各自对公众的幸福负有义务。"除三权分立以外,社民党还特别重视三权独立。由于现代社会有各种各样的利益集团,这些利益集团的力量愈是强大,其担负的责任愈重,滥用权力的危险性也就愈大,因此,社民党强调三权都必须公正地不受任何一种社会势力的影响而独立行使职权,"议会,行政机构和司法机构不允许被置于各种利益集团单方面的影响之下。"[21]为了防止国家滥用权力给法治国家造成损失,社民党主张权力的相互监督、适当分权和公民参政,这在哥德斯堡纲领中有明确地表述:"公共权力分为联邦、州和地方三级是为了做到分散权力和加强自由,并通过实行参与决定和参与负责等形式给公民以接近各种民主机构的机会。"社民党1989年柏林纲领则进一步主张行政管理必须摆脱专制国家种种传统的束缚,在各个层次上均有透明度和受到监督,主张公民及早地和全面地参与对行政管理的规划,让公民监督国家,而不是国家监督公民。总之,三权分立、三权独立、三级分权、公民参政,就是德国民主社会主义法治国家的向度和坐标。

2. 社会国家论。所谓社会国家,就是指在一个受权力和不平等支配的社会里,由国家承担社会责任和实现社会公正,保障每一个公民的社会基本权利。国家通过与各种社会力量的合作对社会生活和经济生活进行积极的塑造以完成自己的职责。与法治国家思想的形成比较而言,社民党社会国家的思想经历了一个曲折的过程。战后初期,社民党在参与制订国家基本法时,尽管党在议会委员会中拥有人数众多和精通业务的代表(议会委员会的65个议席中,社民党和联盟党势均力敌,各占27个议席),尽管党的首席国家法法学家卡洛·施密德还担当总委员会主席,但恰恰在社会政策方面,基本法中未作具体明确的规定。原因在于,当时的社民党恪守传统的国家观,认为理想的国家目标仍然是"仅把民主看做是依照社会主义方式组织起来的社会的国家形式。"[22]另一方面,社民党过于自信有把握取得统治地位,认为有可能按照自己的经济和社会政策来重新制定新宪法。在第一次议会选举中失败以后,社民党立即对国家观进行了调整,在联邦议院选举结束后第14天即召开的社民党理事会通过的"杜尔克海姆十六点纲领"中,在1952年多特蒙德党代会通过的社民党行动纲领中,针对人们已越来越少对联盟党艾哈德政策的效果提出疑问,而是日益不满这一政策所带来的社会不公——富人越来越富,穷人越来越穷——这一严酷现实,社民党赋予经济和社会政策的要求在纲领中以突出的地位。至哥德斯堡纲领发表及其以后,社民党社会国家的思想逐步成型和完善起来。

德国民主社会主义者认为,国家应当为每一个人在独立的自我负责的履行社会义务的过程中得以发展自己的个性创造条件,因此,一个社会国家首先必须为其公民的生存提供保障以便使每一个人都能以自我负责的精神进行自决,由此促进一个自由社会的发展。由于市场经济本身并不能保证收入和财产的公正分配,同时也由于国家的经济和税收政策还未摆脱传统的、只有利于少数人的收入和财产构成而不利于大多数无财产者或少财产者,为此,社民党主张,社会国家应通过在税收、财政、币制、信贷等方面做出决定和通过关税、贸易、社会福利、价格政策和公共契约以及农业和住宅建设等政策对经济活动进行调节,以有利于收入和财产的公正分配,纠正"富者越富,穷者越穷"的社会不公。只有当国家不仅保护少数人,而且采取切实措施维护大多数人的利益,在社会保障、充分就业、经济的全面、稳定发展等方面体现国家应承担的责任,国家才能为社会所接受,为社会中每一个人所接受。也就是说,国家必须先成为"社会国家",为社会尽责,然后公民才能成为对社会和国家负有责任感的、不是统治阶级剥削对象、而是享有公认的平等权利和义务的"国家公民",为国家服务。

此外,德国民主社会主义的社会国家思想还包括国家同各种社会集团和社会力量之间的合作。为了保证现存国家能朝着民主社会主义的方向发展,除了在国家机构的建设和国家职能的发挥中更多地注入民主因素之外,国家还应当充分发挥进行政治塑造的各种社会集团和社会力量如工会、教会和宗教团体、政党、各种协会、各种社会运动(如公民倡议、生态运动、妇女运动、和平运动)以及大众传播对国家决策的形成所起的重要作用。德国民主社会主义认为,工会和政府是"社会伙伴",双方应进行积极友好的合作和对话;政党的任务是考虑社会需要和社会利益,并根据民主社会主义的基本价值把这些需要和利益转化为国家政策;教会与宗教团体的创造性工作是国家福利政策的一种不可缺少的补充;各种协会和集团是不同社会利益的合法表达以及单个人与社会之间的中间人,当它们的工作以公共幸福为目标和依据时,国家应与其合作而不是对立;各种社会运动是生动活泼的民主意志的构成,是宣泄民主的一种方式,国家应对其积极引导而不是压制;在信息传递高度发达的当代社会,大众传播不仅左右人们的文化生活、情感和思维,而且在很大程度上帮助国家塑造政治生活。有鉴于此,德国民主社会主义者主张,国家应十分重视这些在个人和社会之间的必不可少的中介机构,克服各种社会力量同国家的对立,尽可能寻求广泛的合作。总之,只有通过把民主思想和社会法治思想融合在一起,国家才能成为一个从各种社会力量中吸收其内容并且为人的创造精神服务的文明国家。因此,德国民主社会主义在国家观上的政治目标如果用公式来表示就是:民主+法治国家+社会国家。如果从更广泛的意义上来理解,社会国家实际上就是社民党人心目中理想的社会模式。

3. 国家非中立论。社民党从民主的法治国家和社会国家观出发,不同意资产阶级理论家宣扬的"国家是一个独立地超越于社会之上的不偏不倚的仲裁人,是符合各个社会集团利益的'客观存在的'共同福利的代表"的观点,⁽²³⁾反对那种关于建立一个中立的、超越一切利益对立、并独立地实现依照宪法而提出的或政治上自由确立的目标的自治国家的设想,认为这不符合联邦德国的社会现实。因为,有组织的社会集团能通过各自的政党向政府提出任务并施加压力,限制政府的各项计划和阻止计划的实施,而那些在经济上占有优势的大的集团则会利用国家机构在损害多数人利益的基础上实现自己的特殊利益。所以,关于国家是处在各种社会利益之间并凌驾其上的仲裁人的所谓超然国家的资产阶级理想主义国家观是站不住脚的。它忽略了国家行动对经济部门的结构和效率的依附,忽视了税收以及公共财政开支所依赖的国民生产总值的绝大部分是在提供了大多数就业岗位的私人经济部门中生产出来的。私人经济由于其强大实力往往在相当大的程度上左右着技术进步的方向和速度。私人经济的投资决定和价格决定以及雇主协会和工会关于工资的决定,对于地区性的和整个经济的增长,对经济景气的波动和物价上涨都具有重大影响。国家固然可以通过基础设施的成就,通过补贴、税收,运用调节经济景气的各种手段在很大程度上对私人经济的决定施加压力,然而,国家的行动往往过多消耗在事后消除私人决定所造成的后果上。由于国家决策不得不受私人经济的影响,不得不在一定程度上迁就或者依附私人经济集团,这就决定了在私人经济力量还很强大的德国,国家不会成为超越于社会之上的中立机构。当然,国家也并非必然是经济上占统治地位的阶级或有势力的利益集团的工具,而是各种利益集团斗争和联盟的产物。国家的一切活动都要受到各种社会集团力量变化的制约。在这一方面,国家所能起的积极作用就是,尽可能成为朝着更加民主的方向变革社会和经济的这样一种社会势力的重要工具。社民党前主席汉斯-约亨·福格尔曾就此指出:"在一个受权力和不平等支配的社会里,国家不能通过一种臆想的中立的仲裁职能,而是只能通过一种对社会的和经济的生活关系的积极塑造"来完成国家干预的职责。⁽²⁴⁾因此,只要社民党参政和执政,党就会制订各项关于符合社会整体利益的抉择性计划,尽可能用民主的法治国家的手段推行计划,以反对一切相互对立的局部利益。在国家观上不取中立态度,为日后社民党执政执行"总体调节"政策,充实和发展艾哈德的"社会市场经济",在尽可能的条件下让国家多管一些打下了理论基础。

在批驳资产阶级理想主义国家理论、否定国家中立论的同时,社民党人也不承认马克思主义者认为资本主义社会里的国家是"联合起来的垄断资本家的代理人"的观点。尽管现代社会大企业的领导人凭借垄断扩大了自己的经济权力,他们在企业内部掌握着亿万资产和成千上万的职工,不仅经营企业,而且支配人,工人和职员的依附关系远远超出经济和物质的范围。在企业外部,经济力量雄厚的保守的利益集团通过大众传播,对人民民主意向的形成施加影响。但是,社民党认为,虽然这些现象表明垄断资本家凭着巨大的经济权力影响社会,影响着国家的政治权力,但并不意味着国家就完全听凭垄断资本家的意愿行事,因为民主制度下国家的决定在很大程度上也取决于选民的意向,进而取决于大多数劳动者的意向。这种"国家是代理人"的观点也忽略了今天私人资本主义经济对国家决定的依赖程度。因为没有一个政府能长期推行违背大多数人民、包括未加入工会组织的职工的切身利益的政策,同时,国家创造并维护私人企业在政治、经济和社会生活方面的生存条件,担负建设基础设施和提供社会保障的任务,并通过实行旨在保证充分就业和经济持续增长的调节政策减少经济景气的风险。在联邦德国,国民生产总值的40%要经过国家财政,因此,国家和私人经济之间是一种互相依存的关系。在这一关系中,根据选民委托进行工作的政府和议会中的多数能够作为独立的积极因素发挥作用。

按照这一观点,德国民主社会主义者实际上使自身陷入了一种二律背反:因为若要说国家无法超越于社会之上,不能处于中立,就必然受到强大社会势力的影响,成为代理人;若要说国家不受私人经济的影响,那就必然独立、中立于社会之上,成为仲裁者。如何解决国家观上的这种二律背反?社民党柏林纲领草案中的一段话可看做是对这一矛盾的国家观的注解:"由于政治民主,我们的国家不再是阶级国家,而我们的社会则还有阶级社会的许多特点。"这就表明,德国民主社会主义不否认目前发达资本主义国家的社会是带有阶级社会的许多特点的社会,当然也就不同意纯粹的超阶级的国家观,所以也就不同意国家是中立的裁判者,国家总是要受到阶级社会阶级势力的影响;但社民党无论如何又不承认目前的国家仍旧是纯粹的资产阶级国家,因为政治民主淡化了阶级矛盾和阶级差别,所以社民党也不同意"国家是垄断资产阶级的代理人"。正是由于出现了这样一种实施政治民主的有阶级社会的无阶级国家和无阶级国家的有阶级社会,所以他们认为国家既非仲裁又非代理,而是所谓"人民的权利共同体"。这种"人民的权利共同体"体现了有阶级社会的无阶级国家和无阶级国家的有阶级社会的"社会国家"的内涵。这种社会福利国家可利用国家政权的力量和手段为社会上大多数人谋利益。虽然它是各派政治力量为夺取权力、施加影响和创造各种机会而斗争、并按照预先确定的规划彼此争论、相互理解和结成联盟的政治实体,但它以保障每一个公民的基本权利为宗旨,是能够朝着民主的方向变革社会和经济的这样一种进步势力的重要工具。应该说,这种解释仍然是很勉强的。"不是阶级国家的阶级社会"和"有阶级社会的无阶级国家"在理论上是很难成立的,在现实中也是虚幻的。无论社民党是否执政,联邦德国既是资产阶级国家,也是资本主义社会,德国民主社会主义的国家理论是无法掩盖这一事实的。

　　从德国民主社会主义国家观百余年来的发展演变可以看出,德国的社会主义运动一直在围绕现存国家打圈圈,始终没有走出国家笼罩的光圈。社民党从一开始就把社会主义的实现寄托于国家身上,国家社会主义对国家的道义性和超阶级性的迷恋和肯定是德国民主社会主义伦理特色在国家观上的典型反映。对资产阶级民主共和国的崇拜;拥护和捍卫、以及参与缔造现代国家;对国家尊崇甚至盲从等等观念在德国社会主义运动中可谓根深蒂固。尽管德国民主社会主义用各种各样的理论,如超阶级的国家观、有组织的资本主义论等为其改良国家进行辩护,在具体实践过程中也通过参政、执政对国家进行点滴改良,法治国家和社会国家的理论构想有些在实践中也有所实现,为大多数劳动人民的生活提供了保障。但从总体上来看,对国家的崇拜导致实践中不敢对国家动大手术,改良始终没有触动资本主义制度,没有去改变资本主义的所有制,因此,在很多方面必然会受到资本主义经济各种矛盾的制约,这样就不可能完全满足工人阶级的要求。所以,即使在社民党执政时,联邦德国资产阶级占统治地位的资本主义国家性质也丝毫没有改变。

第二节
从政治民主到经济民主

民主理论在德国民主社会主义理论体系中的地位不言而喻。德国民主社会主义给社会主义冠之以民主,用民主来限定社会主义,以划清与滥用社会主义名义的法西斯主义(民族社会主义)和共产主义(现实社会主义)的界限,就可见民主理论不同一般。民主是一个政治概念,讲的是政治问题,属于上层建筑的范畴,所以,民主理论首先是从政治民主发展起来。社民党人在长期的政治实践中,首先是伯恩施坦,经考茨基、希法亭,逐渐将民主社会主义的政治民主理论加以完善。由于在魏玛时期,社民党人就已有过议会民主、政治改良的参政、执政实践,所以,德国民主社会主义的民主理论在后来的发展进程中是逐渐从政治民主向经济民主过渡。第二次世界大战以后,随着联邦德国政党政治体制结构的确立,德国民主社会主义者认为德国的政治民主已基本完成,今后的主要任务是在经济活动领域实现民主化目标,因此,无论是哥德斯堡纲领,还是"1975—1985年经济政治大纲"或者柏林纲领,经济民主在其中均占有较大的比重。在实践中,社民党也是在力图对经济活动过程的民主化施加影响。本书在考察德国民主社会主义的民主理论时,将循着德国民主理论发展的逻辑顺序,先政治民主论,然后经济民主论。

一、政治民主论

德国民主社会主义政治民主理论的奠基人,当推奠定民主社会主义概念基本思想的"教父"伯恩施坦。在德国民主社会主义运动发展史上,是伯恩施坦首先向马克思主义发难,对马克思主义进行修正,其中很重要的一点,就是鼓吹在无产阶级推翻资本主义统治、走向社会主义道路的过程中,只需政治民主改良,而无需暴力革命。随着资产阶级立宪议会制度的确立,社民党斗争的重心转向了议会活动,这种有组织的合法活动成效显著,工人阶级通过一些立法措施使自己的生存条件得到了一定的改善,资产阶级民主在一定程度上、一定范围内缓和了阶级矛盾。伯恩施坦于是陶醉于这种在资本主义和平发展条件下、在资本主义制度框框里、在资产阶级法律允许的限度内所取得的成就,希望"一部好的工厂法可以比几百个企业和工厂的国有化包含更多的社会主义"。[25] 他认为,"就政治上说,我们看到一切先进国家的资本主义资产阶级的特权一步一步地向各种民主制度让步",尽管目前影响还不大,"但毕竟已经存在,而且将愈来愈使更多的经济生活领域受到它的影响。工厂立法、地方行政机构的民主化及其工作范围的扩大,工会和合作社摆脱了一切法律上的障碍……""现代民族国家的政治制度愈是民主化,巨大政治灾变的必然性和机会就愈减少。"[26] 总之,由于资本主义民主制的存在,伯恩施坦预期民主制度的发展会使阶级斗争趋于缓和。因此,改良胜过革命,经验主义和策略上的考虑和估计胜过"革命的浪漫主义"。只要使用民主的合法手段,通过投票、示威游行争取议会多数,就可以实现向社会主义的过渡,而不必搞流血的暴力革命。在伯恩施坦看来,暴力和阶级专政属于较低下的文化,是政治上的返祖现象,而社会民主制则是进化,所以他提出:"在社会民主党的代表在一切有可能的地方实践上都已站在议会工作、比例人民代表制和人民立法(这一切都是同专政相矛盾的)的立场上的这一时代,坚持无产阶级专政这一词句究竟有什么意思呢?"[27] 只有议会民主制是社会主义的最佳选择,是实现无产阶级要求的最有效的手段。伯恩施坦估计,当社会民主党通过议会选举在议会中拥有100个或112个代表时,即拥有超过总数的1/4以上的代表时,就会赢得巨大的物质和精神影响。因此,伯恩施坦要求社民党有勇气从实际上已经过时的一套惯用语(指马克思主义)中解放出来,并且体现出自身是一个民主的社会主义的改良政党,那么,社民党的影响就会更大。

当然,应该看到,伯恩施坦推崇议会民主,反对无产阶级专政与后来考茨基针对布尔什维克反对列宁的无产阶级专政,其时代背景是不相同的。伯恩施坦当时还没有列宁领导十月革命的胜利和苏维埃无产阶级专政的实践。但是,后来当资本主义世界爆发严重的经济危机和德国纳粹上台执政初期,伯恩施坦声称:"若是我被迫在法西斯主义和无产阶级专政之间进行选择的话,毫无疑问,我选择法西斯主义。"[28]从此可以看出,伯恩施坦仇视无产阶级专政是一贯的,反对无产阶级专政是必然的。

在对民主概念的理解方面,伯恩施坦不认为民主意味着"人民的统治",他认为这种定义会给多数人压迫少数人的思想找到借口,而多数人压迫少数人显然是不民主的。他从民主不仅是一种单纯的统治形式、而且包含着法权观念(即社会的一切成员权利平等)出发,指出民主制在原则上是以阶级统治的消灭为前提的,现代民主制使任何一个阶级都不能享有不同于社会其他阶级的政治特权,政治上和法律上的平等正在逐步地导致事实上的平等。所以伯恩施坦认为:"民主是手段,又是目的。它是争取社会主义的手段,又是实现社会主义的形式。"[29]从手段而言,民主是社会进步的强有力的杠杆;从目的来看,普选权、议会民主制的扩大就是社会朝着社会主义方向前进;从形式来说,消灭了阶级统治、人人都有平等权利的民主国家是实现社会主义的最好形式。然而,这只是理论上的推论,实际上,社会主义民主必然是以阶级的存在为前提的,无论是作为手段还是形式,社会主义民主必然是阶级的统治,是多数人对少数人的统治。民主属于阶级社会的上层建筑范畴,竖立于一定的阶级统治的基础之上。当没有阶级、没有国家时,也就无所谓民主了。用马克思主义的民主观来对照,伯恩施坦的民主观明显偏离了马克思主义的科学民主观。

考茨基作为社民党重要理论家,对德国民主社会主义民主理论的发展具有重大影响。考茨基早年曾为宣传和普及马克思主义作过突出的理论贡献,写过一些优秀的马克思主义著作,如《取得政权的道路》、《社会革命》、《斯拉夫人和革命》等。当社民党内出现机会主义的错误倾向和修正主义思潮时,考茨基也曾站在正确的立场上进行过一定的批判和斗争。但在第一次世界大战爆发前后,考茨基陷入了机会主义的泥沼,成为德国独立社会民主党的中派首领,企图消弥马克思主义与改良主义之间的分歧,貌似不偏不倚,但实际上却与修正主义者同道,坚决反对无产阶级革命和无产阶级专政。特别是在其所著的《无产阶级专政》(1918)、《恐怖主义和共产主义》(1919)、《陷于绝境的布尔什维主义》(1930)、《社会民主主义对抗共产主义》(1946)等书中,考茨基鲜明地表示了其反共立场,充实、丰富和发展了德国民主社会主义的民主理论。

考茨基的政治民主观主要如下:(1)西欧资本主义国家存在民主制和议会民主的传统,只有民主才是通向社会主义的惟一道路,这"是一条最短、最可靠、最少牺牲的通向社会主义之路",[30]是无产阶级获得解放的不可替代的工具。民主国家本身能创造条件消灭大资本家政权,随着国家不再成为剥削阶级的简单工具,国家机器在一定条件下也就开始成为反对剥削阶级的工具,"开始从镇压被剥削者的工具变成解放剥削者的工具"。[31]因此,只有议会制民主共和国才能使无产阶级革命不通过流血和暴力,而是用和平的方式进行。(2)抽象地谈论"一般民主"、"纯粹民主",将民主归结为人自古以来就有的本性,认为"人按其本性不只是社会的人,而且是要求民主的人,或者更正确点说,追求民主是人从他的祖先那里继承下来的社会本质的一个方面。"[32]对民主内涵的理解,考茨基也与伯恩施坦一样,认为"民主意味着多数派的统治,但是民主同样也意味着保护少数派。"[33]因为多数派是在不断变化的,在民主制度下,任何政党都不能长久执政,政党政府的更换比阶级统治的更换快得多,所以任何政党都有变成少数派的可能性,这就需要对少数派进行保护,并使适用于政党的道理同样适用于国家。因此考茨基提出:"保护少数派是民主发展的必不可缺的条件,其重要性并不亚于多数派的统治。"[34](3)坚决反苏反共,认为布尔什维克实行的"恐怖统治"破坏生产力,没有民主和自由,把马克思主义变成了宗教迷信,号召人们把布尔什维主义赶走,用民主制度取而代之,以便不仅在俄国而且在整个欧洲打开一条通往繁荣昌盛之路。考茨基坚决反对无产阶级专政,将民主和专政对立起来,认为专政就是消灭民主,就是独裁,无产阶级专政的要求"只能把大多数劳动人民群众从我们这里吓跑,并且使他们厌弃世界社会主义的民主。因此,我们将要而且应当要坚持民主,坚持我们为之奋斗了半个世纪之久的普遍、平等、直接、秘密的选举权。"[35] 考茨基对民主社会主义理论的充实和发展主要就是在于将民主社会主义扩大到针对无产阶级专政,在这一点上对后来民主社会主义理论内涵影响很大。列宁由此指出:"应当说,考茨基远远超过伯恩施坦了。"[36] 至1927年,考茨基更明确表示:"就象中世纪基督教道路通罗马一样,今天无产阶级条条道路通向民主和民主社会主义。"[37] 实际上也就是说,不必拘泥于暴力革命,议会民主制才是最佳选择。

由上可见,考茨基无论是"一般民主"、"纯粹民主",鼓吹议会民主、和平过渡,还是将民主和专政相对立,其中很重要的一点是超阶级民主观。虽然在民主与社会主义的关系上,考茨基曾正确地提出,仅仅把社会主义理解为生产资料的社会化是远远不够的,社会主义还必须是用民主的方法组织社会,因此,社会主义和民主是不可分割的,"没有民主,就没有社会主义。"[38] 然而,考茨基所谓的民主是人的"类本质",是既保护多数也保护少数的超于阶级之上的"纯粹民主"。在阶级社会中,只有阶级的民主,而没有超阶级民主。列宁就此明确指出:"只要有不同的阶级存在,就不能说纯粹民主,而只能说阶级的民主。"[39] 任何民主本质上都表现为一定阶级的政权和专政,资产阶级议会民主也不例外。在这个问题上,列宁对考茨基的批评是完全正确的:"考茨基完全不了解资产阶级议会制与无产阶级民主制的区别,资产阶级议会制是把民主制(不是供人民享受的)同官僚制(反人民的)连在一起……"[40] 当然,随着资本主义民主手段和措施的日益完善,无产阶级通过斗争可以争取到一定程度的民主权利,资产阶级民主中可包含一定量的无产阶级民主,但不能将这种民主任意夸大,甚至上升为人的类本质,将其绝对化。民主和专政是同一事物的两个方面。在现今阶级社会,民主本质上不是无产阶级的民主,就是资产阶级的民主,专政本质上不是无产阶级专政,就是资产阶级专政。考茨基避开民主本质的阶级属性,只提"一般民主",实际上是有利于维护资产阶级民主,不利于无产阶级进行革命斗争。

在魏玛共和国时期,德国民主社会主义的理论和纲领具体表述和进一步发展了修正主义关于社会主义的一些观点。由于魏玛宪法彻底否定了君主专制制度,宣布实行现代资产阶级的民主共和制,明确规定了公民的各项基本权利和义务,并给予一定的保障;废除了落后的三级选举制,建立了比例代表制;对于工人的权益予以特别注意,保障工人组织的合法存在等等。因此,社民党议会党团认为,魏玛宪法是按照爱尔福特纲领所要求的那样制定的,德意志共和国从此成为世界上最民主的一个国家。[41]所以,在民主问题上,社民党已不再单独提资产阶级民主。党的领袖艾伯特在当选为总统后表示要作为全体德国人民的代表而行动,而不是作为某一政党的领袖。党的另一领导人威尔斯则认为,社民党在德国十一月革命后取得的政权已经铺平了实现社会主义之路,即通过国民议会的选举走向社会主义。他反对任何形式的专政,认为专政只会导致不稳定,不能把社会主义推向前进,因此社民党既不向右也不向左,而是一直沿着民主道路走到社会主义。威尔斯以此用"民主社会主义"概念来对抗苏俄式的社会主义政权和德国革命工人实行苏维埃共和国的要求。[42]从社民党特别强调议会民主道路与苏俄暴力革命道路的尖锐对立和反对无产阶级专政可以看出,此时德国民主社会主义概念中的"民主"已经具有强烈的与专政对立的色彩。党的格尔利茨代表大会通过的纲领将"民主"和"社会主义"一起列为社会民主党人的奋斗目标,认为民主和社会主义不可分割,议会民主的道路是实现社会主义的最佳道路,它优越于苏俄布尔什维克式的暴力革命。对此,伯恩施坦的解释较有代表性,他认为:"莫斯科式的无产阶级野蛮暴力专政的道路,仅仅在外表上是比较迅速而方便的道路。那是一条破坏的道路。与此相反,只有建设的道路才稳定地通往社会主义。在一个有着组织完善、训练有素的强大的工人阶级的国家中,人民的民主权利保证这条道路取得成功。社会民主党积50年以上的经验,深信拉萨尔的断言是正确的。"[43]在行政民主化方面,德国民主社会主义的政治民主理论也有所发展。社民党人认为,党的行政政策的目标是用一个在民主自治的基础上使人民成为行政的支柱的行政组织代替从专制国家沿袭来的警察国家执行机构,为此,社民党要求实行行政民主化。1925年社民党海德堡代表大会强调指出："只要民主还是立法民主,民主就是不完善的。行政民主化,也就是自治,是不可缺少的补充。"(44)这种对人民自治的理论构想充实和丰富了德国民主社会主义政治民主理论的思想内容。

在德国民主社会主义民主理论的发展史上,希法亭占有重要地位。他针对社民党内有些人批评党的领袖推行议会民主的改良主义政策是"资产阶级的民主"和"形式上的民主",在自己提出的"资本主义的经济计划性和组织性是与社会主义十分相似的组织形式,两者的发展和逐步结合构成了社会主义改造的全过程"的"有组织的资本主义"论的基础上,进一步阐述和发展了德国民主社会主义的民主理论。

希法亭认为,第一,民主是一种形成国家意志的技术,作为一种"技术",民主是没有阶级性的,无论资产阶级还是无产阶级,都可以用民主达到自己的目的。所以,讲议会民主是资产阶级民主无论从历史角度还是从社会分析的角度来看都是错误的。在民主国家中国家意志的形成无异于个人政治意志的组合,社民党要想争取并维持自己的统治就必须取得多数人的支持,因此争取议会多数是社民党发展政治民主的首要目标。第二,工人运动羽翼日丰,已成为"资本主义势均力敌的对手",(45)所以,民主已不再是形式上的,而是能够具有实实在在的内容,与每个工人的命运都密切相关,政治民主中蕴含着"政治价格"、"政治工资"的概念。希法亭指出:"必须使群众明白,面包价格和肉类价格不仅是个经济价格,而且是一个政治价格,它是由政治力量的对比决定的……我们必须使每个工人牢记:每周工资是一种政治工资,在周末如何确定工资,这取决于工人阶级在议会中的代表的力量,取决于工人阶级的力量和议会外的社会力量的对比。尤其是必须对工人的妻子们说:当你们选举的时候,你们同时决定着面包和肉类以及工资的水平。这在资本主义经济中自然是一种新的东西,这是具有巨大的经济、社会和政治意义的因素。"(46)将民主看成是一种技术,将政治民主换算为具体的、可感知的工资水平、面包价格和肉类价格,从对工人阶级的民主宣传和政治鼓动来说有其积极的正面意义。但如用马克思主义阶级分析的眼光来看,在垄断资本主义时代资产阶级占有优势的议会民主制条件下,无论面包、肉类价格还是工资水平,最终只能是有利于资产阶级而不是工人群众。希法亭"发明"、"创造"的颇有"新意"的政治民主观从根本上来说在实践中是行不通的。

第二次世界大战以后,社民党自认为有资格参与缔造现代国家,获取国家权力,所以党内已丝毫没有"阶级民主"、"民主的改良道路"等争论。党的领导人断然否定民主的阶级性,认为根本不存在什么"资本主义民主"或"无产阶级民主"。[47] 1946年党的汉诺威代表大会所制订的"政治方针"中有关民主一节的标题干脆就叫"只有一种民主"。也就是说,对于社民党来说,民主已不是外在之物,而是成为党自身的一个组成部分。战后的政治民主思想与战前相比,在以下三点上有所充实和发展:

第一,战后的政治民主主要是从保护政治民主的角度提出来的。1949年,在社民党参与下通过的联邦德国《基本法》中的一些重要条文就体现了社民党保护政治民主的思想。如取缔反民主的政党、议会的权力高于总统、在选举中任何一个政党至少得票5%以上才可进入议会,等等。从保护政治民主、保护人的尊严出发,社民党提出"民主必须成为国家和生活的普遍制度,成为普遍的生活方式,因为只有民主才能体现了对人的尊严和人的自我负责的尊重。"近年来,社民党还将人权问题纳入保护政治民主的范畴。社民党1989年柏林纲领专门指出:"只有当自由权利得到保障和得到运用时,人们才能作为自由的人和平等的人生活和实行民主。只有社会基本权利得到实现时,才能使人们过上符合人的尊严的生活"。[48]

第二,战后德国民主社会主义的政治民主观坚决反对任何专政。社民党从德国的历史和现实状况出发,既反对法西斯独裁,又反对现实存在的共产党的一党专政。特别是与共产主义划清界限,是战后德国民主社会主义一以贯之的鲜明立场。这其中,原因是多方面的,有国际社会主义运动中社会民主党和共产党之间的长期分裂,有当时国际政治格局中东西方长期冷战的国际背景,有赫鲁晓夫揭露斯大林种种错误所造成的国际影响,有德国分裂以后东德的政治经济体制效率不高的弊端,所有这些都促成社民党欲想执政,必须首先明确表示坚决反对共产主义意识形态。哥德斯堡纲领指出:"共产党人无情地镇压自由,他们侵犯人权和个人与民族的自决权。""共产党人无权自命继承了社会主义的传统。事实上,他们篡改了社会主义的思想财富。社会党人希望实现自由和公正,而共产党人则利用社会的分裂来建立自己的一党专政。"因此,社民党反对任何专政,反对任何极权的和权威的统治,"因为它们无视人的尊严,消灭人的自由和破坏法治。社会主义只有通过民主才能实现,而民主只有通过社会主义才能完成。"也就是说,社民党坚决反对反民主的、不能实现社会主义的极权的专政,要用民主社会主义的民主方式去实现社会主义。德国民主社会主义主张政治民主、反对法西斯独裁,是正确的;但将共产主义与极权专制划等号(其中既有历史偏见,又有竞选运动争取选民的现实需要),是完全错误的,我们是坚决不能同意的。

第三,也是最重要的一点,战后社民党提出的政治民主与国家权力是同义的。要求政治民主也就是要求获得国家政权,使社民党成为 Staatspartei(执政党)。哥德斯堡纲领对此作过非常明确地阐释:"社民党信奉民主,即国家权力来自人民,政府随时对议会负责并且意识到必须得到议会的不断信任。在民主的国度中,少数人的权利必须同多数人的权利一样得到保护。政府和反对党的任务虽然有所不同,但其重要性不相上下;二者均对国家负有责任。"从这段纲领性陈述中可以清楚地看出,社民党主张的民主社会主义的政治民主,首要的是获得人民赋予的国家权力;在议会民主制中,获得政权的执政党领导的政府必须对议会负责;如果未达到执政多数,即使是处于少数派在野党地位,民主权利仍不可丧失,应予同样得到保护,因为少数派对民主制衡机制非常重要,也对国家负有责任(仍有执政之机)。所以,哥德斯堡纲领进一步强调:"社民党希望在平等的条件下同其他民主政党进行竞争,以赢得大多数人民的支持,进而建立一个符合民主社会主义基本要求的社会和国家。"由此可见社民党无论处于多数派(执政地位)还是少数派(在野地位),通过政治民主、对国家政权的迫切渴望是始终如一的。与伯恩施坦、考茨基民主概念中多数与少数关系的理解相比,战后德国民主社会主义政治民主思想显然上升到了更高的层次,即以获取国家政权作为政治民主的主要目标。

在此附带指出的是,战后德国民主社会主义者提出"民主和社会主义不可分割"与考茨基提出"没有民主,就没有社会主义"的前提是不同的。考茨基是从"用民主的方法组织社会"的角度提出民主和社会主义密切相关,而哥德斯堡纲领则是从反对专政、保护民主的角度提出来的,二者的侧重点是不一样的。在德国民主社会主义的文献中,以及在社会党国际或其他一些社会民主党的文件中,经常可以看到关于"民主和社会主义密切相关的"的相同或相似的提法,但要注意这些说法由于背景不同因而思想内涵上颇有差异,不可混淆视为等同,以免产生理解上的歧义。

战后德国民主社会主义的政治民主思想还有民主的法治国家等,前已述及,此处不再赘述。

二、经济民主论

德国民主社会主义的经济民主思想是在第一次世界大战以后逐渐形成的,而最初是社民党在魏玛共和国时期作为"社会化"政策的替代物而提出来的。

第一次世界大战给德国带来了巨大的灾难,广大德国人民群众不堪忍受,奋起反抗政府的战争政策,终于在1918年11月爆发革命。十一月革命中德国工人阶级的基本要求之一就是对资本主义大企业实行社会化。社民党虽然对工人阶级的社会化要求不很积极,但觉得可以作为一种变革命为改良的妥协手段暂时接受下来。1919年3月,社民党议会党团在提交给国民议会的议案中要求,在矿山和能源生产部门尽快实行公共管理(社会化),工人和职员选派代表(工厂苏维埃)参加监督和管理。社民党1919年参加联合政府的三项条件中就包括"对时机成熟的工业部门实行社会化"。魏玛宪法中也列入了"将适于社会化的企业收归国有"的条款。但在执政实践中,当时无论是政府还是工会都没有勇气立即推行社会化。原因在于,一方面担心协约国在提出战争赔偿要求时会先对社会化企业下手,另一方面是由考茨基任主席、希法亭等人参加组成的"社会化委员会"从苏俄一系列严重的粮食和供应危机中看到操之过急的社会化措施后果不佳,同时也是考虑到要与资产阶级政党保持合作,所以社民党始终未将社会化付诸实施,以致最终放弃了社会化的目标。1921年9月的社民党格尔利茨新纲领中只字未提社会化问题。这使迫切希望"不搞社会化,生产就不能发展"的德国工人阶级大失所望。[49] 社民党在工人队伍中的威望和影响大大下降。为了争取工人群众,填补由于放弃社会化而出现的理论空白,经济民主思想应运而生。全德工会联盟在社民党重要理论家希法亭参与下讨论并通过了经济民主的方针,党和工会共同提出了经济民主思想。

希法亭认为,普选权的实现和政治民主的获得,打破了统治阶级在政治上的特权,但经济特权仍未打破。为此,工人阶级在完善扩大政治民主的同时,还必须建立和发展经济民主,才能实现社会主义。在1927年社民党基尔代表大会上,希法亭全面论述的社会民主党的改良主义理论,对经济民主思想起了巨大的推动作用。希法亭指出:"工会运动的主要原则不再仅仅是在社会政治领域影响国家,而且要为争取企业民主和经济民主而斗争。经济民主是使私人的经济利益服从于社会利益;企业民主是根据个人的能力为每个人提供领导企业的可能性。"[50] 希法亭简要说明了经济民主的必要性及其基本原则,但未作进一步的详细阐述。党和工会的其他一些理论家将经济民主思想逐步完善。

社民党和工会的理论家一致认为,从经济民主的必要性来说,民主国家建立以后,政治生活已实现了民主化,但经济生活仍然处于少数有产阶层的控制之下,使得大多数人还不能充分运用政治民主去维护自身的利益。因此,经济民主是政治民主的必要补充。政治民主必须通过经济民主化的途径来加以充实和维护。经济民主是通往社会主义道路的一个必要步骤。民主化的经济与作为最终目标的社会主义是不可分割的。从经济民主的可能性来看,随着资本主义的发展,职员和各种知识分子等中间阶层的数量和作用日益增长,这些中间阶层的利益在很大程度上与工人的利益趋于一致。由于这个阶层在资本主义生产过程中承担着组织和管理的职能,因此它将成为社民党人建立和发展经济民主不可缺少的力量。正如社民党海德堡代表大会强调指出的那样:"我们不仅在政治上而且在经济上需要这些阶层,因为正是从这些阶层中我们

得到了发展经济民主所必需的帮助。"(51)

魏玛时期德国民主社会主义经济民主的措施大体包括以下几点:(1)经济民主化主要通过建立自治经济团体公共企业、消费合作社、工会自有企业来实现;(2)国家经济政策决策机关的民主化主要通过工会的共同参与来实现;(3)劳动条件的民主化主要通过扩大劳动权和企业民主来实现。(52)此外,当时还提到了教育事业民主化问题,强调建立民主化的、对工人开放的教育事业。因为只有提高工人的文化水平,才能使广大工人群众有能力共同决策。

1928年工会汉堡代表大会还提出了一些具体的经济民主的要求,如扩大集体的劳动权和社会劳动的保护权,扩大自我管理和社会保险,扩大职工在企业中的共同参与权,工人在所有经济政策团体中要有平等的代表权,在工会的充分参与下对垄断集团和卡特尔进行监督,工业的联合组织要成为自治性团体,扩大公共的经济企业,通过合作社的组合和专业教育促进农业生产,发展工会自有企业,促进消费合作社,打破教育垄断。(53)

经济民主思想的提出极大地丰富了德国的民主社会主义理论。如果说,以前"民主和社会主义不可分"还只是理解为只有通过议会民主才能走向社会主义的话,那么,自经济民主思想提出以后,德国民主社会主义理论的内涵已大大扩展,"没有民主就没有社会主义"包括或主要是指"没有经济民主,就不可能建成社会主义"。也就是说,没有完善的经济民主,没有民主的经济领导制度的建立,社会主义的理想就不可能实现。然而,我们从第二次世界大战结束以前德国民主社会主义的经济民主思想可以看出,它从根本上回避了生产资料所有制的改造问题,而主张在资本主义基地上通过国家帮助、经济机构的民主化以及扩大公共企业和合作企业等措施来逐步实现社会主义。这一思想主线一直主导着战后德国民主社会主义的经济民主思想。虽然战前经济民主思想只是大致描绘了经济民主得以运作的一些基本框架,但战后德国民主社会主义经济民主理论的充实、扩展以及基本原则和主张都是建立在战前经济民主思想基础之上的。

战后初期,社民党由于未能正确地把握当时德国的政治经济形势,未能提出切实可行的符合德国实际状况的政治经济政策,在最初几次的大选中接连败北。议会选举的失利使社民党得以清醒,遂靠拢、接近联盟党的政治经济政策,但抓住联盟党社会市场经济政策实行过程中"富者越富,穷者越穷"的弊端,主张经济权力的分割和分散,认为这是经济民主的内在要求。特别是1959年哥德斯堡纲领确立基本价值论以后,更是明确地将民主不只是理解为一种国家政体,而且理解为是"包括职业生活在内的社会各领域的生活形式",即将民主概念外延到经济生活领域和广泛的社会生活范畴。社民党注意到,在战后联邦德国的经济和社会制度中,经济权力的垄断问题一直没有得到很好的解决,那些掌握着大企业资产和职工的垄断巨头,对资产和职工的支配权限甚至远远超出经济和物质范围,经济权力有变成政治权力的危险。所以,经济民主化迫在眉睫。社民党认为,在经济民主方面,单靠国家调节和建立中小私人企业还远远不够,还要利用一个不断扩大的、其意义日益重要的中间地带,如职工参与决定、职工入股、扩大消费者的权利以及分散经营的其他形式等。

战后德国民主社会主义经济民主化的具体主张和措施有:

1. 限制大企业的权力,反对垄断,建立公正、民主的社会制度,大企业等强大的利益集团决不允许凌驾于国家和社会之上。

2. 为了与大企业进行竞争,必须加强效率高的中小型企业,为此,社民党主张保护和促进生产资料的私人占有。这是社民党经济理论中的重大转折,由此开混合经济理论之先河。

3. 为防止私人企业控制市场,支持国有企业参与竞争。但公有制作为一种有效的公共监督的合法形式,也不能搞经济权力的垄断,故公有制应以自治和分权为原则。这种民主管理的最好方式是所有参加者高度负责的共同合作。

4. 为防止滥用经济权力,必须实行有效的公共监督。其中最重要的手段是对投资和支配市场的力量实行监督。这种监督最好的载体是公有制企业。同时,应向公众进行广泛深入的宣传,使他们了解经济的权力结构和企业的经济行为,让公民监督和社会舆论成为实施经济民主、反对滥用权力的一个重要手段。

5. 利用国民收入再分配和工资、薪金政策,削弱大企业日益增长的资本权力,达到国民收入和财产分配的社会公正。

6. 工会是经济民主化进程中的重要支柱,工会要为争取更大的自由,为职工公正地分得一份社会劳动成果和为在经济和社会生活中争取参与决定的权利而斗争。

从以上德国民主社会主义经济民主分割经济权力的六条主张可以看出,前三条是侧重于所有制方面,即以国有和中小私人企业与大垄断企业抗衡,以分割垄断性的经济权力;后三条是动用社会舆论力量,利用收入和分配的社会政策和工人参与决策,来监督、削弱和分割垄断权力,即侧重于经济生活的社会参与方面。其核心,一是重新回到生产资料私有制,二是大力提倡共决制。前者是社民党理论上的倒退,这种"退却"是为了前进——上台执政,战后十六年之久的参政执政说明这种退却颇有成效;后者则在战后几十年来德国民主社会主义模式的发展进程中逐渐成为德国民主社会主义极具模式特征的思想和实践(详见第五章)。

注:

(1)《马克思恩格斯全集》第36卷,人民出版社1985年版,第55—56页。

(2)《马克思恩格斯选集》第1卷,人民出版社1985年版,第693页。

(3)《马克思恩格斯全集》第35卷,人民出版社1985年版,第229页。

(4)(5)(7)《拉萨尔言论》,第71页,第141页,第142页。

(6)《拉萨尔全集》,1919年柏林德文版,第92页。

(8)《新社会》,波恩德文版1987年第6期,第506页。

(9)(10)(25)《伯恩施坦言论》,三联书店1973年版,第442页、第380页,第444页,第385页。

(11)(33)(34)《考茨基言论》,三联书店1973年版,第123—126页,第264页。

(12)鲁道尔夫·希法亭,1877年生于维也纳,1902年参加奥地利社会民主党,曾与马克斯·阿德勒一起创办《马克思研究丛刊》。1906年到德国,参加了社民党《新时代》杂志和《前进报》的编辑工作,后成为社民党重要前首领之一。

(13)《第二国际修正主义者关于帝国主义的谬论》,三联书店1976年版,第225页。

(14)(15)(18)《德国社会民主党纲领性文献汇编》,1984年柏林—波恩德文版,第209页,第219页,第228—229页。

(16)温克勒尔:《从革命到稳定》,1984年柏林—波恩德文版,第445页。

(17)《马克思恩格斯选集》第3卷,人民出版社1985年版,第230页。

(19)(21)(22)(41)(48)(49)《德国社会民主党简史(1848—1890)》,1991年波恩德文版,第462页、第181页、第410页、第192页、第96页、第464页、第93页。

(20)德文"执政党"可由"国家"(Staat)和"政党"(Partei)两词合成,直译就是"国家党"(Staatspartei),意即掌握国家政权的政党。

(23)这一观点主要反映了德国社会市场经济的始作俑者艾哈德等人关于在社会市场经济中国家应起何种作用的思想。艾哈德等人认为,社会市场经济的目标之一是使市场经济运行有序,国家在经济活动中的作用就是建立和维护正常的社会秩序,以保证市场的有序运行。但国家的作用仅限于此,不能超越。在经济活动中,国家是一个立场坚定的裁判,它的任务既非参加比赛,也不为参赛各方规定具体动作,而是严守中立,严格遵守比赛规则和竞赛道德。没有这样一个国家,就不可能形成一个真正的市场经济。

(24)参见《新社会》1987年第6期。

(26)(27)(29)伯恩施坦:《社会主义的前提和社会民主党的任务》,三联书店1965年版,第3页,第195页,第191—192页。

(28)转引自《卡尔·考茨基及其观点的演变》,东方出版社1986年版,第76页。

(30)《社会民主主义对抗共产主义》,三联书店1963年版,第78页。

(31)《唯物史观》第五分册,1940年柏林德文版,第302页。

(32)考茨基:《从民主制到国家奴隶制》,1922年柏林德文版,第18—19页。

(35)考茨基:《民主还是专政》,海参威1921年版,第56、57页。

(36)(39)《列宁选集》第3卷,人民出版社1972年版,第619页,第629页。

(37)转引自费多谢耶夫:《什么是民主社会主义?》,中国社会科学出版社1984年版,第29页。

(38)考茨基:《无产阶级专政》,三联书店1964年版,第4页。

(40)《列宁全集》第25卷,人民出版社1987年版,第468页。

(42)《德国社会民主党1919年6月魏玛代表大会会议记录》,第150页、第161页。

(43)北大国政系编:《国际共运史教学参考资料》,1978年版,第218—219页。

(44)(45)(51)《德国社民党1925年海德堡代表大会会议记录》,1974年柏林—波恩德文版,第276页,第5页,第277页。

(46) 曹长盛:《两次世界大战之间的德国社会民主党(1914—1945)》,北京大学出版社1988年版,第153页。

(47) K.舒马赫、E.奥伦豪尔、M.勃兰特:《波恩民主社会主义的使命》,1972年哥德斯堡德文版,第38页。

(50)《希法亭文选(1904—1940)》,柏林—波恩1982年德文版,第221页。

(52) "企业民主"在经济民主理论中是一个重要概念,它不涉及整个经济制度的根本变革,只要求在企业范围内,使每个人根据自己的能力得到参与企业领导的机会。"共决"就是企业民主的一种具体的表现形式(参见第五章)。

(53)《德国工人运动学习和研究手册》,1984年波恩德文版,第419页。

第四章
经济理论和政策

　　德国民主社会主义的经济理论和政治理论一样,也经历了一个从革命向改良逐步演变的过程。但经济理论的内涵与政治理论相比,则显得较为单薄。长期以来,社民党出了许多大理论家,但这些理论家的理论建树主要在政治理论方面,其主要的理论指向集中在如何走向执政之路和执政后如何妥协以保住政权等,对于社民党执政后怎样进行经济建设的理论则着墨不多。战后社民党在在野和参政、执政的实践中遇到的具体情况,迫使社民党关注经济问题,使经济理论单薄的状况有所改观。考察社民党理论发展的历史,经济理论并非一片空白,在一些经济政策上且有过重大建树。在生产资料占有的经济形式即所有制问题上,社民党从起初的消灭资本主义的私人占有、建立社会主义公有制,逐步转变为保护和促进私人占有,并以私有制为主体、以公有制为补充形成了混合经济体制的理论构想以及在这一理论构想主导下提出并贯彻实施了德国民主社会主义社会市场经济的总体调节政策。本章的着眼点即是对混合经济理论和总体调节政策的理论考察和政策评述。

第一节
混合经济理论

一、所有制思想的演变

对于所有制的态度问题,是区别马克思主义政党和非马克思主义政党的重要标志。马克思恩格斯在《共产党宣言》中指出:"共产主义的特征并不是要废除一般的所有制,而是要废除资本主义的私有制。但是,现代的资本主义私有制是建筑在阶级对立上面、建筑在一些人对另一些人的剥削上面的生产和产品占有的最后而又最完备的表现。从这个意义上说,共产党人可以用一句话把自己的理论概括起来:消灭私有制。"[1]作为在国际共产主义运动史上第一个在民族国家范围内建立的无产阶级政党,德国社民党在其成立之初,明确宣布党的目标是消灭私有制。1869年爱森纳赫纲领指出:"工人阶级的解放斗争并不是为一阶级的特权或优先权而斗争,而是为求得一切平等的权利与义务,并废除一切阶级统治。社会民主党的目的是要废除现在的生产方式(工资制度),凭借合作劳动以确保每一工人可得到他的工作的全部生产。"建党之初的社民党主张废除生产资料的私人占有和一切阶级统治,实行按劳取酬而非按资取酬、不劳而获。哥达纲领在消灭私有制问题上大大倒退,纲领开篇就片面地强调"劳动是一切财富和一切文化的源泉",而不提生产资料的占有问题。纲领提出"由于有益的劳动通常只有通过社会才有可能,劳动的全部果实应归社会所有,也就是应以平等权利、按各人合理的需要分配……并且人人有参加劳动的义务。"这种脱离生产资料占有而谈的人人参加劳动的劳动果实的按需分配,只会抹煞劳资对立和阶级差别,不能起到启发和激励工人阶级革命意识的积极作用。哥达纲领虽然也提到劳动工具是资本家阶级的独占品,由此所造成的工人阶级的从属地位是一切形式的贫困和奴役的原因,因此,劳动的解放要求把劳动的工具转变为全社会的公共财产,要求在协作的原则上调节全部劳动以便使劳动的果实用于普遍的福利和付之公平的分配。但这种提法的片面性非常明显:只提劳动工具而不提生产资料的占有是工人阶级贫困的根源,就不可能从根本上引导工人阶级去消灭资本主义私有制,而只会将工人运动引向捣毁机器的自发斗争的歧途,降低工人运动的水平。

社民党1891年爱尔福特纲领基本上是一个马克思主义的纲领。在生产资料所有制问题上,纲领坚持马克思主义的基本观点,正确地指出资本主义社会的经济发展必然促使小生产没落,生产资料被资本家和大土地占有者所垄断,无产阶级和资产阶级之间的矛盾日益加深,生产力已发展到社会所不能控制的地步。经济危机的范围越来越广,生产资料的私人占有已经和生产的社会化发展完全不相容。因此,只有将生产资料的资本主义私有制转变成社会所有制,将商品生产转变成为社会和由社会经营的社会主义的生产,才能使无产阶级从被剥削被压迫的地位下解放出来。前提条件是工人阶级必须首先进行政治斗争,掌握政治权力,然后使生产资料向全民所有过渡。

1921年格尔利茨纲领产生于魏玛时代,当时,德国工人阶级要求资本主义大企业实行"社会化"的呼声很高,魏玛宪法甚至将这种要求法律化。宪法规定国家可以通过法令将私人的企业转归公有,实现社会化。魏玛时期的社民党虽然改良思想和实践占主导地位,但迫于当时工人运动的压力,格尔利茨纲领中还是提到了用公有制代替私有制的一般原则,尽管这些原则从未得到实现。纲领认为,把大规模的集中的经济企业转为公有经济,并由此进一步把整个资本主义经济改造成社会主义经济,这是把劳动人民从资本统治的枷锁下解放出来提高生产量,使人类向更高级形式的经济与道德共同体上升的一个必要手段。因此,党不是为了新的阶级特权和优先权而奋斗,而是为了消灭阶级统治和阶级本身,为了一切人不分性别和出身的平等权利和平等义务而斗争。党主张土地、矿藏等自然资源摆脱资本主义剥削,为全社会共有,国家对生产资料的资本主义私人占有、首先是对利益集团即卡特尔和托拉斯实行监督。四年以后,即1925年的海德堡纲领,社民党错误地要求德国工人阶级去捍卫和发展魏玛资产阶级民主共和国,但在生产资料私有制问题上,纲领提出"只有通过把资本主义的生产资料私有制转变成社会所有制,工人阶级的目标才能实现",而"工人阶级不掌握政权就不能实现生产资料的社会化"。[2]当时还曾建立了一个委员会来考虑哪些经济部门适合社会化以及如何组织社会化,但等到研究出初步结果时,政治形势发生了不利于社民党人的变化。经济情况困难、缺乏经验和政治状况的不稳定,使得魏玛时期的社民党虽然提出社会化和改变生产资料所有制形式的主张,但并未真正付诸实施。

第二次世界大战期间,社民党流亡的执委会于1934年发表的"布拉格宣言"是该党继爱尔福特纲领之后一部比较好的纲领性文件。由于当时社民党在法西斯上台问题上的严重错误,受到国内外舆论的谴责、批评,党的执委会为摆脱孤立被迫做出一些转变,承认党在魏玛时期夺得政治民主之后,未从根本上改变经济结构和生产资料所有制形式,以为只要改善工人状况,提高工人阶级政党和工会的影响,就可以把资本主义制度逐步改造成社会主义制度,这种幻想已被无情的现实砸得粉碎。因此,宣言指出工人阶级在未来新国家中的任务是,运用已经获得的国家权力以社会主义方式组织经济,首先要在重工业、银行、大地产、大化学工业、公共交通业等部门实现社会化。但社会化并不是终点,而只是把资本主义社会变为社会主义社会的出发点。所谓用社会主义方式组织经济就是用社会主义的计划经济代替无计划的资本主义经济,消除资本主义生产方式的无政府状态,由此消除经济危机与失业。在第二次世界大战结束前,社民党又明确提出"使经济摆脱私人垄断所有制的桎梏,实行计划经济。经济发展的关键是公共占有和国家控制。"[3]

二战结束初期,社民党认为,要收拾被战争毁坏的烂摊子靠资本主义生产方式已经不行,经受了纳粹统治、战争、崩溃、逃难和逐出家园的严峻考验并已无产阶级化了的德国人民群众充满了反资本主义的迫切愿望,资本主义生产方式带来的社会不公会把工人群众推向社会主义道路。在这种思想主导之下,党提出"社会主义是当前的任务"的政治口号,这一口号蕴含着"不能够并且不允许再按照一种资本主义的经济的原则,来建设一个业已化为废墟的国家"。[4]社民党1946年5月11日在汉诺威召开的代表大会上通过的《政治纲领》中明确表示,新生的德国"再也不能容忍私人资本主义经济通过剥削手段获取利润和收入,通过资本和地租牟取暴利。现在德国的所有制的统治关系再也不符合社会进一步发展的要求了。这种所有制关系变成了社会健康发展和进步的严重障碍……"[5]因此,必须实行控制经济和社会化政策,即实行计划经济,对大工业和大银行实行社会化。社会化要从天然资源和原料工业开始,所有采掘业、冶金加工业、大部分化工企业和合成材料生产工业、全部大型企业、各种公共事业和有发展为大型企业可能的所有加工工业部门,都应当实行公有制。

从以上大致描述可以看出,社民党从建党到二战结束之初70多年的时间内,除了在20世纪20年代短暂的参与执政之外,大部分时间都处于在野或非法的地位。为了能够执政,在党的纲领中提出消灭私有制来反映受资本奴役和剥削的工人的心声,容易赢得广大工人选民的支持。所以,德国社会民主党在所有制问题上虽然前后认识有反复,但总的思想基本上还是一致的,党内占主导地位的认识仍然是:资本主义社会的经济发展日益加深了无产阶级和资产阶级的矛盾,生产资料的资本主义私人占有是工人阶级遭致贫困和受奴役的根源。工人阶级必须首先进行政治斗争,掌握政治权力,然后才能实现生产的社会化,使生产资料向全民所有过渡。只有将生产资料的资本主义私有制转变为社会所有制,把资本主义生产变成社会主义的、为了社会并且由社会经营的生产,才能把广大劳动人民从资本主义的桎梏中解放出来,改变受剥削受压迫的命运。生产资料社会化的步骤是,首先将大企业、大工业、大的公共事业部门收归国有,然后向其他行业渗透,用社会主义的计划经济取代资本主义经济发展的无政府状态。当然,社民党在理论和实践问题上始终是有距离的,尤其是魏玛时期,当党宣称奉行马克思主义时,实践中的脱节特别明显。所有制思想也不例外,依然是:马克思主义的理论,改良的实践。因为在资本主义多党政治体制下非社民党一党说了算,且社民党已向"全民党"、"人民党"转变,要考虑到各阶层的利益,而不仅仅是无产阶级,否则就得不到多数人的拥护而难以执政。

二、混合经济理论的形成

所谓混合经济有两层涵义。从生产资料占有的形式来看,混合经济不是那种单一的资本主义私人占有或社会主义的全民所有,而是指生产资料的公有、私有和其他形式的占有方式并存并共同发展。从经济运行的方式来看,混合经济指的是市场竞争加国家干预。其中第一层涵义侧重于理论分析,第二层涵义偏重于政策实践。

从20世纪40年代末以后,社民党所有制思想起了重大变化,从以前的消灭资本主义私有制转变为保护和促进生产资料的私人占有,公有制只是从能起公共监督的作用这一角度允许其合法存在。混合经济制度的思想由此产生。

为什么社民党的所有制思想在战后发生了如此重大的变化呢?这得从战后德国所实行的社会市场经济体制谈起。

关于战后德国究竟应该建立何种经济体制,在当时的德国引起了激烈的争论。以社民党为代表的"社会主义计划经济派"为防止经济垄断导致政治垄断,认为应通过有计划的控制和公共经济的形式来实现社会主义经济,主张对大企业和一些关键性经济部门实行国有化,通过有系统的经济计划与有系统的经济指导恢复健全的经济状态,加强国家对经济的控制。以基督教民主联盟为代表的"资本主义市场经济派"在美英占领当局大肆谴责苏联东欧国家的计划经济和社会化的影响下,力主实行自由竞争的资本主义市场经济,并名之为"社会市场经济",其核心主张是:尽可能地让市场力量来自行调节全国的经济活动,同时,在需要时,由政府进行必要的干预。即:不是完全自由放任式的市场经济,而是有意识地从社会政策角度加以调节控制的资本主义市场经济。当时,"社会市场经济"的设计师、基督教民主联盟的代言人艾哈德就明确指出:"我们的方向已经明确,这就是摆脱国家指令性经济,因为它抹煞了个人的责任感和创造性……具体一些讲,无论在生产还是消费方面,我们都要为每一个人创造更大的活动余地,为竞争提供更多的可能性。"而德国广大人民群众由于饱尝纳粹统治时期和占领区统治经济之苦,对军事国家垄断资本主义深恶痛绝,普遍拒绝国家对经济实行控制，极端厌恶以指令性计划为特征的集权体制，甚至把社会主义计划经济同国家强制性经济完全等同起来。至少从当时德国人民群众的心态来看，社民党过多主张国家干预，难以被社会舆论所接受。也正因为此，艾哈德能够并大胆地将社会市场经济逐步实施。在1948—1951年德国经济恢复时期，艾哈德实行了货币改革、放开市场、取消配给等一系列措施，从实践上检验了社会市场经济的主张，使得德国经济显著增长，消费品供应不足的状况迅速改善。

社民党起初指责现政府推行的社会市场经济政策将使社会各阶级之间的关系激化，并集中就1949年和1950年出现的严重失业问题指责现政府的政策将使这个问题灾难性的恶化下去，社民党以此指望艾哈德的经济政策所带来的社会不公正会把劳动群众推向社会主义的营垒。事实证明社民党失算了。人民特别注重实际效果。当人民群众的生活水平逐步提高时，不可能对社会市场经济政策表示不满，尽管这种政策导致的社会不公依然明显。大多数人的生活状况与战争期间和战后初期的贫困生活相比一旦有所提高，人民就接受了这种经济政策。随着艾哈德社会市场经济政策日渐奏效，基民盟在1949年战后联邦德国首次选举和整个50年代大选中接连获胜，社民党连选连败。为了摆脱困境，社民党正视现实，在思想理论上进行了重大的转轨，承认联邦德国政治经济制度的神圣不可侵犯性。对执政党领导下出现的经济好转的局面不是回避，而是实事求是地承认，以便在承认现实的基础上巩固和扩大已取得的成果来为工人阶级的利益服务。具体到经济思想方面就是从起初反对社会市场经济到向社会市场经济逐步靠拢到最终完全接受社会市场经济。

1949年8月28日，即第一届联邦议院首次选举后两周，社民党理事会通过了杜尔克海姆十六点纲领，经济和社会政策是该纲领的主要内容，从而纠正了战后初期社民党不太注重经济和社会问题的偏向。在生产资料所有制的思想方面，纲领改变那种把全部资本主义经济改造为社会主义经济的提法，主张通过对原材料工业和关键性工业的国有化，剥夺大资产及其经理人员的权力，同时保障手工业和农业方面中等阶层的自由发展。尽管该纲领的重点仍然是主张经济的计划控制和国有化,但社民党首次提出"保障手工业和农业方面中等阶层的自由发展"是具有深远影响的举措,为后来进一步提出"保护和促进生产资料的私人占有"作了铺垫。

1952年,社民党在多特蒙德党代会上明确宣布,除计划之外,党还促进"一切适于竞争的经济部门的真正的效率竞争"和"中小私人所有制"。如果说,三年前的杜尔克海姆十六点纲领虽然提及"保障手工业和农业方面中等阶层的自由发展"但主要重点还是放在经济的计划与控制以及原材料工业和关键性工业的国有化上的话,那么,这次代表大会是社民党首次侧重于"促进竞争和私人占有",党的指导思想发生了根本性变化。

1954年的柏林党代表大会,将计划与竞争的关系归结为"尽一切可能开展竞争,按一切需要实行计划"。这一口号反映出社民党人向社会市场经济靠拢的积极心态。也就是说,社民党主张在社会经济的任何领域,只要有可能开展竞争,就要尽可能地为竞争的顺利开展创造有利条件。后来这一口号被写进了1959年哥德斯堡纲领,并被社民党人一直沿用至今,成为社民党制定经济政策的指导原则。

从1955年起,社民党开始酝酿、起草、反复讨论制定新的纲领,并于1959年完成并在党代表大会上通过了民主社会主义的经典之作——哥德斯堡纲领。纲领更加突出强调竞争的意义,不再使用"社会化"这一术语。纲领以民主社会主义的基本价值论为立论基础,对生产资料所有制问题专设了一节"所有制和权力"来进行论述,但论述的重点不是"所有制",而是"权力"。因为民主社会主义的基本价值论认为,社会主义的目标已经不是去消灭阶级和阶级剥削,而是将争取、捍卫自由和公正作为社会主义的持久任务,因此要改变以前那种认为只有消灭了生产资料私有制,实现生产资料的公有制,社会主义目标才能实现的主张。艾希勒就此曾经写道:"普遍地实行社会化,已经不能当作是解决所有社会苦难的先天办法,而首先不能当作社会主义的同义词。现在,自由和公正的问题,在很大程度上是对经济权力、康采恩、投资进行监督的问题,是公有企业和私有企业之间的竞争的问题,是充分就业、共同参与、发展劳动权利和社会政策以及发展教育的问题。"[6]也就是说,民主社会主义基本价值自由、公正、相助的实现无需从根本上改变所有制关系,只要能够限制那些有碍于自由、公正、相助实现的经济权力——即纲领所说的"今天的中心问题是经济权力的问题"而不是变革所有制问题——社会主义的价值就能逐步实现。就像哥德斯堡纲领的起草者之一、社民党的经济学专家海因里希·戴斯特所一再强调的那样:"对一个在存在有千百万个中小企业主的情况下承认私有制是其经济活动的基础的党来说,对相当大一部分党员努力使雇佣工人拥有私人的经济财产的党来说,消灭私有制绝不能成为其经济和社会政治纲领的主要要求和核心。大企业的权力乃是社会党的、也是其经济和社会政策的中心问题。"(7)

哥德斯堡纲领关于"所有制和权力"问题的认识、主张归纳起来主要有以下三点:

第一,经济权力的不平等限制了工人的人身自由和市场中的自由竞争,因此,要限制大企业的权力,而不是像以前那样剥夺其所有权。纲领指出,现代经济的一个重要特征就是日益加剧的集中过程使得大企业不仅对经济的发展和生活水平起决定性影响,而且能改变经济和社会结构。由于大企业资金雄厚,职工众多,大企业的领导人在经营企业的同时也行使着对人的支配,工人和职员的依附关系远远超出经济和物质的范围。因此,凡是大企业占统治地位的地方,便不存在任何自由竞争。没有掌权或掌权较少者,就不可能或较少的得到同样的发展机会,并且或多或少地一直受到束缚。消费者在经济中处于最脆弱的地位。社民党认为,权力集中在大企业手中,是对人类社会的自由、人的尊严、公正和社会保障提出的挑战。面对这种挑战,必须限制大企业的权力,而不是剥夺他们的所有权。

第二,以社会公正为坐标,只要不妨碍建立一个公正的社会制度,生产资料的私人占有制就有权得到保护和促进。这是社民党首次在党纲中明确提出保护和促进而不是反对和消灭私有制。为了达到保护和促进私人占有、实现社会公正的目标,社民党提出必须反对垄断,分散权力,加强效率高的中小型企业和保障社会普遍利益的公共企业的经济实力,以促进竞争。此外,为了实现收入和财产的公正分配,以进一步保护和促进私人占有,社民党还提出了三条措施:一是为每一个公民创造条件,使其能够在自由决定的情况下依靠日益增多的收入构成自己的私有财产;二是以工资和薪金政策作为适当和必要的手段来公正地分配财产和收入;三是从大企业日益增长的资本中取出适当的部分作为财产进行再分配或者服务于公共目的。总之,社民党主张通过财富的再分配来体现社会公正,保护私人占有。

第三,生产资料的公有制作为公共监督的一种合法形式,国家不应放弃。值得注意的是,公有制作为社民党的一贯主张,在哥德斯堡纲领中已处于十分次要的地位。之所以提及公有制,也是从保护生产资料私有制角度来讲的:因为公有制有助于保护自由,公共企业参加竞争可以防止大企业垄断市场,从而有利于中小型企业等。可见,公有制在哥德斯堡纲领中只是作为私有制的陪衬和附属物出现的,只是因为能起公共监督的作用才允许其合法存在,而已经不具有马克思主义原来意义上的社会主义公有制的涵义了。

从上可见,社民党混合经济思想的产生走过了如下三步曲:

第一步(1949年):在生产资料的社会主义改造方面,不提把全部经济改造为社会主义经济,只主张剥夺大资产,对大工业实行国有化,而小私有则让其自由发展。"混合经济"思想初露端倪。

第二步(1952—1954年):促进一切竞争和生产资料的私人占有,公有制、计划经济可有可无。"尽一切可能开展竞争,按一切需要实行计划"的潜台词就是:生产资料的私人占有条件下的自由竞争是绝对的,计划只是在需要时才实行。"凡不能借助于其他手段保证建立一种经济权力关系的健全制度的地方,公有制才适宜和必需的",因此,是相对的,或者说是附带的。

第三步(1959年):在党纲中公开表明:私有制,必须得到保护和促进;公有制,只起监督作用;权力比所有制更重要。结论:限制经济权力,实现经济民主,所有制退居其次。"参与社会主义"理论由此发端。

社民党就是这样逐渐地、一步一步地从马克思主义所有制思想后退到基本上放弃生产资料公有制,接受社会市场经济,保护私有制,搭起了混合经济的思想框架。社民党出现这种理论倒退不是偶然的。从客观上来说,社会市场经济确有成效,符合当时德国国情,使德国战后经济得以迅速恢复,受到人民的普遍欢迎,承认社会市场经济是大势所趋。从主观上来说,社民党战后初期过分自信,以为大选必能获胜,党不久就能上台执政,所以,党在指导思想上不太重视经济社会政策,指望先在政治上获胜,掌握政权后再图谋治国方略。而基民盟却春风得意,先是首次大选获胜,接着社会市场经济成效卓著,德国经济高速增长,出现"经济奇迹",促进了政权的连续和稳定。在这种情况下,社民党欲染指政权,又拿不出一个完整的、具有社民党特色的经济纲领,只有以颇有成效的联盟党的社会市场经济为依归。但这种状况的产生,有一个发展过程,决不是一步到位,结果就出现了,社民党从起初的"羞羞答答,犹抱琵琶半遮面",继而,"全党讨论,反复酝酿新纲领",到最后终于"公开亮相,哥德斯堡吐真言":"凡真正存在着竞争的地方实行自由市场经济,而在凡市场受到个别人或集团控制的地方则需采取各种措施,以维护经济领域内的自由。"总之,以自由竞争、生产资料私有制为主,以国家间接影响经济活动的方法(如财政、信贷、投资政策)和在一些必要的地方实行公有制为补充,就是社民党理解和认可的社会市场经济。

真可谓:十年阵痛,步履维艰;一朝转轨,非同凡响。哥德斯堡纲领以其特有的理论张力,为社民党后来入主绍姆堡宫在经济指导思想上打下了坚实的基础。[8]

第二节
总体调节政策

哥德斯堡纲领是社民党从消灭私有制倒退到以私有制为主体、公有制为补充的混合经济思想的最集中的体现。七年以后,社民党于战后首次参政,继而成为主要执政党,这为社民党将混合经济理论付诸于实践提供了极好的机会。经济理论在实践中的运用主要就是使用何种方法和手段操作经济运行。就混合经济理论而言,在私有和公有两种经济形式并存的基础上,经济运行的方法和手段可分为市场的自由竞争和国家的计划调节,用社民党的话来说,就是"在混合经济体制中,自治的市场机制和国家的计划及调节各得其所"。[9]那么,社民党是如何看待市场机制和国家计划调节以及在此基础上根据参政、执政时德国的具体情况制订出相应的对策的呢?

一、总体调节政策的认识基础

1. 市场经济的作用及其局限

社民党认为,在农业、工业、手工业、商业和服务业中的公共企业和私营企业是国家经济生活的基础。在这种混合经济中,私营企业、个体经济对生产资料的支配和市场竞争是不可缺少的。市场是无数生产者和消费者单独做出决定的动力和进行调节的杠杆,是社会经济发展的控制器和推动力,它有效而分散的协调着无限多样的经济决策,促进着效益、结构变化,同时也促进着竞争能力。市场还是一种促成供需平衡的手段,若将市场纳入一个适当的总体框架内,则市场也能成为一种调节供求关系的有效手段,并能使人们了解可能出现的经济与结构的发展趋向。如同精神和文化的发展一样,经济发展也有赖于个人的主观能动性和不断创新,而这只有在市场的自由竞争中才能实现。

然而,"市场"这只"看不见的手"作为影响经济发展的手段并不是万能的。市场只能满足那些表现为购买力的需求,只有当收入分配公正时,商品通过市场进行的分配才是公正的;不受限制或监督的市场会日趋取消竞争,康采恩和卡特尔等大财团可垄断市场、滥用权力,从而导致不稳定的或毁灭性的市场状况;在提供基础设施方面,市场往往失灵,而基础设施在满足社会需求方面则具有越来越大的意义;市场会加剧地区之间的不平衡状态,这时就需要国家的地区政策采取协调性的干预;市场本身不能解决重大的社会任务,如保障充分就业、币值稳定、生产的不断增长、促进社会和谐和保护环境。社民党认为,市场经济尽管有种种不完备性,但目前尚不能加以取代,而是应通过国家的调节措施对其加以补充和修正。

2. 国家计划的功能和任务

由于市场本身具有种种局限和负作用,因此,社民党人主张,在承认市场法则的同时,加强国家计划和国家干预,只有强大的、具有行动能力的国家才能胜任对市场的"纠偏"。从理论上来说,国家应承担对经济的全部责任,有预见地规划对社会和生态的变革,支持符合社会需求的经济发展并制止或减少错误的发展。国家的行动必须以经济效果来衡量,国家规划应把经济的整体考虑与政治的预定目标结合起来,凡做出什么应该增长、什么应该紧缩这类决策时,必须预先给经济规定清楚的范围条件,这些范围条件是经济能够依靠的,并给经济活动留有余地。当然,国家制订规划的范围不是包罗万象的,而是必须灵活机动,在制定和实施过程中具有高度的合理性与明确性。国家确定经济发展的总体条件时,必须着眼于将由公众普遍负担的社会福利费用尽可能地纳入企业的决策和成本计算之内;国家在规划自己的经济事务时,必须将年度预算、中期财政计划、特殊的专项计划、地区的发展计划和相应的措施——只要这些规划和措施是确有成效和切实可行的——综合起来,形成跨地区的发展规划,企业在进行自主决策前必须遵守这些规划的规定。

为了保护竞争,社民党认为必须要有国家干预,这是防止垄断的重要手段。为此,国家必须支持企业的多样化,尤其是加强中小型企业。中小企业具有革新能力,能够灵活地适应市场的多种需要,在克服地区性结构弱点的问题上,中小企业也起着特殊作用。在反对垄断方面,社民党还主张国家通过促进竞争和监督日益形成的垄断及其权力被滥用的市场,使社会需求在确定个体经济的种种决策时处于优先地位。

为了满足社会需求,社民党主张,当缺少私人主动性或因需求过多不得不冒特大风险时,当公共经济的原则有所需要时,公有企业和公共经营的部门应有所作为,其活动不以有无利润为转移,也不能仅仅局限在无利润的企业和部门,而应以社会需求为依据。为此,就需要系统地提高国家的计划能力。一方面,行政管理部门需要有具备更好、更新技能的工作人员;另一方面,则要系统地扩大经济判断和预测的手段。特别是对整个经济方面已经计划的各项投资做出不同的展望,无论是作为对牢靠的预测提供基础,还是作为对现实的决策提供帮助,都尤其重要。只有通过预测来尽早发现并估量出未来供求之间的差距和地区或部门之间的发展的不平衡,国家计划才能尽量准确,错误的干预才能降到最低限度。

当然,社民党人所讲的国家计划是一种指导性的计划,一般不带有指令性和强制性,更多地只是起到规划和引导作用。国家在不回避对引导经济发展负有责任时,所起的作用主要是限制在通过间接的方法对经济过程发生影响。只有少量的国家干预以法律形式出现,带有一定的强制性。对于这种国家干预,社民党人特别强调一定要按社会需要行事。

正是在以上对市场经济的作用及其局限以及特别重视国家计划调节这种二元认识的基础上,社民党在参政、执政期间提出并贯彻实施了总体调节政策。

二、总体调节政策的提出和贯彻

1966年,社民党与联盟党组成大联合政府,为其经济思想在实践中的运用创造了条件。1967年,社民党人席勒出任联邦经济部长,立即宣布推行"总体调节"政策,使联邦德国的经济政策进入了一个新的阶段。

席勒认为"微观自行调节,宏观总体调节"是引导经济方法的最佳结合,是一种"分寸正好的经济政策。"[10] 所谓"总体调节",就是在社会市场经济的原则基础上,国家多管一些(制订法规)、国家多花一些(支出)、国家多收一些(税收),克服市场经济的短期行为。席勒称这"是朝向合理的经济政策的一个突破,是从幼稚的市场经济向受引导的市场经济的一个开端。"[11]

这里,需要指出的是,由国家调控、干预经济发展原是艾哈德社会市场经济题中应有之义。按照艾哈德社会市场经济理论,国家的必要干预是不可或缺的。他在其社会市场经济的代表作《来自竞争的繁荣》一书中说过:"我认为现代经济政策的最重要任务,就是要运用现代知识来克服一向认为不可避免的剧烈动荡。"[12] 他认为国家用来使经济发展过程"刹车"或"加油"的所有措施应该一视同仁,也就是说,应从宏观总体上进行普遍性引导。但是实际上,直至社民党参政以前,联邦德国基本上没有实行什么明确的行情政策来实施国家调控,以稳定经济发展。[13]因为从战后初期至1966年,联邦德国经济发展面临的首要任务是增长、再增长,这在当时既有必要,更有可能。从必要性来说,是因为战败后的德国经济迫切需要恢复和发展,以满足生产和生活的需要;从可能性来说,是因为当时联邦德国所面临的国内外条件对其经济发展非常有利:(1)美国三四十亿美元的经济援助,为联邦德国的经济恢复和发展提供了重要的"起动"资金;(2)人民重建家园的强烈愿望和奋斗精神;(3)因为失业者众,工会和雇员对工资数额要求不高,企业主利润前景看好,十分有利于扩大投资;(4)马克对美元偏低的固定汇率,极大地促进了联邦德国的出口,而出口是促进联邦德国经济发展的一根最重要的支柱;(5)50年代初朝鲜战争的爆发,对机器等重工业设备的需求使得联邦德国的订购单剧增,刺激了德国经济;(6)60年代中期就开始酝酿成立的欧洲经济共同体从1958年1月1日起正式运转,对联邦德国的经济发展起了明显的推动作用。等等。所有这些因素造成了联邦德国的"经济奇迹",使得德国经济持续稳定的高速增长。从1950—1966年,联邦德国没有出现过一年国民生产总值绝对下降,从而也就没有必要采取重大的行情政策方面的措施。

但是,自从1966—1967年以后,情况发生了变化。联邦德国于1967年出现战后第一次全面的生产过剩危机,经济衰退,失业率上升,国民生产总值绝对下降,尽管降幅不大。社民党此时执政,对党的经济理论和政策是一个严峻的考验。社民党认为,单靠市场机制的自行调节不可能摆脱危机。要摆脱经济危机,必须加强国家对经济的干预,调整社会市场经济体制和政策。社民党的"调整"未偏离社会市场经济的主要原则,但偏向于社会市场经济中"社会"这一头的国家宏观经济调节。其特点是国家运用经济手段和法律手段对经济进行宏观调控。其主要政策举措是:

第一,将总体调节政策在法律上固定下来。1967年6月8日,联邦德国议会制定并颁布了《经济稳定和增长促进法》,该法第一条就规定,联邦和各州政府必须注意运用经济和财政金融的政策措施,对经济进行总体调节,在市场经济的范围内,同时达到"稳定而适度的经济增长、物价稳定、充分就业和国际收支平衡"。为了实现这个"魔方四角"的经济政治目标,该法规定让"专家委员会"每年度对德国的经济发展进行经济鉴定,提出他们对联邦德国经济发展的分析、预测和建议。[14]联邦政府每年要向联邦议会和议院提交年度经济报告,对联邦德国的经济情况及其经济发展趋势进行分析,为工会和企业联合会相互决定的行动提供方向性资料,并对本年度的经济发展提出预测性的经济指标以及为实现这些经济指标联邦政府要采取的政策措施。此外,该法还授权联邦政府根据经济形势,提高或降低税率、增加或减少政府支出,调整折旧率和使用"稳定基金",对经济进行总体调节。将总体调节政策以法令条文的形式在法律上固定下来,为社民党贯彻实施调整社会市场经济体制的政策打下了牢固的法律基础。

第二,对国民经济进行宏观调控而不是"微调"。与艾哈德社会市场经济主要是调节企业的微观经济活动,如运用税收、折旧率等手段刺激企业增加生产、加强积累、扩大出口、增加利润和外汇收入等"微调"不同,社民党参政执政后主要是对国民经济进行全面的宏观经济调控。除了制定和执行《经济稳定和增长促进法》以外,政府还运用各种经济政策,包括货币和信贷政策、财政政策、对外经济政策、收入政策等等,作为对国民经济进行间接调节的重要经济手段。[15]其中,财政和金融是进行总体调节的两个主要经济杠杆,如对有益于社会的经济行为予以优惠,以维护社会公益,以及运用个人所得税累进制协调社会关系。后来,社民党政府还日益明确地提出了结构政策(包括经济部门结构和地区结构)和均衡发展问题。这些稳定增长和均衡发展的宏观调控政策思想至今仍在沿用。

第三,制定国家经济发展计划。在1966—1967年经济危机之前,联邦德国一直没有制定国家经济计划。这主要是因为,一方面,基民盟执政,长期来断然排斥"计划化"思想,更无意于将之付诸实践;另一方面,在当时经济发展比较顺利的情况下,政府感到也根本没有必要制订国家经济发展规划。社民党上台后一改国家经济发展无计划状况,国家经济计划应运而生。联邦德国自1967

年开始编制和实行滑动式的中期(五年)国家经济计划。意在进行总体调节的国家经济计划只限于为宏观经济发展提供少数几项综合性指标,例如国民生产总值、就业率、物价指数等等,就中期的经济增长进行预测和引导,而对微观经济单位没有任何约束力,只具有指明方向、提供建议的参考性质。为确保国家经济计划贯彻实施,社民党还敦促政府先后形成或建立了若干个"执行机构",如:① 经济内阁。有联邦政府中参与管理经济的十个部的部长和联邦银行行长参加,由联邦总理主持,负责制订国家经济计划的基本方针、目标和手段。② 财政计划委员会。该委员会协调各级政府(联邦、州、地方自治行政区域)的开支和投资计划。③ 行情委员会。有联邦经济部长、财政部长和联邦银行行长参加,还有每州一名代表、四名地方自治行政区域代表参加。其职能是结合年度计划或中期计划,制订三个月以下的影响国内经济形势发展的短期措施。④ "协调行动会议"。参加者有联邦政府、工会、企业主组织和联邦银行的代表,目的是为实现国家经济计划在自愿的基础上协调"社会伙伴"们的行为。

总体调节政策在实行过程中其范围有狭义和广义之分。狭义的国家干预是指限制非经济手段与非公平竞争,限制垄断和限制收入水平过分悬殊;广义的国家干预指国家对社会经济生活的宏观管理以及对社会福利生活的宏观管理,也就是进行总体调节的市场经济加社会保障。主要内容大致可包括:为稳定货币、稳定物价所采取的货币政策;为保护公平竞争所采取的反不正当竞争与反垄断政策;为实现公正的收入分配和社会公平所采取的社会福利政策和财政政策;为促进经济技术发展和充分就业所采取的劳工市场政策;为实现国际收支平衡所采取的汇率、利率政策;为防止经济周期对经济的消极影响所采取的景气政策;为保护农民利益所采取的农产品的保护政策等等。

由于实行了总体调节政策,德国经济在渡过 1966—1967 年经济危机后,没有经过缓慢发展的经济萧条阶段,而是经过迅速的经济复苏进入经济高涨,在发展国民经济、稳定物价、争取充分就业、平衡国际收支等方面都取得了显著成就。经济部长卡尔·席勒与财政部长弗朗茨-约瑟夫·施特劳斯密切合作,迅速降低了失业率。1968年秋,失业率降到1%以下,而工业生产增长近12%。从1966—1973年,联邦德国居民就业比较充分,职工失业率比较低,年平均失业率为0.95%,低于同时期的美国、日本和欧共体各国(见下表),也低于1958—1965年联盟党执政时1.15%的年平均失业率。经济稳定、均衡的发展为社民党后来持续执政打下了良好的经济基础。

联邦德国1966—1973年期间年平均失业率与其他主要资本主义国家比较　　单位:%

年　份	联邦德国	欧洲共同体各国	美国	日本
1966	0.6	1.9	3.8	1.3
1973	1.0	2.5	4.9	1.3
1966—1973年平均数	0.95	2.025	4.5	1.225

资料来源:〔欧洲共同体〕《欧洲经济》1984年第22期,第26页。

我们讲社民党贯彻实施总体调节政策,重视国家计划的宏观调控,但切不可以为社民党忽视市场机制,将自由竞争打入冷宫,弃之不用。须知,混合经济理论就是建立在生产资料的资本主义私人占有为主体的基础之上的,生产资料的私人占有活动的范围和空间必须以自由竞争的市场经济为保证。从这个角度来说,混合经济论有两层涵义:从占有生活资料的形式而言,主要可分为公有和私有两种形式并存;从经济运行的方法和手段而言,可分为市场的自由竞争和国家的计划调节。可见市场的自由竞争和总体调节是包括在广义的混合经济论之中的。

从社民党关于经济运行的方法和手段的主导思想可以看出,市场竞争和国家干预在社民党那儿是混合使用的,只不过在不同的时期、根据不同的需要,社民党的侧重点有所不同罢了。在参政、执政以前,党虽然接受了社会市场经济,承认自由竞争的市场机制原则,但更多的是从攻击联盟党经济政策所造成的社会不公出发,强调国家干预的计划调节,以有利于社会公正;在取得政权、将国家干预的手段付诸实施后,社民党发现,如果经济政策太倾向于公平的分配,往往会影响生产效率和经济增长,这时,则又开始强调市场的作用,国家计划是从更好地保护竞争、协调生产这方面提出。但无论是承认自由竞争基础上的国家干预还是在国家干预前提下的保护竞争,都体现出德国民主社会主义经济指导思想中"你中有我,我中有你"的混合性。因为"社会市场经济"本身就是混合经济论的标的:既有社会(以国家的形式进行控制),也有市场(自由竞争),"社会"加"市场",二者的混合,就是社民党关于经济运行的方法和手段的理论公式,也是社民党能够接受社会市场经济并在实践中加以变化、发展之根本所在。这种有一定程度的国家计划指导的现代市场经济减少了资本主义市场的自发性、盲目性、破坏性,促进了科技和生产的发展。

虽然社民党1982年曾失去政权,但其混合经济论的主张始终未变。由于20世纪70年代末以来世界经济结构性衰退的影响,德国经济增长率缓慢,所以,社民党1986年通过的《社民党中期经济纲领》中强调要通过促进竞争来发展经济。纲领认为竞争是德国经济制度的动力,有效的竞争可限制生产者的权力,防止市场的萎缩,促进经济革新。纲领强调必须完善竞争法,加强反卡特尔机构的地位。为了保证和促进竞争的顺利进行,纲领还提出以下五条具体措施:① 反对将宣传工具进一步集中;② 尽快采取措施,严格控制企业合并,以反对市场垄断;③ 制定分散权力的规定,以防止权力的过分集中和滥用;④ 促进、扩大银行业以及保险业的竞争,限制银行和保险公司的权力及其对经济的影响;⑤ 在特殊情况下,应根据基本法实行各种形式的社会化,包括将私人财产转变为公共财产。这些具体政策和措施,目的是为了使市场法则得到更广泛的贯彻,使竞争尽可能广泛开展,促进经济的高度增长。

但"单纯的增长已没有什么前途",这是社民党人近年来时常强调的一个基本观点,也是社民党人从以往所犯的错误中吸取得来的经验教训。社民党在其执政时期,曾始终肯定技术进步造成的经济增长行为,如和平利用原子能就被社民党长期看做是使全人类走向富裕并更好地发挥才能的一个巨大的机会,从而在一定程度上忽视了核能发展与环境保护、生态问题的关系。这是社民党后来失去一部分民众的支持导致下台的因素之一。现在,德国民主社会主义者清醒地认识到,随着生产力的不断发展和科学技术的进步提高了人类的生活水平的同时,又产生许多新的社会问题,如生活质量问题、环境保护问题、生态平衡问题等危及人类的生活和生存。所以,社民党提出,必须按质量标准来衡量经济增长。社民党1989年柏林纲领指出,社民党所需要的经济增长不是以数量,"而是以质量、以人类生活的更高质量为目标"。单纯的物质生产和赢得利润有悖于争取一个符合人类尊严的社会的标准。置人类今天与未来的生态、经济、社会和文化的生存条件于不顾的经济增长是不合理因而是不可取的。在经济发展和技术进步问题上,不能任由市场力量的摆布,必须加强国家控制。社民党主张从社会的角度和人道主义出发去推动技术进步,使技术发展真正造福于人类与自然。为了防止新技术的发展与运用造成知识、权力和支配权落入少数人手中,为了使每个公民都能通过掌握现代科学技术知识获得独立性而不是减少独立性,就需要有目的的利用国家的影响,增加国家的计划指导作用和干预控制作用,使经济发展和技术进步不仅带来巨大的物质财富,而且在建设一个人道的社会方面也能取得最佳效果,符合社民党人所追求的自由、公正、相助的民主社会主义目标。总之,无论是混合经济理论还是总体调节政策,社民党都未放弃,对其发展变化,还有待进一步观察、研究。

当然,总体调节政策绝不是完善无缺的,它也不可能根治资本主义社会根本的经济矛盾。至20世纪70年代中叶和80年代初期,社民党政府虽然继续实施总体调节,在宏观资源配置的优化方面于一定程度上弥补了市场失效,但也始终未能摆脱经济低速增长的局面。工业生产的下降、失业人数的增加和财政状况的恶化等一系列经济危机的因素,终于导致政权更迭,社民党于1982年丧失执政地位,沦为在野党。可见,社民党崇尚凯恩斯主义、实行的总体调节政策也不是医治资本主义经济滞胀、衰退顽症的良方。因为无论是基民盟艾哈德推出的社会市场经济还是社民党接受后加进总体调节予以改进和发展了的社会市场经济,都只是在资本主义制度的框架内缓解而不能消除资本主义的基本矛盾。因此,奠基于垄断资本主义所有制之上的联邦德国的经济运行和相应的社会、政治发展,是不可能从根本上摆脱周期性波动与震荡,也不可能彻底消除呈现社会无政府状态的部门、地区与领域的结构失调的。只有建立社会主义生产关系,才能使经济运行最终走上良性循环。

注:

(1)《马克思恩格斯选集》第1卷,人民出版社1985年版,第265页。

(2)(3)(4)《德国社会民主党简史(1848—1990)》,1991年波恩德文版,第362页,第377页,第182页。

(5)《1945年以来德国社会民主党政策发展的文件汇编》,1973年波恩德文版,第3卷,第2部分第85页。

(6)艾希勒:《民主社会主义导论》,波恩1972年德文版,第122页。

(7)H.戴斯特:《明日经济》,1973年哥德斯堡德文版,第68页。

(8)绍姆堡宫是波恩的联邦德国政府所在地。

(9)《八五大纲:正文和讨论》,1979年德文第3版,第32页。

(10)参见K.端纳主编《市场经济制度下的经济引导》,达姆斯塔特1981年德文版,第86—96页。

(11)《德国社会民主党经济政策文集》,1983年德文版,第81页。

(12)艾哈德:《来自竞争的繁荣》,商务印书馆1987年版,第162页。

(13)所谓行情政策,即国家针对经济发展过程中出现的不可避免的周期性波动而采取的短期经济对策。

(14)专家委员会又称"五贤人委员会"。五名委员的确定须经德国工会和各行业最高经济协会协调后,由联邦总统任命,任期五年。每年圣诞节前六个星期,五名委员在波恩总理府庄严地向政府首脑递交潜心钻研一年之久的鉴定整个经济发展情况的年度报告。该委员会被称为德国经济发展的"保健医师"。

(15)参见《联邦德国的发展道路》,第103页。

第五章
共决制思想和实践

所谓共决制,就是工人有权在企业中共同参与企业决策,这实际上属于经济民主的范畴。社民党认为,经过德国工人阶级的长期斗争,德国的社会民主主义—民主社会主义运动已经完成了政治民主的任务,所以未来主要的奋斗目标应是经济民主,只要解决了权力问题,享受了经济民主,生产者对生产活动过程施加影响,与资方共享决定权,生产资料掌握在谁手中是无所谓的。另一方面,无论社民党执政还是在野,资本主义经济危机总是以这样那样的方式表现出来,社会矛盾也不可避免。这就使社民党人意识到,仅有政治民主还远远不够,工人广泛参与解决经济和社会问题的经济民主,将直接关系到社民党能否执政和执政后政治地位的稳固。在这种思想指导下,社民党大力提倡共决制,无论是共决制的思想还是实践,与西欧诸多社会党比较起来都很有特色,以至于人们在谈到民主社会主义诸模式时,将德国民主社会主义称之为"参与型社会主义"。故本书将共决制从"经济民主"中抽出,进行专章考察和研究。

第一节
共决制思想的历史发展

一、共决制思想的萌芽

德国民主社会主义共决制思想的成型和贯彻实施都

是在第二次世界大战以后,但共决制思想的萌芽却可以追溯到19世纪德国工人运动之初。早在1848年革命中,德国工人就模糊地提出了共决权要求。例如,工人们要求由师傅和工人所组成的委员会对一个师傅允许拥有的学徒数目做出规定,由工人师傅和雇主组成的委员会对劳动工资和劳动时间的限额做出规定,工人们联合起来维护工资标准等等。工人们这些最初的共决要求在1848年法兰克福国民议会中得到了第一次政治反映。1848年5月19日,法兰克福国民议会成立30人的经济委员会,下设的七个委员会中就有一个专门反映工人要求的工人委员会。1848年革命失败后,德国工人运动经过短暂的沉寂,于60年代重新兴起,推动了社民党的建立。社民党反映了德国工人阶级的政治、经济要求,在建党大会通过的纲领中明确指出,工人阶级要争取一切平等权利与义务,要求国家"保证民主管理"。1875年哥达合并代表大会通过的纲领又要求"由工人选出的负责人监督矿山、矿井、工厂、作坊以及家庭工业的劳动。"[1] 虽然经过"非常法"时期长达12年之久的迫害,但社民党在1891年爱尔福特党代会召开前公布的党纲草案中,仍坚定不移地站在工人阶级立场上,提出"由帝国劳动总局、各专区劳动局和劳工管理科以及由工人选举出来的企业视察员负责监督一切工业企业,并负责调整城乡的劳动关系。"[2] 在正式通过的纲领中又提出"在工人充分参加管理的情况下,把工人全部保险事业交由国家经营。"[3] 尽管这些纲领中充斥着浓厚的对资产阶级国家迷信的色彩,但要求民主管理、民主监督的思想已略见端倪。当然,这时候社民党提出的民主管理、民主监督的对象还比较空泛,诸如"监督劳动"、"监督一切企业"等都不具体,至于通过何种手段,怎样进行管理和监督,则更未涉及。总之,在资产阶级国家帮助和控制下的民主管理和民主监督,就是社民党共决制思想萌芽阶段的早期特征。

  第一次世界大战以后,魏玛共和国的议会民主制度为社民党的改良主义提供了合法的实践基地。社民党提出扩大和完善政治民主,建立和发展经济民主,并由此首次提出"共决权"(Mitbestimmungsrecht)思想,再加上"有组织的资本主义"理论,构成了社民党改良主义理论体系的基本框架。

魏玛初期,社民党利用参政的有利条件,敦促政府于1920年2月通过了一部企业委员会法。该法规定企业中的工人可以在解雇和招聘、工作时间、假期和报酬等方面有参与决定权。社民党1921年通过的格尔利茨纲领的"经济政策"部分要求:"发展代表工人、职员和公务员的社会利益和经济政治利益的经济委员会制度。"[4] 1925年的海德堡纲领则进一步指出:"在与工会保持紧密合作的条件下,发展经济委员会制度,行使工人阶级对经济组织的共决权。"[5] 这标志着社民党共决制思想在魏玛时期已初步形成。首先,建立经济委员会并使其制度化,这就使工人的民主管理和民主监督有了物质载体和组织保证,而不至于使管理和监督流于空谈。第二,党与工会的紧密合作是工人阶级行使共决权的领导保证。在魏玛共和国时期,社民党时而入阁,时而下野,正是考虑到这种情况,党提出不管是否执政,与工会的密切配合是工人阶级行使共决权的首要前提,这就可以避免使工人阶级的民主管理和监督处于零星的、流散的无政府状态。第三,社民党此时首次提出了共决权,即工人阶级有权与资方共同决策,这就比以前提出的民主管理、民主监督更加直接、更加具体、更加准确和可操作。如果说管理和监督是经济民主的一般要求的话,共决就是具体的要求,它直接指向具体的决策程序,具有明显的可操作性。在魏玛时期,社民党的重要理论家希法亭还和工会的理论家一起对共决权作了一些具体论述,如:工人在所有经济政策团体中要有平等的代表权,在工会的充分参与下对卡特尔和垄断集团进行监督,扩大职工在企业中的共决权等。[6] 社民党魏玛代表大会的"社会化决议"也曾提及,为了实现工人与雇主享有同等的参与权,必须建立工厂工人委员会、地区经济委员会和全国工人委员会。在党和工会的共同努力下,连《魏玛宪法》中也写进了共决制思想——尽管宪法中对这一思想的表述十分模糊,且从未得到真正实现。《魏玛宪法》第165条规定:"工人和职员有能力平等地同企业主一道参与调整工资和劳动条件以及参与生产力的整个经济发展过程。双方所组织的团体及其协定,均受认可。"[7] 总之,以党和工会紧密合作为前提条件,在经济委员会组织内与资方一起实行共决,社民党共决制思想在魏玛时期初具轮廓。但由于后来希特勒法西斯主义在德国泛滥,社民党被宣布为非法党,尽管社民党在战争期间一直未放松对共决的关注,在战争结束前提出"实现以全体公民享有共决权和共同担负责任为基础的政治和社会民主"。[8]但在战时特殊情况下,社民党无法也不可能去实施自己的共决制思想。第二次世界大战结束以后,社民党的共决制思想才逐步从理论走向实践,并在实践中日趋完善。

二、共决制思想的发展

第二次世界大战结束以后,德国分裂为东西两个部分。联邦德国社民党在战后很长一段时期内,一直是作为合法存在的最大的反对党进行政治活动。社民党通过在联邦议院中强有力的反对党地位,开展了卓有成效的争取确立共决权的斗争。1951年5月,在社民党的支持下,联邦议院通过了煤钢共决法。该法规定,在煤矿及钢铁工业企业内实行职工参与决策,劳资共决。尽管共决只是局限于煤钢领域,还未扩展至其他工业部门,但该法的通过意义重大。它不仅对联邦德国其他企业的民主化运动,而且对整个国际工人运动产生了有益的影响,开创了西方发达国家实行共决的先河。

1959年社民党通过的哥德斯堡纲领,是社民党从工人阶级党变为全民党的一份全面彻底的民主社会主义的理论宣言。对于共决制思想,该纲领也立有专条论述。纲领宣称:"钢铁工业和煤炭工业实行的共决,标志着一个新的经济制度的开始。必须将共决进一步发展成为适用于大企业的民主企业法。职工在经济部门的自治机构中的共决必须得到保证。"[9]

社民党在哥德斯堡纲领中表述的共决制思想,比魏玛时期初次提出共决权有了进一步的发展。首先,社民党赋予共决以非常重要的地位,认为共决是一个新的经济制度的开端,尽管纲领没有对这一"新的经济制度"做出确切的解释,但将共决视为实现民主社会主义的一个极其重要的步骤已确凿无疑。其次,社民党明确要求共决不能仅仅限于煤钢企业,而且要发展到所有大企业,并使之在法律上固定下来,在魏玛时期,社民党只是泛泛地要求工人阶级对经济组织行使共决权,而在哥德斯堡纲领中,共决的对象则非常明确,并且明确将共决诉诸于法律。第三,提出共决是民主内在的要求,必须得到有效的保证。因为,正如该纲领同时指出的那样:"对经济成果做出决定性贡献的工人和职员迄今仍被排斥在有效地行使共决的大门之外。然而,民主却要求职工能在企业和整个经济中共决。职工必须从经济领域中的奴仆变成经济领域中的公民。"[10]在这里,社民党首次将共决与民主联系起来,共决成为实现民主社会主义的重要的方法和手段。此外,社民党还在这里表述了让工人从社会奴仆变为社会主人的思想,尽管这一表述还不很清楚。总之,哥德斯堡纲领标志着社民党的共决制思想经过煤钢共决法的颁布实施而逐渐走向成熟。

三、共决制思想的完善

1966年社民党与联盟党组成大联合政府参与执政,1969年成为主要执政党直至1982年,这为社民党利用政府力量来贯彻共决制经济民主的战略意图创造了条件。正是在社民党执政期间,党的共决制思想日益系统和完善,其标志是1973年开始准备、1975年11月在曼海姆党代会上通过的《德国社会民主党1975—1985年经济政治大纲》。该大纲经过两年多党内外长时间广泛而深入的论证,对民主监督和共决制思想方面的论述比社民党以往任何纲领都更为详尽。大纲全文共4章24节,约7万字,除了在第2章第3节集中阐述共决以外,其他涉及共决思想的阐述有20处之多。大纲在哥德斯堡纲领基础上对共决制思想的进一步完善,总括起来有如下几点:

1. 共决的目的——由于经济现代化对政治的影响日益重大,因此必须将经济中的支配权置于民主合法的公共监督之下,使被统治者通过共决这种有效的方式监督统治。共决不是降低经济效率,而是通过减少内部纠纷提高效率,公正地消除劳资双方的对立。

2. 共决的主要方法——职工或职工代表在就业岗位和企业日常工作的其他问题上,享有参与商讨和实施的权利;职工同资方相互平等地参与企业领导机构的任命和监督。

3. 共决的组织原则——负有任命、监督和罢免企业领导机构之责的监事会,须由劳资双方对等组成。

4. 共决的范围——不能局限于煤钢企业,要将共决扩大到具有一定规模的所有经济企业中去,在各级经济组织中实现共决。但共决不适合于中小企业。

5. 共决与所有制——只要能保证对经济权力进行民主监督和公正的共决,生产资料的私人占有制就有权得到保护和促进。在不能借助于共决等其他手段实施对经济权力民主监督的地方,公有制才是适宜和必需的。

6. 共决与职业教育和就业选择——职工有权获得深造的机会以提高自己进行共决的能力。国家、雇主和工会在规划、实施和监督各级职业教育方面共同负责。职工在决定自己的职业道路、就业岗位等方面行使共决权。

7. 共决与社民党执政——只有通过扩大社会的共决和民主监督,通过相助维护广大人民的共同利益,做到使民主社会主义的基本价值与消除劳资矛盾和阶级冲突、调和劳资关系、实现社会和平相一致,才能使社民党取得执政所需的议会多数,使民主社会主义的基本要求在人民的思想意识中牢牢扎根。

从以上大致的归纳可以看出,德国社民党共决制的思想经过百余年来的变化和发展,在本世纪70年代已达到比较成熟、全面和完善的境地。1989年12月德国社民党柏林代表大会通过的新原则纲领将共决视为德国社民党所追求的基本目标之一。纲领要求将共决扩大到所有经济部门,要求在共决的层次和范围上取得实质性进展,要求不仅经济活动的组织形式、方式、目标必须让职工一起来共同决定,用强大的工会和强有力的共决对资本的经济权力实行民主监督,而且其他诸如技术发展的方向问题、卫生保健和环保问题,甚至大众传播等等,社民党都一律主张要让公民参与决定。如纲领在谈到新闻自由与共决的关系时指出:"我们社会民主党人主张文化和新闻工作的多样性。我们要保证和扩大大众传播的独立性,使它们摆脱国家强大的经济和社会集团的控制。我们要求所有在新闻部门工作、特别是从事节目制作和编辑工作的人们拥有共决权。"纲领认为,经济民主就是意味着在一切生活领域中实现民主、共决和自决,意味着职工及其工会在一切层次都能参与决定。所以,纲领要求"基本的经济决策(如哪些该增长,哪些该紧缩)的民主化";要求"公民的共决,从提高劳动质量和生活质量,减少技术进步带来的风险的角度塑造技术"。纲领在专论"共决"的一小节中强调指出:"经济民主要求职工和工会在经济和社会决策方面平等的参与和熟练的共决。要求在所有大企业和康采恩中的监督委员会里实行劳资对等和熟练的共决。"[11] 总之,扩大共决的层次和范围,强调共决的水平和技巧,是新原则纲领中共决制思想与以前相比更加突出的一个特征。此外,根据当代资本主义跨国公司不断增加的状况,为抑制跨国公司日益膨胀的经济政治权力,新原则纲领还提出了跨国家的职工参与决定的主张。纲领要求:"通过欧洲范围的共决制以及通过对跨国公司实行共决制作出国际规定。"但尚未就此提出具体的实施途径。其他方面则没有什么大的变化。

第二节
共决制的贯彻实施

一、共决制的两种实施模式

1. 雇员代表参与监事会的实施模式

在联邦德国,每个公司都设有监事会,它是企业的最高领导机构,其权限主要是负责公司理事会理事的任免和对理事会进行检查和监督。工人参与公司一级管理的主要形式就是派代表参加监事会。自 1951 年社民党督促实施"煤钢共决法"(全称是"在雇佣 1000 人以上的煤钢企业监事会和理事会中实行雇员共同决定法")以后,随着联邦德国经济持续高速发展,作为原料工业的煤钢企业在整个国民经济结构比例中所占份额不断下降,煤钢共决法的实际作用范围也就相对缩小。必须将共决扩大至其他领域,才能体现德国民主社会主义经济民主的本质。党和工会为之进行了不懈的努力。1956 年,凡煤钢销售额占 50% 以上的不是专营煤钢的其他企业也被纳入了煤钢共决法。该法具体规定,在雇佣 1000 人以上的煤钢公司的监事会中,劳资双方各占监事会成员数的一半。监事会一般由 11 人组成。劳方 5 人由雇员选出,其中 2 人由企业委员会提名,他们必须是该公司雇员,另 3 人由工会提名,不一定要求是公司雇员(通常都是来自社民党人控制的工会联合会的专职工会干部)。这 10 名监事再共同推选 1 名中立成员任监事会主席,碰到僵局时,中立主席享有裁决权。监事会以多数票选出的理事会在选定一名劳工经理时,必须得到监事会劳方成员的认可。其基本实施模式如下图:

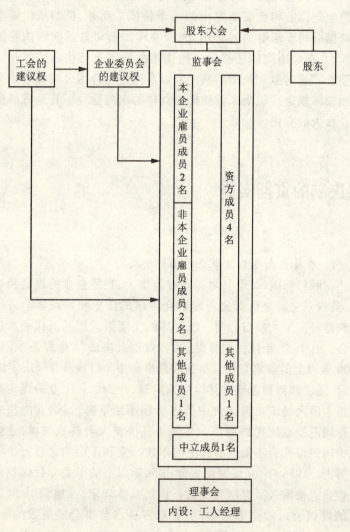

1976年,社民党运用执政之机,通过了新的共决法,将共决扩大至2000人以上的非煤钢工业公司。它涉及除煤钢工业和新闻界以外的所有经济部门将近500个企业中的400多万雇员。然而,新共决法的产生来之不易。社民党与共同执政的伙伴自民党以及和在野党基民盟为此进行了激烈的斗争和必要的妥协。此前,自民党在1971年弗赖堡党代表大会上提出了"里默尔草案",拥护在监事会中资方的优势地位,主张监事会中股东、高级职员和雇员代表的比例应为6:2:4。同年,基民盟也在该党代表大会上力主监事会中股东和雇员的比例应为7:5。最后,社民党利用执政的有利地位通过的新共决法则规定,资方和劳方代表各占监事会成员数一半。凡10,000人以下的企业,监事会成员中雇员和雇主各出6名,10,000人以上的各出8名,20,000人以上的各出10名。在劳方代表中,至少要有1名工人、1名职员、2名工会代表和1名高级职员。工会代表由工会提名、雇员选举产生,工人和职员代表分别由工人和职员提名并选出,高级职员代表由高级职员提名,经全体职员选举产生。与1951年共决法相比,新共决法不仅范围扩展至所有较大企业,而且在雇员代表的名额分配方面也不像以前那样笼统,而是分为工人、职员和高级职员以及工会代表四个层次,代表的提名和选举产生办法也较以前更加严格和具体。新共决法还规定,监事会设主席、副主席各1人,由监事会以三分之二多数选出,如果候选人没有得到规定的多数,则由资方代表单方面选举决定。尽管在理论上劳方成员也有可能当选主席,但实际上主席总是由资方担任。法令规定,如果监事会在议事时出现僵局,主席可以投2票(副主席没有双票权)。除了主席的2票之外,劳方代表中的高级职员往往在重要问题上站在资方立场上。此外,监事会以多数票选举理事会,其中的劳工经理不必经监事会劳方代表认可。这一条与1951年共决法相比,对劳方反而不利了。由此亦可窥见民主社会主义改良妥协的色彩。总之,新法在共决的范围上更加扩展,在雇员代表参与共决的构成方面更具体,但有些权限在自民党(执政伙伴)和雇主联盟的反对下却遭到了削弱。可见,从名义上来看,监事会中劳资双方代表人数相等,但实际上并不真正对等。下图为新共决法的实施模式:

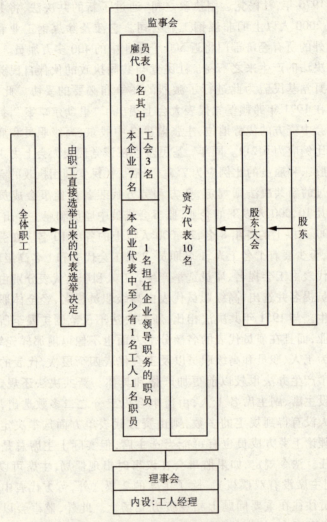

那么,雇员代表参与监事会,其权限有多大呢?

参与公司监事会中的工人代表的权限主要是:决定理事会成员、监督公司的政策、同理事会一起处理利润问题、批准重要的投资和战略决策等。监事会中的工人代表亦可以对公司的重大问题提出反映工人愿望的主张,这些主张可以在一定程度上影响监事会对重大问题的决定。但由于监事会每年召开会议次数不多,企业的日常管理由理事会负责,在许多公司里,真正的权力集中在总经理手中。所以,在被雇佣人员参与监事会制度中,工人代表的参与决定权对企业经理人员的权力影响是很有限的。

2. 工厂委员会参与共决的实施模式

工厂委员会制度是工厂一级的工人参与管理的制度。1972年,社民党在其执政期间将1952年的工厂委员会法进行了修订,通过了新的工厂委员会法。新法第一次明确规定了每个雇员在工厂中的地位,扩大和加强了工厂委员会的共决权。在工厂委员会主席的主持下,工厂每个季度要召开一次全厂职工大会,工厂主或其代表至少每个季度要向大会报告一次工厂的人事问题、经济形势和发展情况,大会还就工厂的经济事务进行讨论。雇主每三年必须为选举工厂委员会提供时间和方便,凡年满18岁的职工都有选举权(包括外籍工人在内),女性在工厂委员会中应占有相当的比例。与雇员代表参与监事会相比,工厂委员会参与共决具有如下几个特点:第一,广泛性。凡职工在5人以上的工厂都可成立工厂委员会。第二,单一性。委员会不是劳资双方对等组成,而是清一色完全由工厂职工组成,委员会人数多少以工厂职工人数而定,任期3年。第三,权威性。资方人员可以不同厂级工会组织发生关系,但必须与工厂委员会打交道。第四,相对独立性。雇主只有应工厂委员会邀请或在会议应他请求而召开时,才能参加工厂委员会会议。第五,相互约束性。工厂委员会在行使职责时不得受干扰或受阻,雇主不得对委员会起诉,但委员会也必须受"和平义务"的约束,不得擅自采取罢工行动。如果劳资之间不能达成协议,任何一方都可以将问题提交调解委员会裁决。调解委员会由工厂委员会和雇主双方任命的同等人数的成员组成,再加上双方均认可的中立的主席。此外,针对以往对残疾人和青年工人的意愿不太重视的倾向,新的工厂委员会法还规定允许1名伤残工人代表和1名青工(18岁以下)代表参加工厂委员会会议,以便更好地反映这两类职工的要求。委员会一般在业余时间工作,但在300名职工以上的工厂里,可以根据人数多少设1名或若干名专职委员,脱产工作,领取固定工资。如在6,000人的大企业中,工厂委员会成员可达29人,其中7人可以完全脱产,专司委员之职。

根据1972年的工厂委员会法,工厂委员会的职权可以分为"施加影响"和"参与决定"两部分。所谓"施加影响",就是协商和咨询的权利,主要在以下几个方面:(1)人事计划;(2)招工和解雇;(3)岗位调动;(4)企业管理;(5)工艺流程;(6)企业变动;等等。"参与决定"的范围则包括:(1)工作时间;(2)报酬原则;(3)职工休假;(4)职业培训;(5)企业规章制度;(6)劳动保护;(7)福利设施;等等。从以上两个方面的权限范围可以看出,工厂委员会在人事、技术和工厂的改建、扩建等有关企业的方针大计问题上只有建议权而没有决定权,能够参与共决的范围局限在工时的长短、报酬的多寡、劳保条例等与工人生计密切相关的领域。

尽管如此,新的工厂委员会法在保障工人权益、扩大共决方面还是取得了长足的进展。虽然在人事方面,工厂委员会还无参与决定权,但协商咨询亦能起一定的监督作用。特别是新法规定,如果工厂委员会和雇主在人事问题上不能取得一致,则调解委员会将根据雇主的申请做出决定;但如果雇主在未得到工厂委员会同意的情况下单方面采取人事措施,则工厂委员会可以向劳动法院申请敦促雇主取消该项措施;如果雇主不服从法院裁决,法院可以根据工厂委员会的申请判决通过强制罚款来警告雇主取消这项措施。新法还为职工了解本企业的经济、财政、生产、销售、投资、工艺、企业变动等状况以及由此而产生的对人事计划的影响提供了法律保证。1980年,联邦劳动法院就曾做出如下决定:"企业的工作要不要停止,由雇主说了算。但是,停止工作的方式要征得工厂委员会的同意。"这样一来,工厂委员会就有可能左右雇主的决定。因为,在实际上,是否停止工作与如何停止工作是紧密相关的。此外,工厂委员会同雇主之间达成的协议以及基于调解委员会裁决的协议(企业协议)具有法律效力。根据80年代联邦德国政府统计,工厂委员会所代表的雇员人数有930万,如果再加上根据《雇员代表法》组成的公共事业中的人事委员会(职能和企业委员会类似)所代表的雇员人数360万,总共就有约1300万。可见,工厂委员会参与共决的实施模式的影响范围比雇员代表参与监事会的实施模式广泛得多。[12]

工厂委员会制度的实施模式见下图：

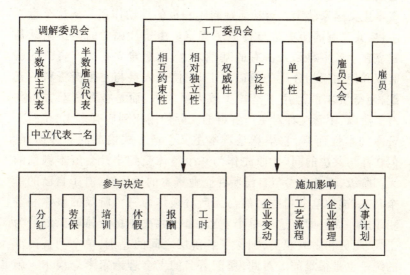

二、共决制实施效果分析

首先，在一定程度上保护了职工权益，扩大了工人的民主权利，有历史意义，但不可过分夸大，充其量只不过是资本主义生产方式内部的一种消极的扬弃。德国民主社会主义的共决制站在工人的立场上，主张被统治者对经济权力进行监督，对决策过程施加影响，使工人参与管理企业的权力从无到有，从少到多，从部分企业到较广泛的部门，扩大了工人阶级和劳动人民参与管理企业和社会事务的权利，改变了他们过去那种纯粹受剥削、受压迫毫无任何参与权利的境况，因此，它受到广大劳动人民的欢迎，也确实在一定程度上保护了职工权益，改善了职工、工会在经济生活中的地位，给工人带来了实惠和好处。与实施共决法以前相比，工人有了较多的发言权。新共决法通过的次年，即1977年，德工联受益巨大，通过共决获得一万多个监事会主席、副主席和一般监事会成员的职务。德工联前主席费特尔除担任工会企业的监事会主席外，还兼任联邦德国最大钢铁企业蒂森钢铁股份公司监事会第一副主席以及联邦德国铁路、复兴信贷银行的监事会成员职务。冶金工会主席罗德勒尔兼任曼内斯特股份公司、大众汽车股份公司监事会副主席。工人代表参与共决,不仅对德国,而且对西方其他发达资本主义国家的工人运动无疑起了积极的推动作用。从这个意义上讲,共决制的历史进步性应予肯定。由于社民党的共决制既是建立在生产资料私人占有的基础之上,也是建立在生产资料的所有权和使用权相分离的基础之上,它使工人参与对生产资料的支配,使得资本的运用不是被少数人所独占,而是被劳资双方所共有。所以,不管这种对生产资料的实际使用权到底有多大,相对于资本的本性而言,它毕竟是资本主义生产方式内部的一种扬弃。但在参与共决的同时,原先作为一个整体受到全社会资本剥削的无产阶级,现在在参与自己所在企业资本的运用时,有了自己的单个利益,这种单个利益必然与无产阶级作为一个阶级的整体利益相矛盾。而且即使这种单个利益,由于共决制把全体职工划分为工人、职员和高级职员,加深了各阶层之间的差别,单个利益内部的统一也是很难的。对此,德国著名的工会理论家米夏埃尔·施奈德曾明确指出:"把全体职工划分为工人、职员和高级职员加深了各个集团间的差别,从而使统一的利益代表变得十分困难。"[13]这样,无产阶级不仅从整体上,而且从单位个体来说,都不像以前那样团结一致了。所以,社民党的共决制对资本主义生产方式的扬弃作用充其量也只能是消极的。

其次,共决制在一定程度上缓和了雇主同雇员之间的矛盾,提高了劳动生产率,在受到广大工人欢迎的同时,也受到资方的欢迎,促进了资本主义社会的和平与稳定。用勃兰特的话来说就是:"没有工人参与决策的制度,和没有雇员及其工会共同承担责任",就不可能有德国经济的持续增长、稳定发展和社会的高度安定。[14]德国民主社会主义的共决制是以企业的最后决定权掌握在资本家及其代理人手里为条件的。资方接受共决,从表面上来看,原有的权力受到一些分割,但从总体上来说,并未损害资方利益,而且有利于调动工人积极性,使资本家能够榨取更多的剩余价值。由于工人参加决策,在一定程度上了解到决策的背景、实质和问题,从而有利于政策制订后的理解和实行。据柏林科学中心企业管理问题研究所对联邦德国42个企业的调查,在工人参与决定权较多的企业中,每个工人的产值为3.57万马克,与固定资产和流动资金相比的产值为0.7%,资本分红为18%;而在工人参与决定权较少的企业中,上述三项指标分别为3.39万马克、0.3%和3%。此外,从1972年到1976年之间,工人参与决定权较多的企业中每个工人的产值提高了17%,而工人参与决定权较少的企业中则仅提高4%。根据80年代的统计,联邦德国实行共决制的企业比不实行共决制的企业的劳动生产率高出一半多。共决制作为一种企业管理的新的方法和手段,大大改善了企业内的人际关系,通过名义上而非事实上的对等共决,劳资双方增加了沟通和了解,劳资矛盾和阶级冲突得以缓和。根据有关统计材料,自50年代以来联邦德国的罢工次数和规模远远低于其他发达资本主义国家。由于罢工次数少,资本损失就小,资本家虽然出让一部分权力,但其得远大于失。在劳资共决的基础上,雇主与工会逐渐形成一种社会伙伴关系。虽然双方仍存在利益对立,但是在创造就业机会扩大生产和提高生活水平等方面又有共同目标,因此双方都愿意做出妥协,解决劳资矛盾的主要办法不再是罢工而更多的是谈判。劳资双方成为谈判桌上的对手,只有谈判破裂时才诉诸罢工。而在通常情况下,谈判大都以双方妥协告终。这就避免了许多社会震荡,保持了社会稳定。第二次世界大战结束以来,联邦德国是西方发达资本主义国家中社会秩序比较稳定的国家之一。也难怪联邦德国工会理论家在谈到德国的罢工斗争时以不容置疑的口吻指出:"在国际范围内比较,它显得特别温和。尤其是从意大利、法国和英国工会频繁的罢工斗争来看,这个判断肯定是恰当的。"[15]这与德国社民党大力推行共决制是分不开的。

当然,劳方欢迎共决制、资方也接受共决是就一般情况而言,实施共决之路并非平坦,有时则充满了激烈的斗争。比如,在1976年新共决法生效之前,联邦德国有些大公司尽量推迟实行这一法令。更有甚者,有个别公司还把自己的法人户籍迁到国外,有些公司临时改组,化整为零,把大公司划分为若干较小的公司,并使每个小公司的人数不超过2000人,低于法定标准。有趣的是,1977年前有29个雇主协会和9个大公司联名向联邦宪法法院提起诉讼,控诉共决制违背了《基本法》规定的拥有资产和自由营业的基本权利。当时,这一诉讼案极大地恶化了雇主同雇员的关系,使得联邦德国在1978年发生了一次建国以来从未有过的冶金和印刷工人的长期罢工。1979年3月,联邦最高法院驳回诉讼,裁决1976年的法令并未违宪,没有改变和损害资产的产权,共决制也未达到完全平等的程度。这一裁决反映出当时执政的社民党的长远考虑:作为一项在法律上固定下来的政策,共决制对联邦德国的社会安定和经济增长,无论从现实还是从未来来看,都是极有价值的。

第三,德国社民党的共决不可能真正做到完全对等。对等共决,是极力推崇共决制的人所最津津乐道的。他们认为,在决策过程中,劳资双方各占一半,是完善民主的体现。殊不知,对这种过分理想化的民主,恩格斯在100年前就进行过批判。1891年,德国社民党在爱尔福特纲领草案中曾经提出:"为了调整和监督劳动关系,德国社会民主党要求成立帝国劳动部门、各专区劳动局和劳动委员会,后者的成员一半由工人选举,一半由企业主选举。"(16) 这一设想遭到恩格斯的尖锐批评。恩格斯在其著名的《1891年社会民主党纲领草案批判》中指出:"如果同意工人和企业主在劳动委员会里各占一半,那我们就受了大骗。这样,在许多年里,多数总是会在企业主方面,为此只要工人中有一个是害群之马就够了。如果没有谈妥在争论的时候两半分开来表示意见,那末,有一个企业主委员会和一个与它平行的独立的工人委员会,会要好得多。"(17) 当时的德国社民党接受了恩格斯的意见,在正式通过的党纲中删去了草案中的上述提法。至30年后的魏玛时期,社民党将当年遭到恩格斯批判的主张又重新正式写进党纲,提出"发展经济委员会制度"和"平等地共决"。第二次世界大战后又发展成劳资双方在监事会中的"对等共决"。其实,正如恩格斯早已预料的那样,对等共决不可能对等,事实上也不对等。私人占有所导致的严重不平等必然会使所谓"对等共决"失真。少数人拥有巨量财富而多数人陷于相对贫困之中,这就会使一些人的参与被另一些人所操纵甚至控制。再加上工人由于缺乏专门知识,也不可能参与有效的决策。此外,企业之间的市场关系,无数决策中心的多元自治,也使得参与原则实际上失去了原有的意义。总之,以私有制为基础而由垄断公司操纵的社会是谈不上在决策方面劳资双方有民主、平等的决定权的。举例为证:克虏伯钢铁公司最高权力机构监事会由 21 人组成,其中 10 名资方代表,10 名工人代表(包括 4 名工会干部和 1 名职员)和 1 名中立人员(由非本公司的经济学家担任)。资方与劳方代表名义上相等,实际上资方占优势。因为监事会主席规定由资方担任,并有双票权,再加上一名高级职员和一名通常总是倾向资方的中立人员。公司的业务领导机构是理事会,由 1 名总经理和 6 名副经理组成,其中有 1 名必须是工人副经理,但不管生产业务,只管人事、福利和工资等事项。而在有些企业的监事会中,劳方代表只占三分之一。可见,所谓监事会中的对等共决只是名义上的,在生产资料私人占有的条件下,经济决策完全对工人有利是根本不可能的。只有消灭了任何形式的剥削与压迫,劳动者才能真正成为生产的主人,广大劳动人民群众才能以主人的身份对生产活动做出自己的决策。

第四,社民党的共决制与马克思主义的经济民主观是有原则区别的。社民党以共决为主要内容的经济民主并不是以公有制为前提条件,而是建立在共决与私有共生的基础之上的。正如哥德斯堡纲领所宣称的:"今天的中心问题是经济权力问题",只有在那些不能对经济权力进行民主监督的地方,才有必要去变生产资料的私人占有为公有。社民党的理论家托马斯·迈耶尔说得更彻底,他认为:"只要有关的人们能充分行使或至少是部分行使某些决策权,那么即使私有制并没有正式被消灭,也会有一部分经济权力受到民主的监督。因此,重要的是使经济决策权真正民主化,而不是仅仅在形式上改变所有制。"[18] 换言之,只要实行了共决,所有制采取何种形式是无所谓的。这就完全颠倒了手段和目的的关系:在资本主义社会中,共决只能是手段,最终目的应是消灭私有制和消灭与私有相伴生的剥削。马克思主义的经济民主首先是指人民群众拥有对生产资料的所有权,即生产资料必须实行社会主义的公有制,人民成为生产资料的主人;其二是指在无产阶级政党的领导下,人民对公有制的社会主义生产资料,贯彻民主集中制的管理原则。可见,社民党的共决制与马克思主义有关经济民主的基本原理是背道而驰的,其立论基础我们是不能同意的。

总之,对社民党的共决制,我们既不能简单否定,也不能片面肯定。这种在资本主义框架内进行的改良做法好似一把双刃剑,既有进步性,又有迷惑性:它为工人争得了一部分民主权利,资产阶级从中也有利可图;它在一定程度上限制了垄断资本的权力和利益,但又未从根本上改变资本主义生产资料私人占有的性质和工人阶级的雇佣地位。在资本主义制度条件下的这种共决,其最终决定权还是掌握在资产阶级手里。工人依旧是资本的雇佣劳动者,他们创造出的剩余价值依旧是资本家发财致富的惟一源泉。从积极意义上看,在当代资本主义国家,工人通过共决参加企业管理、扩大民主权利、改善劳动条件、提高生活福利,应该说不失为可以利用的一种斗争形式。关键是要使工人在参与企业管理、争取职工福利的活动中,不被形式上的"共决"、实质上的被剥削所迷惑;要迫使资本家作更多的让步,达到既争取工人权益、又提高觉悟的目的;要将共决作为消灭私有制、消灭资本主义剥削的手段加以利用,始终不忘记无产阶级的最终目标。从这个意义上讲,共决应该得到肯定和支持。

注:

(1)《研究"哥达纲领批判"参考史料》,三联书店1978年版,第80页。

(2)《国际共产主义运动史文献史料选编》第2卷,中国人民大学出版社1983年版,第129页。

(3)(4)(5)(9)(10)《德国社会民主党纲领性文献汇编》,柏林—波恩迪茨出版社1984年德文版,第192页,第214页,第223页,第374页,第374页。

(6)《德国工人运动学习和研究手册》第2卷,波恩新社会出版社1984年德文版,第419页。

(7)《外国法制史资料选编(下册)》,北京大学出版社1982年版,见"魏玛宪法"第165条。

(8)(11)《德国社会民主党简史(1848—1990)》,1991年波恩德文版,第374页,第501页。

(12)德国目前没有参与决定权的雇员约340万,他们都是在5人以下的小企业中工作。参见《德国实况》,贝尔特尔斯曼辞馆出版社1987年版,第258页。

(13)(15)参见米夏埃尔·施奈德著:《德国工会简史》,中国工人出版社1992年版,第306页,256页。

(14)维·赫·德拉特:《维利·勃兰特传》,商务印书馆1989年版,第46

页。

(16)《国际共产主义运动史文献史料选编》,中国人民大学出版社 1983 年版,第 2 卷,第 126 页。

(17)《马克思恩格斯全集》第 22 卷,人民出版社 1985 年版,第 278 页。

(18)《民主社会主义导论》,波恩新社会出版社 1982 年德文第 2 版,第 110 页。

第六章
工会运动

在德国民主社会主义的发展、演变过程中,工会运动在其中占有很大的比重。[1]德国的民主社会主义是由社民党引导和推动的,而社民党诞生之初以及其后很长一段时间内,在马克思恩格斯的帮助下,社民党是一个以工人阶级的解放为己任的面貌出现的阶级政党。虽然到19世纪末20世纪初社民党已呈现出民主社会主义的改良色彩,但工人阶级政党的烙印始终未褪。即使在哥德斯堡纲领中社民党公开宣布从阶级党变为"全民党"、"人民党",但长期以来工会运动的传统影响在当代民主社会主义的发展过程中始终给予社民党以强有力的支持。社民党与工会的关系百余年来经历了从工会中立到工会独立、党与工会互相支持、联手协作的发展过程,使工会运动成为德国民主社会主义运动的重要组成部分。研究德国的民主社会主义,不能也无法逾越德国的工会运动。德国民主社会主义的工会运动构成了民主社会主义德国模式的重要篇章。

第一节
工会中立于政治斗争

众所周知,德国的工会是早于党建立的。这与另外两个在国际共产主义运动中也具有重大影响的俄国和中国的工会在党的影响下建立的状况是迥然不同的。由于德国工会曾经早于党独立地开展工会运动,所以德国工会习惯于夸耀自己的独立,而不是象俄国和中国的工会那样从属于政党。但自从社民党建立以后,作为工人阶级政党的社民党自然而然地用自己的意识形态去影响工会运动,充当工会的"政治养父"。而德国工会虽然始于独立发展,但从组织性质来说,在政治上是倾向于社民党的,当然也不完全听凭社民党摆布。随着工会运动经过"非常法"时期的低潮至19世纪末走向高潮,以及工会在改善工人状况的日常斗争中所取得的成就,工会就将在早期工人运动中因反动的结社法所致而形成的工会中立发展为一种特殊的自我意识,力图摆脱社民党"政治养父"的束缚和控制,争取与党平权的地位。

19世纪二三十年代,德国就已经开始成立第一批工会组织。1848年又产生了工会的联合组织。在1848年革命中,排字工人斯蒂凡·波尔恩以柏林工人中央委员会的名义,于1848年8月底9月初在柏林召开的全德工人代表大会上成立了"工人兄弟会",其成员主要是手工业帮工、熟练的专业工人、师傅等。在大会通过的"工人兄弟会社会政策纲领"中,不仅建议采取传统的社会自助办法,如手工业者资助、疾病与丧葬储金会,设立职业介绍所等,还提出了成立生产与消费合作社以及从法律上规定10小时工作制、工人参与管理,共同决策等要求(参见第五章第一节)。德国工会作为提高工资、改善劳动条件进行经济斗争的纯经济组织,在独立地与资本家进行经济斗争的过程中也确曾取得比较显著的成果,如印刷工人就通过斗争取消了规定的星期日劳动,雪茄烟工人通过延续数月之久的斗争抵制了工厂主强加在他们身上的侮辱人格的工厂法规。[2] 19世纪50年代,德意志联邦议会通过反动的结社法,严令各邦政府解散一切"以政治、社会主义和共产主义为宗旨的工人团体",这迫使德国工会在一开始就走上了政治中立的道路。正如卢森堡所说:"德国工会的'中立性',它本身是作为普鲁士德意志警察国家反动的结社法的产物而出现的。……工会在政治上采取'中立'本是受警察强迫而形成的一种状态。"[3] 不过,当时工会中立于政治斗争只是被迫的、无意识的,无碍于整个社会政治局势的发展,而后来有意识的主动远离革命斗争的工会中立则在相当程度上有碍于德国革命的进程。

自从社民党1869年建立以后,德国的工会运动就打上了鲜明的"党工会"色彩。党号召全体社民党人竭力促进工会运动,参加工会组织。1875年5月在哥达召开的工会代表大会通过的决议也把工会组织不介入政治、但要拥护社民党作为工会的职责。在反社会党人法的特殊时期,工会与党一样遭到了查禁,社会民主主义的工会几乎被摧毁。工会力量遭到重大削弱理所当然的使工会与党互相依存、互相联结并保持政治上的一致性。非常法的实施结果与俾斯麦的初衷相反,不仅没有摧毁社民党,反而使社民党在议会斗争中获得重大胜利。社民党的长足发展更使党具有对工会的当然的领导资格,这在非常法时期结束以后社民党爱尔福特代表大会通过的纲领中直截了当地表述出来:工人阶级反对资本主义剥削的斗争"必然是一种政治斗争","使工人阶级的这种斗争变成自觉的斗争,使它统一起来,并为它指出自然而必然的目标,这就是社会民主党的任务。"而19世纪90年代初期,工会虽然完成了组织上的集中化,成立了工会总委员会,但由于90年代初德国爆发了经济危机使得工业生产缩减,生产资料和消费资料生产指数下降,失业人数增加,经济大萧条使得工会发展呈停滞状态。从1891—1895年,工会会员始终在25万左右徘徊不前。在这种状况下,工会除了充当为工人运动招募新兵的学校之外,也没有其他选择。因此,工会也满足于退居社民党之后,处于从属地位。

1895年以后,德国经济走出危机,开始了一个持续的迅速发展时期。经济的发展、就业人数的增加促进了工会运动的高涨。1895—1896年仅仅一年,工会会员就从25万上升到32万。工会利用90年代中期到末期的工业繁荣,不断扩大工会组织,以致20世纪初又发生的经济危机再没有能够使工会陷于停顿,危机使工会的发展缓慢下来,但是没有中断这一发展。进入20世纪,工会人数比1896年又翻了一倍以上,到1904年已超过百万。1906年,工会会员为169万(同期社民党员只有38万)。随着会员人数的增长,工会的财产也增加了。1904年工会的财产总额达1600多万马克,是1891年的40倍。工会组织的蓬勃发展,经济实力的逐渐增强,使工会隶属于党的服从关系成了问题。工会的自我意识在工会中逐步渗透,工会中立的苗头逐渐显露。当时的工会总委员会主席列金在工会已取得的成就的基础上,对马克思主义关于资本主义总崩溃的必然性提出疑问,公开鼓吹"我们并不希望所谓现存社会崩溃,在它废墟上产生比目前社会或者更坏或者更好的社会。我们希望平静地发展。"[4]而以倍倍尔为首的社民党迁就于工会的这种改良意识。倍倍尔在1900年发表的《工会运动与政党》这篇纲领性文章放弃了以前关于工会是党的"一所招募新兵的学校"的观点,认为如果人们还需要长期等待资本主义的"崩溃",那就必须重视当前的改良工作。社民党越来越把兴趣倾注于如何保障工会运动的群众成为党的选民后备军,而工会也需要社民党在议会充当其社会政策要求的代言人。双方的相互需要,最终在1905—1906年政治性群众罢工问题上达成协议——工会要求对政治斗争保持中立,党向工会妥协。

所谓政治性群众罢工,是指不单纯为了提高工资、缩减工时等经济目的而进行的经济斗争,它同时还包含着为争取民主选举权、建立民主共和国等政治目的进行的政治性发动。准备和运用政治性群众罢工,主要是为了保障已经争得的权利,运用工会不断增长的力量,超过职业和行业利益的范围,用罢工这个传统武器,把越来越多的人民群众吸引到运动中来,以加强工人阶级和全体人民政治利益的一致性。当时已经具备了进行政治性群众罢工的条件。19世纪末20世纪初,资本主义发展到帝国主义阶段,无产阶级和资产阶级矛盾进一步激化。特别是在1905年俄国革命中,俄国工人阶级把经济罢工与政治罢工相结合,政治罢工又转变成武装起义,由此开始了广泛的群众罢工的新时代。然而,德国工会总委员会从工会官僚的既得利益出发,在经济繁荣的迷惑下,希望通过谈判和仲裁来解决劳资冲突,依靠劳资协议和大量积累基金使工人的生活条件不断得到改善。他们主张在工人运动中保持安定,中立于政治斗争之外,因而拒绝采用政治性群众罢工手段,敌视任何"革命浪漫主义"。[5]社民党起初支持政治性群众罢工,但由于遭到工会的激烈反对,党为了寻求工人运动的"和平和统一",遂主动与工会进行秘密会谈,向工会退让,同意在德国不举行政治性群众罢工的意见。而工会官僚视党的退让更得寸进尺,要求党承认工会是一个平等的有充分权利的势力因素,甚至要求党承认和遵守工会的决议。1906年9月,社民党在曼海姆代表大会上向工会作了彻底妥协。大会通过的决议表面上承认政治性群众罢工,但在实际贯彻时却要征得工会的同意。决议还承认工会运动的平等权利,承认工会的重要性不亚于社民党,强调党与工会的中央领导机关应当寻求谅解。党在自己的代表大会上原则上承认与工会平等但实际上却意味着承认由工会控制。对于这种状况,卢森堡曾作过形象的比喻。她在曼海姆党代会上指出,工会和党之间的关系就好像一个女人在管理家务时对她丈夫所说:"我们之间如果意见一致,你可以作出决定;如果意见有分歧,应该由我决断。"[6] 社民党在曼海姆代表大会上的妥协表明,党对工会的领导已经完全失控。工会终于摆脱了以往的从属地位而与党平起平坐,从而可以打着中立的旗号行改良主义之实质。

　　社民党向工会的妥协,使得工会领导所宣扬的工会中立的改良主义思想倾向在党内大大增长。党代表大会的代表中,工会官员的人数不断增加,工会官僚在党内的力量迅速增强。社民党议会党团中工会干部的比例从1893年的11.6%上升到1912年的32.7%。由于党和工会的高层领导之间互相补充,互有默契,定期举行共同会议,工会官僚既是工会会员又是社民党党员,社民党领导则既是本党党员又是工会会员,这种互相交叉的双重身份就使得虽然19世纪末20世纪初修正主义在社民党内遭到了严肃批判,社民党在哲学、政治经济学和科学社会主义三个方面都捍卫了马克思主义的基本原理,保住了马克思主义在社民党内的基本阵地,但是,正如社民党机关报《莱比锡人民报》指出的那样:"我们在党内战胜了修正主义,可修正主义在工会内又更大地兴起了。"[7] 工会成了修正主义的保护伞和庇护所。当修正主义在党内意识形态斗争中被击败时(尽管是表面上),但在工会内却得到强有力的呼应和支持。联系到1899年伯恩施坦提出著名的"民主社会主义"概念,全面修正马克思主义,反对革命,力主改良,也正是在同年,工会领袖列金也提出"不希望所谓现存社会的崩溃,而是希望平静的发展",伯恩施坦在理论上修正马克思主义,工会领袖鼓吹工中立,从实践中印证改良主义,二者殊途同归,从理论和实践上使民主社会主义的改良在德国工人运动中泛化开来。如果说,伯恩施坦在19世纪末20世纪初提出民主社会主义的改良、修正马克思主义后来能够得以广泛流行的话,在当时很大程度上应归因于工会中立的改良实践。

工会中立的改良实践对德国工人运动的影响在第二国际斯图加特代表大会上明显暴露出来。在这次会上,社民党在第二国际中一向所起的实际领导作用丝毫不见了。列宁对此指出,工会中立的改良主义在斯图加特暴露了自己的害处,"出现了一个值得注意的痛心的现象,就是一向捍卫马克思主义的革命观点的德国社会民主党这次却表现动摇或者说采取了机会主义的立场。"[8]列宁并引用考茨基的话证明工会领导实质上就是党内右翼:要了解德国代表团在斯图加特所表现的保守性,"只要看一下代表团的成员就行了。其中有一半是工会的代表,因此,我们党的'右翼'力量就显得比它们在党内的实际力量更大了"。[9]在斯图加特代表大会上,福尔马尔、大卫等社会民主党右翼和工会代表一起在大多数委员会内和大多数问题上成了机会主义的首领。工会领导和党内右翼在国际代表大会上的公开合流表明工会中立的改良主义思想倾向在社民党内已有牢固的思想地位。1910年后,改良主义的工会领导日益公开地干涉党内事务。1910年德国群众反对三级选举制的斗争之所以没有发展为政治性群众罢工而被扼杀,改良主义的工会领导起了决定性作用。[10]

由于工会中立的形成,民主社会主义的改良实践使得德国工人斗争的革命性大大减弱了。1905年以后,德国工人与资本家斗争的次数并没有减少,但参加罢工的工人数却相对少了。由于工会的改良主义思想占了上风,工人罢工的次数与没有停工的运动的次数之比也呈逐年下降的趋势。1905年德国工人斗争的总次数是5291次,其中罢工2323次;1913年,工人斗争的总次数比1905年几乎翻了一番,达9972次,可罢工次数基本没有增长,只有2600次。这种状况表明,工会中立的民主社会主义改良实践的思想影响在德国工人运动中的逐渐增长。

德国工会对政治斗争保持中立,而且,工会中立的改良实践恰与伯恩施坦提出民主社会主义同出一时,这绝不是一种偶然的巧合,而是有着德国独特的时代背景和深刻的历史根源。如前所说,德国工会比党建立早,没有党的帮助也能独立的发展。非常法结束初期工会隶属于党的从属地位对工会来说只是暂时的。伴随着19世纪末20世纪初德国经济的回升和繁荣,德国工会羽翼日丰,无论是工会会员数和党员数之比还是财产额之比较,工会都远在党之上。这样,脱离社民党,反对政治斗争,自行其是搞中立就在所难免。一大批工会官僚为保持既得利益日益趋向保守,任何革命运动和任何罢工一类事件,他们都感到是对自己物质生活的一种威胁。物质经济地位必然决定政治态度:工会官僚竭力远离政治斗争,鼓吹社会和平,以阶级合作、妥协代替阶级冲突。德国从资本主义向帝国主义过渡时期跳跃式的发展,使大批小资产阶级、手工业者和农民都破产流入无产阶级队伍。小资产阶级因贫困的驱使落入无产阶级是不得已而为之,他们在思想上并不要消除生产资料私有制,而是想通过与资产阶级的妥协来恢复他们的经济地位。大批小资产阶级群众及其思想意识是伯恩施坦修正主义的社会基础,同时也是产生、接受、传播工会中立的改良主义思想的最好土壤。工会中立和伯恩施坦提出民主社会主义对马克思主义进行修正吸取的是同样的政治养分,可谓是"一胎双胞"。但由于党和工会性质不同,所以这个"双胞胎"后天不同的成长环境导致:在党内,修正主义遭到严厉批判,开始只能逐步前进;而在工会内,工会中立的改良主义则贯彻、蔓延得非常迅速,并进而腐蚀党的肌体,催动党内修正主义泛滥,加速了社民党的蜕化变质。

当工会领导鼓吹工会中立时,社民党内虽然出现修正主义的改良思潮,但毕竟还是马克思主义占主导地位,当时的社民党基本上还是一个革命的党,不是一个改良的党,尽管革命的坚定性已有所动摇。而工会领导倡导工会中立,率先远离政治斗争,只搞点滴的经济改良,这就极大地加强了社民党已有的革命的摇摆性,加速了社民党从革命党向改良党的转变,推动了德国民主社会主义思潮的泛化。即以第一次世界大战前工会和社民党都与德意志帝国化为一体为例。1914年8月2日,工会宣布不反对政府,主张"国内和平",放弃罢工,实现劳资合作,并鼓动工会会员开赴前线,参加帝国主义战争。这对社民党在战争拨款问题上动摇不定的议员产生强大影响,而且实际上这也是工会变相向党发出的最后通牒。列宁对此指出:"机会主义已经成熟,已经彻底完成了在工人运动中充当资产阶级特使的使命。……机会主义者在一切重要场合(例如8月4日的投票)都带着自己的最后通牒出现,依靠他们和资产阶级的千丝万缕的联系,他们在工会理事会中的多数等等,来实现这种通牒。"[11]在工会的影响下,8月3日,社民党议会党团在国会内正式同意战争拨款,支持政府进行帝国主义战争。不能说工会在这件事上起了决定性作用,但推波助澜则是毫无疑问的。8月6日,工会和社民党共同号召党员和工会会员支持战争,社民党从第二国际的权威堕落为帝国主义战争的帮凶。

在第一次世界大战期间,由于战争原因,工会会员曾一度降至不足百万。战后,工会会员人数迅猛增加,1920年6月达到最高峰,近815万。大批新会员涌入工会,会员的政治倾向五花八门,从激进的苏维埃派到对现状不满的社会民主党人,以及传统的具有工联主义倾向的工会活动家,这些状况导致工会日益发展为一支强大自主的政治力量。在工会中,从基层一直到它的最高领导机构联邦委员会和联邦理事会都普遍感到,社民党与资产阶级政党组成的联合政府已没有能力为实现工人的利益采取切实有力的措施,因此,工会必须越出工资运动和社会政策的传统领域,参加到经济和普遍的政治领域中去。历史恰恰为工会提供了这一机遇。1920年3月,德国民族主义的右翼力量发动"卡普暴动",旨在推翻民主共和国。帝国总统艾伯特以及总理和各部部长们仓促出逃柏林。在共和国存亡的危急时刻,工会以总罢工予以回击,拒绝与暴动政府合作,粉碎了"卡普暴动",挽救了德国十一月革命的胜利果实。工会虽然由此增加了政治砝码,但"工会内阁"、"工会国家"受到资产阶级的强烈反对。加之社民党内部的分裂,工会领袖列金不可能担任国家总理,社民党与资产阶级政党妥协继续联合执政。1920年6月,社民党退出内阁,此后参政时间极为短暂,从1920—1928年8年中,社民党仅作为"小伙伴"参加了四届短命内阁,加起来才9个月。在这种情况下,即使工会力量"强大到足以使社会民主党执行工会路线,但它却不能按照自己的意愿对政治施加影响"。[12] 随着20世纪20年代末30年代初世界经济危机来临,法西斯主义在德国日益崛起,党与工会的政治影响渐渐弱化。1935年底,党和工会都参加了抵御法西斯危险的"钢铁阵线"。希特勒法西斯上台后,工会与社民党一起被宣布为非法而被迫解散。

第二节
工会独立于政党政治

　　第二次世界大战以后,联邦德国推行政党政治,社民党在迅速重建以后成为最大的在野党,对联邦德国的社会政治发展具有举足轻重的作用。战后初期,德国工会也进行了重建,1949年10月在慕尼黑成立了德国工会联合会(DGB)。德国工联虽然没有囊括德国所有的工会,但它拥有16个产业工会和80%以上的工会会员。由于工会和社民党各自都实力强大,地位稳固,双方都无法对对方实施控制。工会在政党政治中如何扮演自身角色的问题,迫使工会重新考虑与政党的关系。

　　20世纪50年代,社民党酝酿新的纲领,从理论上的革命党、阶级党走向理论和实践相统一的改良党、全民党,欲使民主社会主义在德国显示辉煌。同是在50年代,工会打出了新的旗号,以"工会独立"取代"工会中立"。这种时间上的同步绝不是偶然的巧合,而是党和工会长期的改良实践使然。工会的"工会独立"方针的确立,推动、充实着德国民主社会主义运动蓬勃发展起来。

　　"工会独立"和"工会中立",新旧旗号虽然只是一字之差,但内涵差别甚大。工会独立起因于50年代初期的1951年煤钢共决法。当时工会试图以谈判的方式使政府让步,要求将共决扩展至煤钢以外的企业。但阿登纳政府未予理睬。争取扩大共决权斗争的失败,使工会对其所奉行的工会中立产生怀疑。工会欲实现自己的经济民主目标,不能再中立于政党政治之外,而是必须掺和其内,依靠政党的支持。于是工会提出"为了一个更好的联邦议院",在大选中支持社民党。[13] 此时的社民党以民主社会主义的改良为宗旨,其价值取向与工会已毫无二致。工会明确表示支持社民党,介入政党政治,标志着工会由政治中立转向政治独立。这一转变意义重大。战后德国民主社会主义的蓬勃发展在很大程度上得益于德工联奉行的工会独立原则。

工会独立原则于20世纪50年代中期由工会主席维利·里希特首倡。他在1957年9月23日致德国工联执委会的信中明确表示工会不能中立于政党政治,但必须独立于政党政治。也就是说,只要事关工会的责任,工会就应独立表态,而不再远离政治。[14] 1963年,工会独立的原则被写入德国工联原则纲领,纲领规定"德国工会联合会及其所属工会现在和将来都将独立于政府、政党、宗教团体和雇主,在世界观、宗教和政治上坚决实行宽容。"[15]此后,德国工联在其重要文献中反复重申了这一原则。1972年的德国工联章程规定,德国工联及其所属产业工会"独立于政府、政党、宗教团体、管理部门和雇主"。1981年的德国工联原则纲领再次重申,德国工联及其所属产业工会"现在和将来都独立于政党、政府、教会和企业。这就意味着,工会不接受党的指示,不从属于党的政治目标,财务上没有依附关系,也不存在政党进行政治活动、工会承担劳资协定的分工。工会独立意味着工会要对党施加影响,到党内做工作,使党支持工会的要求,特别是支持工会提出的各种立法草案。当工会认为党的纲领、议会的决议和政府的行为在经济政策上是理智的和在社会政策上是必须的时候,工会再保持政治中立显然就是不明智的了。工会独立为后来工会卓有成效地大力支持社民党领导的联邦政府铺平了道路。

与工会中立相比,虽然工会独立也强调工会要在政治和经济上独立于政党,不受党的领导和控制,但由于二者产生的时代背景不同(工会中立于政治斗争之外,是离开革命的社民党;工会独立于政党政治是支持改良的社民党),工会独立与工会中立在形式上的区别亦是很明显的:前者对政党政治不是主动介入,但貌似"被动"远离,不参与党内斗争和理论纷争,但实质上所起的作用巨大——强化了社民党内原本业已存在的革命的不坚定性,泛化了社民党的改良性。工会独立则是主动介入政党政治,直接地强有力地推动德国民主社会主义运动的进程。在联邦德国的多党体制中,构成政党国家支柱的是联盟党、社民党和自民党,由于倾向于社民党的德国工会对政党政治保持独立,这就使得它能够作为重要的压力集团在联邦德国利益多元主义体制中充分发挥自己的作用,通过对联邦议院和政府施加影响来参与社会立法,维护工会会员的合法权益,同时又能够在各政党的政治角逐中立于不败之地。工会高扬独立原则,还特别有利于争取广大工人群众。法西斯统治给德国人民带来的灾难使得德国人普遍厌恶政治而转向与自身有关的非政治性团体。与此相适应,工会独立于政党政治较易吸引工人参与。此外,在社民党影响范围之外动员、聚集起公开的抗衡力量,有助于民主社会主义的推行,使得社民党在参政执政作出即便有利于工会的决策时,反对党也难以攻击,实际上起到了帮助社民党扩大自己回旋余地的作用。总之,工会独立与工会中立虽然形式不同,但本质一致,都直接、间接地推动了德国民主社会主义运动的发展进程。

由于工会独立对社民党推行民主社会主义具有特别的意义,所以社民党积极支持工会独立,尊重、维护工会独立。勃兰特1964年出任社民党主席以后,多次在党的代表大会上阐明党对工会独立应持的立场:"工会并非社会民主党延长了的手臂",只有"当工会保持独立和不受任何约束的时候,它才能履行它所承担的那部分社会责任。"[16]在战后社民党的几个重要纲领中,都有专门论述工会独立的内容。哥德斯堡纲领强调指出:"在今天的经济中,假如职工们不依靠独立工会这支民主地组织起来的团结一致的力量来对付在企业及其联合组织中属于统治地位的那些人,以便能自由地就劳动条件达成协定,那么,他们就将完全听凭那些人的摆布。"[17]"八五大纲"明确表示,社民党"赞同不管党派政治观点和宗教观点的差别而将一切工人、职员和公务人员联合起来的统一工会的组织形式,并且赞同统一工会的独立性"。[18]1989年柏林纲领则具体阐述道,"工会自己确定自己的任务。我们认为,工会的活动自由不可侵犯。只要涉及职工的利益问题,工会就应参与完成社会性的政治任务。我们尊重它们在政党政治方面的独立性。"[19]

社民党不仅在舆论上支持工会独立,而且积极介入工会工作,大力吸收工会干部。工会和社民党互相交叉,许多人拥有社民党党员和工会会员的双重身份。在社民党地方一级组织中,党的许多官员都是工会工作人员。党与工会在人事方面紧密结合在一起。在1949年第一届德意志联邦议会中,115名来自工会组织的议员有80名属于社民党党团,1953年在总数为194名来自工会的议员中,142名属于社民党党团,1957—1961年,在联邦议会中工会会员总数从202名增加到223名,其中社民党党团内工会会员从154名增加到179名。[20]德国工联的领导干部大部分都是社民党党员,而社民党的领导人中也有不少出自工会。以施密特1974年至1976年的内阁班子为例,其中国防部长格奥尔格·勒伯尔、劳工部长瓦尔特·阿伦特、教育部长赫尔穆特·罗德、交通邮电部长库特·克沙伊德勒和研究部长汉斯·马特赫费尔都是原先的工会领导人。从党和工会的构成来看,二者基本上都是由工人、职员和公务员这三部分人组成。大致相同或相似的身份构成是党与工会互相合作的社会基础。而在基本目标和社会经济政策方面广泛的一致性,则是二者合作的政治基础和理论基础。社民党哥德斯堡纲领所阐述的民主社会主义的基本目标是"努力建立一个使每个人得以发展自己的个性并作为公共生活中服务性的一员负责地参加人类的政治、经济和文化生活的社会"。而1963年德国工联原则纲领所阐述的工会基本目标是尊重和维护劳动者的尊严,为劳动者提供保障和为实现一个每个人的个性都能得到充分发展的社会制度而斗争。"[21]"八五大纲"则表述"党与工会的共同目标是建立一种在其中得以实现一切人和居民各阶层的自由与平等的经济和社会制度"。目标的同一决定了党与工会在经济和社会政策方面的一致。战后初期,党与工会共同的基本要求都是对主导工业实行国有化、实行计划经济和实现共决权。后来,社民党承认社会市场经济的混合经济制度,工会也积极追随。总的来看,二者在社会经济政策方面共同的基本主张是:保证充分就业,实行国家干预,刺激需求,促进经济繁荣,扩大共决权,实行劳资合作,公正分配财产,提高社会福利,扩大社会保障,保证每个公民在社会生活领域里机会均等。

由于基本目标和基本的政策主张方面的一致性,这就奠定了党与工会互相合作的思想基础,工会成为社民党具有特殊地位的可靠的合作伙伴。社民党在1969年主政以后,勃兰特在其政府声明中明确表示:"我们寻求合作,寻求与所有承担责任者的建设性的伙伴关系……特别是工会,我们努力争取其充满信任的合作。"[22]《八五大纲》在强调实施民主社会主义政策必须同社会团体合作、首先是同工会合作时指出,民主社会主义的统一战略不能单独由党来承担。同党的拥护者相比还一直为数太少的社民党党员对此是不足以胜任的。因此,与社民党相接近的组织,首先是工会就占有特殊的地位:"社民党同工会的合作是在工人运动的共同斗争中形成的。这一斗争的基本经验是党和工会的相互依存,以及职工为了保护自己的利益需要统一的工会组织。"[23]可见,由于工会的政治发展和社民党的政治发展紧密地交织在一起,工会成为与社民党有着社会的、纲领的和历史联系的惟一群众组织。党与工会的这种特殊关系,使党始终保持着强大的政治力量。

为了加强与工会的合作,社民党还采取了一系列组织措施,逐步形成了由社民党雇员问题工作委员会、州和区雇员问题工作委员会和企业小组组成的社民党工会工作三级组织网。雇员问题工作委员会作为社民党的专门委员会,其任务是向企业和行政部门的雇员宣传党的政策和目标,扩大党员队伍,在政治意志形成过程中更好地体现雇员的利益和加强雇员的政治参与意识,推动社民党雇员积极参与工会、企业委员会等社会组织,支持在工厂、企业和行政部门中当选为雇员代表的人履行其职责。1973年,社民党雇员问题工作委员会成立时,共有200个州和区一级的工作委员会和3000个企业小组,到80年代初,增加到258个州和区一级的工作委员会和4000个企业小组。较为完整的社民党工会工作组织网为党与工会的合作奠定了扎实的组织基础。

如上所述,社民党与工会具有合作的社会基础、理论基础和思想基础以及组织基础,所以,战后德国民主社会主义的蓬勃发展在很大程度上是党和工会互相合作、互相支持的结果。没有工会的支持,社民党要上台执政几乎是不可能的。同样,如果社民党被排斥在政府之外,也就意味着工会失去了对政府施加强有力影响的可能。因此,在战后联邦德国的地方和全国性选举中,工会从中立转为独立于政党政治,卓有成效地支持了社民党。在每次大选中,社民党都从工会那里获得大量的选票。特别是当社民党执政以后遇到麻烦时,工会的支持对于稳固社民党的执政地位具有举足轻重的作用。1972年,联盟党的库尔特·格奥尔格·基辛格对政府提出不信任案并要求进行表决,由于社民党得到工会的支持,表决结果不仅未让反对党如愿以偿,反而在全国各地爆发了亲社民党领导的政府的抗议罢工。由此可见工会运动对社民党鼎力相助的政治效用。工会还积极支持社民党关于劳资合作、维护稳定的社会政治局面的民主社会主义的改良的方针政策,并在此基础上形成了雇主与工会之间的"社会伙伴关系",即以协商谈判为主,很少诉诸罢工手段。工会以一种独立的"温和"形象,作为重要的压力集团,在战后近半个世纪来联邦德国的社会政治生活中发挥了重要作用,与政府、雇主联合会一起成为联邦德国社会的三大支柱。为此,德国工联主席布赖特特别自豪:"我们能在德意志联邦共和国谈论社会国家,首先因为我们积极参与了对国家的塑造。这种塑造之所以成为可能,就在于统一的工会在独立于政党政治的情况下,一致以我们要共同塑造这个国家为目标。"[24]对于工会的积极作用,各方面评价甚高。施密特曾在一次政府声明中说:"我们可以心安理得地把30年来的国内安定主要归功于德国数百万的工会会员。"[25]联邦德国前总统谢尔认为:"没有工会的工作和团结感,德意志联邦共和国的经济地位,它所赢得的政治威望和社会和平压根是不可能的。"另一位前总统卡斯滕斯也认为联邦德国的"富裕应归功于工会的勤奋和努力"。[26]

　　工会以独立的姿态倾向社民党,在很大程度上巩固了社民党在德国政坛的地位。对此,社民党"投之以桃,报之以李"。为了明确工会的法律地位,社民党积极支持制订企业法,并单方面提出若干有利于工会的建议。最初的企业法草案不符合工会的意愿,在议院进行表决时,社民党坚决投票反对。社民党主政以后,立即着手制订新的企业法,1972年通过的新法不仅规定保证工会代表进入企业开展工作,而且第一次赋予每个雇员了解、倾听和解释与自己劳动岗位有关的事情的权利。在社民党的积极支持下,联邦德国在战后逐步建立起了一套比较完整的保障工人权利的法律体系,如平等对待男女职工和维护转厂自由法、节日付薪法、职工财产形成促进法、参军时工作岗位保护法、劳动时间法、劳动安全法、保护在业母亲法、职业教育法等。这些有利于工人运动的斗争果实单靠工会的力量是不可能取得的。特别是在工会的民主权利和社会福利方面，社民党将民主社会主义的内在要求和支持工会工作溶为一体，前者如德国民主社会主义颇有特色的共决制（参见第五章），后者如在社民党执政期间形成的只有少数国家才有的致密的社会保障网（参见第七章第二节），就是社民党支持工会工作具有代表性的丰硕成果。在支持工会的共决权要求方面，社民党早在 1966 年参政之初，就提出共决对于联邦德国的社会发展具有根本性意义，应委托一个独立的专家委员会审查煤钢工业部门的共决经验。[27] 社民党 1968 年纽伦堡代表大会则希望议会党团在本届立法会议任期内能提出一个立法草案，以此将煤钢共决法扩大到其他经济部门中的大企业和大康采恩中去。[28] 当工会于 1968 年提出在大企业和大康采恩中实行工人共决的法律草案后，社民党很快就将它纳入了自己的共决法草案。勃兰特在任总理期间，在 1973 年 1 月 18 日的政府声明中将扩大共决视为联邦政府的主要任务之一。[29] 经过几年的争论，终于在 1976 年 3 月 18 日通过了新的共决法。对于工会提出的实现劳动人道主义化问题，社民党亦予以高度重视。这一问题是德国工会针对新技术革命大量采用电子技术和自动化程度大大提高的情况提出来的，其主要内容是要求进一步改善劳动条件，加强劳动保护，减少由于采用新技术所带来的对职工身心健康的危害，使劳动符合人道主义精神和人的尊严。为此，社民党在执政期间于 1974 年专门制定通过了"劳动人道主义化行动纲领"，并在五金工业系统搞了 300 个研究项目。政府研究技术部还委托五金工会建立了由心理学家、大学教授、工程师、工会干校教师和企业委员会主席等 10 人组成的"劳动人道主义化工作小组"，每年向政府和工会提出研究报告。该小组的研究经费 75% 由政府提供，25% 由五金工会负担。社民党通过以上种种方式，满足工会的要求，扩大工会的影响，同时，在工会的独立发展中，党自身也得到了很大的政治收益。总之，工会之所以强烈倾向于社民党，除了明显发现工商业雇主与联盟党站在一边而激起了工会对社民党的支持以外，对社民党执政会增加在平等的基础上把共决权扩大到所有的工业部门,更好地提高职工福利,保护职工权益,是工会全力支持社民党的重要原因。

从德国社会民主主义—民主社会主义运动的发展进程可以看出,最初,工会力量弱小,被迫中立或从属于党,一旦工会力量增强,随即主动要求中立,进而独立地介入政党政治。工会独立是工会中立合乎逻辑的必然发展。以工会主动中立为界碑的改良构成德国工会运动的主旋律。当工会迫使党从"政治养父"的地位降格为相互平等以后,工会的改良向党内的渗透使党自身的右倾进一步加强。社民党与工会在组织上和思想上的诸多交融、一致使得德国民主社会主义运动中党和工会虽然各自独立发展但每到重要的历史转折关头却总能不谋而合:或从理论上,或在实践中;或重整政纲,或修订原则——在改良问题上达到了高度的默契。如果说,社民党主要是从理论上对德国民主社会主义进行规范并作为这一运动的政治代言人指引着德国民主社会主义运动的发展方向,那么,工会就主要是在实践中独立操作,使改良具体化。因着共同的改良目标,党和工会这两个独立的发展因素,心照不宣,因缘和合,水乳交融,殊途同归。社民党和工会,在德国民主社会主义运动中缺一不可。如果说德国民主社会主义以共同参与决策的"共决制"为显著特征而在国际民主社会主义运动中具有重大影响的话,那是社民党与工会共同作用的结果。

注:

(1)在德国,除了社民党影响下的工会势力最大以外,还有几个影响不大的小工会。本文中的德国工会除非特指,均指社民党影响下的工会。

(2)梅林:《德国社会民主党史》第3卷,第307页。

(3)卢森堡:《群众罢工、党和工会》,《卢森堡全集》第2卷,1981年柏林德文版,第166页。

(4)《德国工会第3次代表大会记录》,1899年5月3日至18日在莱因河畔法兰克福(博肯海姆)举行,汉堡,无出版年代,第103页。

(5)〔法〕雅克·德罗兹:《民主社会主义(1864—1960)》,时波译,上海译文出版社1985年版,第41页。

(6)《德国社会民主党1906年曼海姆代表大会会议记录》,1982年柏林—波恩德文版,第246页。

(7) 引自苏尔斯克:《德国社会民主党(1905—1917)》,1955年坎布里奇英文版,第52页。

(8)(9)《列宁全集》第13卷,人民出版社1987年版,第64页,第72页。

(10)《史学杂志》,1977年柏林德文版第4期,第450页。

(11)《列宁选集》第2卷,人民出版社1972年版,第679页。

(12)(20) 米夏埃尔·施奈德:《德国工会简史》,中国工人出版社1992年版,第175页,第263页。

(13) 弗兰茨·奥斯特罗斯、迪特·舒斯特:《德国社会民主党大事记》(三卷本)第3卷,1978年柏林—波恩德文第2版,第154页。

(14)(27)(28)(29) 托马斯·迈耶尔、苏姗·米勒、约阿希姆·罗尔夫斯:《德国工人运动学习与研究手册》(三卷本)第3卷,1984年波恩德文版,第199页,第353页,第416页,第572页。

(15)(21)(22) 同上,第2卷,第822页,第821—822页,第892—893页。

(16) 维尔纳·克劳泽和沃尔夫冈·格列夫编:《维利·勃兰特党代会演讲集(1960—1983)》,1984年柏林—波恩德文版,第114、272页。

(17)(19) 苏姗·米勒、海因里希·波特霍夫:《德国社会民主党简史(1848—1990)》,1991年波恩德文版,第414页,第506页。着重号为笔者所加。

(18)(23) 赫伯特·埃伦伯格等编:《八五大纲:正文与讨论》,1979年波恩德文第三版,第46页,第45—46页。着重号为笔者所加。

(24) 格哈德·莱明斯基和贝尔恩哈德·奥托编:《德国工会联合会政策和纲领》,科隆1984年德文修订第2版,第84页。

(25) 丝比雷·克劳泽-布尔格:《施密特传》,知识出版社1985年版,第166—167页。

(26)《联邦德国工会运动》,第21页。

第七章
社会政策

本书第三章第一节在阐述德国民主社会主义的国家观时已经指出,德国民主社会主义主张建立一个"社会国家",从中表明德国民主社会主义不仅要求基本的政治(民主)权利,而且要求广泛的经济和社会权利,要求社会福利、社会公正和公平。从德国民主社会主义的社会市场经济政策也可以看出,其市场经济之所以冠之以"社会"二字,就在于它特别强调经济增长、经济发展必须同社会稳定、社会平衡和社会进步相结合。要保持社会稳定,就必须减少失业,实现充分就业;要达到社会平衡就必须尽可能做到公正的分配;而单纯的经济增长若不顾及到生活质量、生态平衡与环境保护,也不符合社会进步的原则。因此,德国民主社会主义的社会政策主要包括充分就业和生态环保政策以及收入、财产和福利的公平公配政策。

第一节
充分就业和生态环保政策

德国民主社会主义的充分就业政策不仅仅指就业问题本身,它同时还包括职业培训和劳动人道化等相辅相成的几个方面。

一、就业问题

在社民党参政、执政以前,德国的就业问题是不很严重的。虽然第二次世界大战期间德国的工业和经济遭到了严重破坏,但战后经济恢复工作十分迅速,在短短十几年中工业发展速度超过美、英、法等国。在生产和经济迅猛恢复和发展的十多年中由于吸收了大量劳动力,因此直到20世纪60年代中叶,德国基本上不存在失业问题。在五六十年代,德国工业部门主要还是以传统工业为主,工人大多还是从事直接的物质生产的体力劳动者。从60年代起情况逐渐发生变化,传统工业如钢铁、采矿、纺织等发展缓慢,开始走下坡路,而一些与现代科技密切相关的新兴工业如电气、电子、化工等部门则迅速崛起。到70年代,传统工业部门大量倒闭,电脑、微电子等新兴技术被广泛采用,工业结构发生了重大变化。第一和第二产业工人急剧减少,第三产业职工大量增加,这一迅速变化的过程使德国的就业问题日益突出。据有关资料记载,德国每增加一个新技术工人就要裁减5名产业工人。严重的就业问题引起社民党的高度重视。

社民党积百年来工人运动之经验,认为大规模的失业是有害于社会发展的一种潜滋暗长的毒剂,它使失业者及其家属丧失活动能力,造成生存机遇的极不平等,破坏了劳动者之间的团结互助,浪费了许多本来还能够为有益目的服务的力量和智慧。大规模失业还削弱了人们对民主制度的信任。因此,无论执政还是在野,社民党都将就业问题列为经济和社会政策的首要目标。1967年,联邦德国发生战后第一次全面的生产过剩危机,社民党人席勒出任联邦经济部长,将"充分就业"列入社民党"四大经济目标"。所谓"四大经济目标"就是人们现在常提及的联邦德国社会市场经济的"魔方四角"——物价稳定、充分就业、收支平衡和适度的经济增长,其核心内容就是在没有通货膨胀的条件下实现充分就业。

德国民主社会主义"充分就业"的涵义是指,在一种能动的经济中,在有预见性的结构政策(包括经济部门结构和地区结构等)范围内,保障每个职工有一个、但并非始终如一的某个就业岗位。

要做到这一点,就必须制定一项着眼于未来的劳动市场政策,这种政策应有弹性,随时能对错误的发展趋势做出反应,而且能有意识地参与实现社会和经济的变革。社民党指出,虽然私人经济在生产和分配上富有效率,但单靠私人经济不足以实现充分就业,还必须依靠国家的力量进行总体调控,这也是一个民主的社会法治国家所应担负的责任。

社民党在其执政期间推行充分就业政策,降低了失业率,极大地促进了社会稳定。从这个意义上来说,充分就业既是经济目标也是社会目标。社民党下台以后,充分就业仍是党密切关注的首要问题。在1986年纽伦堡党代会通过的中期经济纲领和1989年柏林纲领中,社民党人进一步提出了他们解决就业问题的具体设想:

第一,从促进经济的质的增长的角度出发,制定一项新的、内容丰富的未来投资计划,一方面,这项计划能改善就业状况,提供较多的新的就业岗位,同时另一方面,也要能提高人民的生活水平。

第二,利用生态革新,创造更多就业机会。比如通过清理旧设备、发展环保措施、改造交通设施和能源系统、对垃圾进行再处理等都会形成新的工作机会。此外,社民党主张建立"工作与环境"专用资金,该资金向私人企业和国家企业、向基层行政区和法律机构提供低息贷款和用于环境投资的无偿补贴,在逐步减少现有的环境污染的同时减少大规模失业。社民党估计,通过实施这项措施,可以新增加40万个有长期保障的固定工作岗位。

第三,动员社会一切财力进行投资,发展第三产业和新型优质产品,以建立更多的工作岗位。社民党主张迅速而全面地增强地方财力,以尽快满足地方长期以来未能得到满足的投资需求,扩大地方基础设施,提供更多就业机会。

第四,社民党主张通过缩短工时、重新分配现有工作的方式,为人们创造新的有意义的工作岗位。当然,不能因缩短工时而削减工资,这不符合社会福利的原则。社民党人要求,首先,实现30小时工作周;其次,在通过劳资谈判商定的缩短工时的基础上,通过修改工作时间法规来严格限制加班加点;再次,为职工由在职顺利地转入退休提供法律保障;最后,扩大工会和企业委员会在工作时间分配等方面的参与决定权以及寻求其他的缩短工时的形式等等。

第五,社民党要求在医疗卫生、社会服务、教育、培训和深造等方面提供新的服务,创造就业岗位;特别是要为青年人建立足够的培训中心,建立一个广泛的培训体系,提高就业质量。

二、职业培训

为了解决就业问题,其中很重要的一条就是对求职者进行职业培训,让他们掌握一种专门技能,以便于找到工作或能够顺利转换职业。随着科学技术的迅速发展和产业结构的变化带来的生产分工的高度专业化和对劳动力提出更高的要求,为了保证雇员(特别是青年人)适应这种变化,提高就业和再就业能力,以及为了培养更多的掌握科技进步的劳动力,促进社会发展和保障社会稳定,社民党对职业培训给以了与就业问题同样程度的密切关注。

社民党认为,没有职业教育和职业培训提高公众的就业能力,为就业提供足够的后备保障,充分就业就不可能完全实现。在民主社会主义社会中,每个人都享有接受合格的培训的权利,"所有职工在从事职业劳动期间拥有终生接受培训和进修的权利。"[1]它有助于发挥个人的才能和爱好,并使受培训者有能力关心自己的经济、文化和政治利益以及积极参与扩大社会民主。对每个人进行教育和培训,是完成社会和经济要求的重要前提。高水平的培训将保障职业的可流动性和可变更性,并为进一步深造作好准备。若不向所有的人(特别是青年人)继普通教育之后提供一段在时间和内容上有所安排的职业培训,那就会加大失业的风险。由于今天的受培训者将成为今后若干年优秀的经营管理者,并从而为社会稳定提供基本前提,所以,职业培训具有重大的社会意义。这就要求全社会,首先是国家具有特殊的责任,在初级职业基础培训和在职培训、进修等方面利用税收等财政杠杆对培训予以资助。雇主、工会在规划、实施和监督各级职业培训中必须共同负责。

从联邦德国职业教育和职业培训的历史发展来看,1961 年 10 月通过的《联邦公职人员法》和 1965 年 8 月通过的关于在联邦供职的联邦政府公职人员和司法人员特别休假的规定,是有关职业进修问题的最早的法规。但联邦德国的职业培训获得长足的发展却是在社民党参政,特别是社民党成为主要执政党之后。

1969年,社民党成为主要执政党,将职业培训问题看做是社民党的特殊要求。在席勒任经济部长时,联邦德国经济部在给政府的一份报告中指出:"教育事业对一个国家的技术现状和技术的不断发展具有重大意义。职业培训、进修和可能的改行培训,一方面对人们在技术迅速发展的年代里保证就业能力具有决定意义,同时对培养能够承担并促进技术进步的劳动力也具有决定意义。"在社民党的大力促动下,1969年6月,联邦议院通过了《劳工促进法》,该法对职工职业进修、改行培训和在工作岗位上的适应性培训做出了规定。1969年8月,又通过了一部完整的《职业教育法》。此后,在联邦和一些州又相继颁布了许多专门的职业教育的法规和包含职业教育条文的法规,例如1972年的《企业法》、1981年的《联邦职业教育促进法》,以及巴登—符腾堡州、巴伐利亚州、不来梅州、汉堡州、黑森州、下萨克森州、北威州、莱普州、萨尔州和西柏林有关职工进修、改行培训、成人教育以及教育假期等内容的法规。所有这些法规使职业教育在联邦和各州得到可靠的法律保障。由上可见,尽管在联盟党时期德国职业培训就已初步实行,但真正广泛推行并给以法律保障使之进一步完善却是在社民党执政期间。

德国民主社会主义的职业培训包括两个层次,一是指广泛的职业基础教育或初级职业教育和培训,一是指在职职工的改行和培训。

1. 初级职业基础培训

德国民主社会主义的初级职业基础培训主要可分为在企业中的实践职业培训和在职业学校中的理论培训两种形式。这就是著名的职业培训双轨制。前者是由1969年的《职业教育法》、1972年的《企业法》和1976年的《青年劳动保护法》规定的,而后者则是由各州的中等学校法规定的,意在使培训和以后的就业之间获得一种紧密的联系。

企业中的职业实践培训(通常称为"学徒学习")的期限视职业

不同,规定在两年到三年半之间,但大部分是三年。培训期间,学徒可得到逐年增加的培训补贴。培训规划由主管的部根据经济联合会、企业家组织和工会的建议公布。一般来讲,企业主的意见起重要作用,他们能决定学什么、什么时候学和在什么地方学,因为培训地点、培训人员、教具和学习用品以及培训报酬往往都由企业主提供。但企业主也要受到其他条件的制约。如1972年颁布的《企业法》就规定,企业委员会在企业内职业培训问题上有参与影响或决定的权利。该法第97条规定企业主有义务与企业委员会一道商量企业职业培训措施的建立和完善以及企业参加外界培训项目等问题。第98条第二款规定企业委员会可在确定负责职业培训的人选时有权提出意见特别是如果认为此人在道德上和专业上即在职业教育学和劳动教育学方面不称职或对工作不负责任时有权提出撤换要求。当学徒培训结束时有一次考试,这种考试由经济部门本身的管理机构(如工业协会、贸易协会和手工业协会)组成的委员会主持。在考试委员会中有一名雇主代表、一名雇员代表和一名职业学校教员。雇员代表参与考试委员会的工作,是社民党共同决策的参与制经济民主思想的体现。

德国的大企业一般都拥有自己的培训工场。学徒可以在这里接受同他们未来职业相应的培训。有很大一部分青年(50%以上)是在50名职工以下的中小企业中接受培训的。这些中小企业一般说来非常专业化,青年人往往不能在这里获得比较全面的知识。为此,从1973年起,在社民党的促成下,陆续建立了许多跨企业的培训工场。在这类工场中,受培训者可以扩大他们的职业知识面。20世纪80年代初,这类工场约有五万个培训位置。目前,培训位置还在不断增加。

除了在企业中接受培训之外,学徒还必须在三年的培训期中每周到部分时间制的职业学校里上8—10小时的课。课程有专业课、社会课、政治课、文化课和宗教课。由于在大部分培训职业中对必要的理论知识的需求一直在增加,职业学校的理论课时也有增加的趋势。此外,在企业的实践培训中也增加了一些所谓企业的附加课。在同技术进步有极紧密联系的企业中,这种趋势更加明显。

据联邦教育和科学部的统计,受这两种形式职业培训的青年,1970年为127万人,1982年为167.6万人。企业在职业培训方面的纯开支1971—1972年度为53亿马克,1980年已增加到202亿马克。

初级职业培训除了以上两种形式之外,还有其他职业教育形式。如职业基础教育年亦很有特色。这是70年代以后发展起来的一种职业教育形式,其内容是在一年之内完成职业准备和修完一般课程(德语、社会课和体育)。这是一种为过早决定职业、过早专业化而设置的职业准备阶段。社民党考虑到,大部分青年人从普通教育中学毕业后,一旦职业选错,就会产生严重后遗症,虽然有转业培训作为弥补手段,但由于时间太晚,辗转迁徙,对个人、对社会都不利。而在职业基础教育年中,则在一个职业大类范围内给以尽可能广泛的基础培训。一个职业大类包括若干种基础知识和基础技能相同而在其他内容或作用上相异的职业,如电工技术类有20个培训职业,五金技术类有77个培训职业。联邦为此统一设立了13个职业大类,如"经济和行政"、"冶金技术"、"电子技术"等。

其他职业教育形式还有职业专科学校、专科高级中学、专科学校等,目的都是为使入学者能完成职业培训或具备相应的实际职业能力。

2. 在职职工的进修和改行培训

社民党柏林纲领指出:"在职提供的进修时间至少应相当于初级职业培训的时间。"其任务主要是,保证职业水平不断适应技术的进步并帮助就职者获得晋升的资格。社民党"八五大纲"就此指出,从终身学习的意义上来说,职业进修和转业培训主要是职工为保障职业变更和就业机会而保持持续熟练化的一个重要组成部分。

德国民主社会主义主张的在职进修和转业培训的形式是多种多样的,按种类分,有单项报告、系列报告、学习班、短训班等,按时间分有业余的和脱产的、长期的和短期的。尽管形式多种多样,但目的不外乎两点:一是为了适应技术的发展,保持并扩展其职业知识和技能,如在有关职业领域方面学习微电子学、信息处理及环境保护技术等;一是为了获得职业晋升而提高业务水平,如熟练工人晋升工匠、师傅的考试等。

职业进修和转业培训的组织者有联邦和州政府、国民高等学校、宗教团体、工会、企业和联合会、基金会、各种注册过的协会等等。其中,起主要作用的是受社民党影响的德国最大的工会——德国工会联合会以及遍及整个联邦德国的工会分会进行的职业进修和转业培训。工会的培训和进修政策首先是旨在提高雇员的劳动和家庭生活条件,保证长期固定的工作岗位,促进社会民主的进一步发展。所以,在职业进修和转业培训方面,其重点对象是企业内的雇员利益代表(如企业委员会成员和青年、学徒代表)、失业青年、妇女、外籍工人以及老年雇员。为表明对进修和培训的重视,社民党艾伯特基金会自身就建立了10所培训学校,每年培训约5万人。

进修和培训的资金来源一部分由参加者捐赠,一部分由活动的筹办者捐赠,一部分由官方提供。据统计,社民党执政期间联邦德国的企业为进修提供的经费:1971—1972年度为21亿马克(平均每个就业者80马克),1980年增加到80亿马克(平均每个就业者517马克)。官方(包括联邦、州和区)为职业进修提供的经费1981年为23亿马克,占官方教育预算的2.9%。此外,联邦工人职业进修和改行培训局还另外提供一笔费用。1980年这笔费用为24亿马克,其中60%以上是作为生活补贴支付给职工进修措施的参加者的。

表7-1是社民党所控制的西柏林职业进修活动的参加者的统计,从表中可以看出进修活动参加者的普遍性。

表7-1　西柏林进修活动(短训班、学习班和讨论会)的参加人数
(按筹办者和专业分类)

进修活动的筹办者 参加人数 专业	联邦和州、柏林	国民高等学校	宗教团体	工会	企业联合会	基金会	注册过的协会	其他筹办者
社会、政治	2832	6047	2140	2624	186	4183	20080	1845
教育、哲学、心理学	7882	10403	8057	276	249	57	1523	255
艺术	10	4268	686	42	—	26	180	60
数学、自然科学	1597	10679	—	824	4195	—	5270	—

（续表）

进修活动的筹办者 参加人数 专业	联邦和州、柏林	国民高等学校	宗教团体	工会	企业联合会	基金会	注册过的协会	其他筹办者
行政、商业实践	10726	14581	—	881	3447		6252	—
语言	926	74167	—	20	265		3020	2702
手工和艺术性操作	124	34117	173	48			1449	
家政	8	8287						
保健	3568	39059	557	—	900		1218	277
其他科学领域	1382	2431	—	57	116		467	416
总计	29055	204039	11613	4772	9358	4266	39459	5555

资料来源：柏林统计局：《柏林统计》1981年第4期。

除了科学技术方面的进修之外，还有一种工业领导人的进修。例如，仅在1968年这一年中，北威州的乌珀塔尔市一个社会福利进修机构联合会就举办了大量工业管理人员参加的进修活动，其中有21次1—3周的活动，7次3—5周的活动，6次5周以上的活动，此外还有209次1天的和340次几天的短训班。1969年新建的大学管理研究班筹办了为期10周的普通管理课程。联邦经济部也从联邦预算中拨款促进这类活动。

据1957年调查，在联邦德国的2100万就业者中，有300万左右受过职业专科学校和专科学校的教育。而1978年的调查表明，在2602万就业者中，有1558万受过职业培训。这就是说，就业人员中受过职业教育的人的百分比从1957年的14.3%提高到1978年的58.9%。直至90年代，社民党的职业培训工作仍在发展。以社民党一直掌权的北莱茵—威斯特法伦州为例，该州总理是社民党著名活动家约翰内斯·劳，在劳的领导下，该州拨出专款用于高等教育和职业培训，使该州按人口平均计算拥有的大学和高等教育中心的数目超过了欧共体任何其他地区。该州目前拥有50所大学和职业培训中心，多层次的教育结构培养出高质量的劳动力成为该地区工业多样化的重要支柱和社民党较为突出的政绩。

总之，就业者的教育素质的提高对经济发展的重要意义是不言而喻的。社民党从充分就业的角度出发，注重与职业技能紧密联系的教育和培训，不仅保证了社会稳定，而且为联邦德国经济持续稳定的发展做出了重大贡献,也为其他国家在职业培训方面提供了先进经验。

三、劳动人道化

创造人道的劳动环境与充分就业、职业培训是相辅相成的。没有符合人道主义精神的良好的劳动环境,就无法进行有效的职业培训;而如果因劳动条件差导致大批职工病残,收入下降,充分就业更得不到保障。社民党"八五大纲"在强调劳动人道化时指出:"职工要求符合人类尊严的工作条件,即要求保护他们的健康,要求稳定的就业岗位和得以改善的工作环境,要求满意的工作内容,要求一个社会性的劳动组织和参与决定权,这是社会民主党的社会政策的中心。"从这一政策要求出发,社民党认为,工作环境和工作条件的质量,不仅关系到各个人的生活机会和发挥能力的可能性,而且对于进一步发展整个社会的民主化具有重要意义。因为,个人的个性发展和社会的民主发展直接取决于就业岗位的条件。人们是否能充分地发挥出自己的天赋和才能,以及是否同自己的工作完全吻合,在很大程度上取决于就业岗位的质量。个人应承担的后果和由于非人道的、不符合人们需求的劳动条件和劳动关系而造成的社会支出,不应通过侵占人们更多的自由支配时间来加以补偿,因为自由支配时间就其本身的限度和利用的可能性而言,在相当大程度上是由劳动条件所决定的。那些在职业劳动中筋疲力尽,变得麻木不仁或受尽屈辱的人,是不可能在业余时间内弥补这些创伤的。因此,本着人道的、民主的和社会福利的原则来组织劳动,是使人们过上享有尊严的生活的决定性因素。

然而,虽然德国工人运动卓有成效的斗争使得劳动者的生活水平和劳动状况得到了相当程度的改善,但仍然存在着许多问题,特别是在那些只考虑经济增长而不顾及社会支出,只依据个别企业的利润而将费用压缩到最低限度,并因此将社会投资大大压缩的地方,人道的劳动环境始终没有形成,劳动者还只是被看做是单纯的生产因素。比如,旨在改善职业妇女和鳏寡劳动条件的社会机构奇缺;令人不满意的和给人加重负担的劳动条件(例如不断重复的单调劳动、流水作业、夜班和倒班、危险性工种)损害着人们的健康,并妨碍人们才能的发挥,给社会造成一笔社会支出,而这本来是可以通过劳动领域的更加人道化加以避免的;在工业部门、管理部门和服务行业中,劳动组织给以大部分职工的自由行动和自主决定权非常有限。等等。

针对劳动人道化存在的种种问题,社民党主张大力改善劳动状况。税收的标准和措施,工会签订劳资集体合同的权利,以及职工在一切领域内的参与决定权等,对于创建符合人的尊严的就业岗位都具有重要作用。社民党在执政期间对企业法和公用事业职工代表法进行了改革,制定了严重残废者法、劳动安全和企业医生法以及劳动场所的若干规章制度。从以下几个方面可以看出社民党关于劳动人道化的政策重点:

1. 通过旨在促进职工的职业变动、社会保障和工作效率的社会就业政策,努力做到均衡地提供就业岗位,以便长期保障充分就业。

2. 工厂和企业的有关劳动政策必须由职工代表通过在工厂、企业一级和在整个经济领域内的参与决定来协同制定,劳动过程和劳动组织则由有关职工通过在就业岗位的参与决定来协同确定。在确立何种目标、在什么时间从事哪种劳动、采取什么样的组织形式以及在对工作岗位的生态与社会标准做出决策时,必须有职工的参与决定。

3. 通过在企业中扩大保健和预防事故,通过进一步发展社会劳动保护(如保护母亲、对青少年的劳动保护和对老年的劳动保护),以及通过对保护条例的有效监督,设法做到使工作内容、工作形式以及就业岗位和劳动过程同生理的、心理的和社会的条件、要求相适应,并且同科学技术水平的发展相适应。

4. 通过国家的科学研究政策和技术政策,积极促进对新的、人道的生产技术的探索和反复实验,促进符合人道的工艺和组织形式的发展。国家在试验新的解决企业问题的方法时,支持劳资协议各方,支持经济界与科学界,同时广泛传播关于人道的塑造劳动环境的知识。研究和发展不能只局限于技术的改进,而是要同时包括关于生产、劳动结构和劳动过程的新的组织形式。劳动领域人道化方面得出的研究成果,必须毫无拖延地加以公开,并且迅速在劳动保护条例中得到运用。

5. 以符合人性的方式塑造劳动界。技术的发展不应使人在劳动时有损健康,对任何危害健康的劳动材料、噪音、高温、气体和灰尘以及对任何增加单调程度和神经负担、加强对人的控制和异化的技术都不能容忍,而是应促进符合人性的工艺组织形式,改善劳动保护和健康保护,确定合理的劳动内容,给劳动者以更多的自主、更好的技能和更广润的用武之地。在所有职业中,工作的条件和要求也必须适应于那些因缺少专门技能、健康受损或由于年老而处境不利的人。通过改善特别受损害的一些阶层的劳动条件而使这些阶层的劳动者能够更好地进入劳动领域中去。

总之,社民党劳动领域人道化的社会政策具体说来就是要求设置符合人道的劳动岗位,这些岗位要能保证职工的收入,同时,要能保护职工免于劳动引起的疾病、安全生产;减少劳动中的过度紧张,给职工提供起码的相互接触和交谈时间;减少夜班和倒班,增加工间休息时间;缩短工时,减少劳动定额;摆脱人对机器的依附,消除单调的、带强制性的劳动,使劳动过程符合人的尊严,有利于增进而不是损害身体健康。最终目的是长期保障充分就业,维护社会稳定。

四、生态环保

20世纪六七十年代以来的新科技革命,特别是微电子技术改变了整个劳动世界和社会生活关系,但同时也对生态和环境造成了严重的破坏。这引起了各国(首先是西方发达国家)的普遍关注。虽然社民党早在20世纪60年代初就预见到"环境和城市改革问题在不远的将来必定会具有类似30年代大量失业那种意义",[3]提出过"让鲁尔上空重新变蓝"的口号,但由于当时社会还未普遍意识到生态环保问题的紧迫,反而对这一要求进行耻笑,社民党遂放松了在生态环保问题上的努力。然而,自20世纪70年代末、特别是80年代以来,联邦德国勃兴生态社会主义,其政治上的代表——绿党突然崛起,夺走了社民党的部分传统选民。1978年12月19日,不莱梅市27名社民党成员(其中有些人还在党内担任重要职务)集体退党,退出后不久即加入绿党。特别是在1983

年3月联邦德国第十届联邦议院选举中,新崛起的绿党获得了5.6%的选票,冲破了联邦德国选举法关于一个政党必须获得5%以上选票方能进入议会的限制。绿党挺进议会,改变了联邦德国社民党、联盟党、自民党三党鼎立的传统政治格局为"四分天下",社民党上下震动很大。为了争取选民,"收复失地",社民党重振旗鼓,改变了以往对生态环保问题重视不够的状况,提出了一系列具有真知灼见的政策主张。

在生态改造方面:

社民党从基本价值论出发,认为爱惜大自然、保护环境、保护动物是德国民主社会主义者的道义责任,是自由、公正、相助的社会构想的组成部分。因此,应将生态意识深入人心。在这方面,德国社会民主党基本价值委员会主席艾哈德·埃普勒(Erhard Eppler)不遗余力。他在"欧洲的紧密结合和世界范围的共同体"一文中指出:"关于只有一个地球的意识以及从而必须要有一个统一的世界政策的意识,借助生态要比通过经济能够更迅速、更彻底地渗透到人们的心目中。"[4]然而,现实状况却令人忧虑。现代国家(首先是工业发达国家)的技术进步和经济的发展进程对大自然生存基础的严重破坏,使海洋受到污染,气候严重恶化,森林大量死亡,在世界范围毁灭了一些动、植物,破坏了地球大气层,这样,即使在没有武器的情况下,人类也可能走向毁灭。这一切令人触目惊心地表明:对当代工业社会进行生态改造生死攸关,迫在眉睫。保护环境,即提高和保持自然的生产力,比提高劳动和资本的生产率更重要。在这方面,工业发达国家应对在世界范围恢复大自然的生存基础承担主要责任(并为此承担费用),率先对自身社会进行生态改造,停止对能源、土地和原料的滥用。社民党生态改造的政策主张集中在以下五个方面。

第一,生态改造的原则。实行生态改造必须更多地考虑社会这一要素;加速进行必要的技术革新;加强废物利用;有效地安排必不可少的废物处理;对历史遗留下来的环境破坏及时予以清理;节约和爱护土地;废除损害环境的产品、生产和体制,代之以有益于环境的产品、生产和体制。

第二,生态改造与经济发展的关系。生态不是经济发展的附加物,而是负责任的经济行为的基础。如果生态状况违背理性,整个经济发展就不可能有理性的预期。因此,解决紧迫的生态问题,必须成为企业经济行为的原则。企业必须生产和使用适合于大自然物质循环过程的产品。经济的生态改造所涉及的范围包括产品设计思想、生产过程、消费和使用过的原材料的回收利用,以及将物质循环过程联为一体,并且要求从生态角度评价所投入的原料、化合物和操作方法,包括能源获取和能量转化的一切形式。

第三,生态改造的能源政策。德国民主社会主义者认为,进行生态革新,必须首先制定节约能源和合理地使用能源的政策,要通过确定公用事业费、价格、捐税和环保标准,使节约与合理地使用能源成为一种经济上的需要。因此,德国民主社会主义者主张大力发展废热利用,以及电能与热能的配合使用,促进分散的、特别是地方的能源供应。能源使用的发展方向是可以重复使用的能源,要努力促进这方面的研究,并力求取得重大突破。要运用有益于环境的技术,利用德国国内的煤炭,尽快地实现一种稳妥的、对环境有益的、不包括核能的能源供应。社民党坚决反对发展钚核能经济。

第四,生态改造的化学标准。由于人类大量使用有损于大自然的化学物质,大自然的负荷和对人们健康的威胁与日俱增。对此,德国民主社会主义者认为,化学制品和生产方式必须适应物质的循环过程。尽可能地减少风险必须成为化学研究、开发、生产和应用的最重要原则。对基金技术的利用,也必须按照这些标准加以限制和控制。

第五,生态改造与交通运输。德国民主社会主义者认为,大自然以及城市乡村所承受的交通负担,已达到其能力的极限。公路、铁路、航空和内河航运的无限竞争导致重复投资、破坏自然风景和极大地增加了生态负担,因此,发展交通工具在考虑到经济效益时应将生态平衡放在首位。要使竞争条件朝着有利于能源消耗少、噪音和环境污染少的交通工具转化。在货运和客运交通中,优先发展铁路运输。在高速公路、州际公路和住宅区内对车速实行限制,以减轻环境负担和提高交通安全。

在环境保护方面:

由于大城市能够提供较多和较有吸引力的就业岗位,居住在人口拥挤和稠密地区的居民比重日益增大。在人口稠密地区,环境条件越来越差,生活条件的质量也面临着恶化。大规模集中定居而造成的对自然风景的破坏,一些老城区的荒芜,基础设施所承受的负担过重,这些都对公民造成了难以承受的精神和生理负担。为此,社民党近来将环境保护提上重要的议事日程,并提出了以下几条应予实施的政策原则:

第一,环境保护要从地方开始,加强市镇和县在环保方面的财政支付能力,以有利于推动地区建设规划减少对自然风景区的损害,避免因布局过密给生态带来危害。修复、维修和改建应优先于新建。即使新建也应当是建设有益于环境的建筑。在投资时,尤其是在厂址选择方面,必须采取政策手段对之施加影响,防止就业岗位过分集中和与此相关的人口密度的继续增大,以免基础设施承受负担过重而农村地区的空间却利用不足。

第二,必须根本改进规划法和地皮法。不得无条件地为兴建住宅和基础设施扩大用地,从而加重大自然和环境的负担。凡是危害大自然的生存基础,降低生活质量,破坏城市环境(即使有利于经济增长)的项目,都必须加以压缩和完全取消。居民住宅必须位于居有良好交通联系并配备相应的公共和私人服务设施的合适地点,居民必须有一个得以发展自己的个性和感到确实如家的居住环境,这种居住环境将促进社会交往而不是对人的健康造成危害。居住区与工商业区、文化设施与业余活动设施之间的配置应相互合理,为建设一个人道的城市环境创造重要前提。城市的内部发展和有节制地利用土地,必须作为具有生态意义的城市发展目标而居于优先地位。应严格规定土地占有者所应承担的社会义务。

第三,农业经营应有益于环境,有利于实现有机循环过程和牲畜的饲养,保持动植物的多样性和保护风景。农民的家庭经营是一种符合生态的经营形式,要通过规定与土地面积相适应的存栏牲畜最高限额来保护农民,使农民的利益不致因农工联合企业大规模饲养牲畜而受损,但农户不应超量使用化学物质和外来能源生产大量滞销的过剩农产品,这样既耗尽地力,也污染空气和地下水。

第四，必须将环境保护措施条理化、法律化，制定严厉的环境破坏惩治法，建立遍布全国的警察中心和负责处理环境犯罪的检查机构网络，在各州法院设立环境法庭，对是否污染环境实施严格检查。

此外，环境保护不应局限于一国范围。为使全球生态免遭破坏，应在国际范围内签订环保协议也提上了德国社会民主党的议事日程。勃兰特晚年就此一再指出："世界上某一地区的经济发展从未像现在这样对全球各地造成如此直接而长远的影响"；"不受控制的工业主义会造成全球性工业破坏，尤其在环境方面"；"朝着全球性政策发展的长期趋向要求民主—社会主义政党对国际主义有新的理解"。[5]

总之，从德国民主社会主义在就业问题、职业培训、劳动人道化和生态改造、环境保护等方面的政策主张可以看出，虽然这些主张的提出、贯彻本质上是以社民党参政、执政为依归，但在客观上却起到了保证社会稳定、促进社会发展、保护职工权益的积极作用，具有强烈的社会进步意义。当然，要从根本上解决这些问题——不仅在经济恢复的有利条件下，而且在不可避免的经济危机时期——德国民主社会主义至今还未能拿出尽如人意的方略。特别在首要的社会问题——失业问题方面，德国民主社会主义提出的只是一些带有改良性质的设想和中期目标，从宏观意义上来看，社民党在彻底解决失业问题方面还没有一个长远的目标，对于如何克服资本主义经济危机也没有成熟的意见。德国统一几年来失业率一直居高不下。在如何解决失业问题上党内一直有两种看法：大多数党的领导人只想减少失业的规模和后果，采取改良和缓和矛盾的方法；党内少数左派则强烈要求国家采取有力措施，彻底消除失业现象。总之，无论社民党是否执政，如何解决好失业问题，始终是一场严峻的考验。

第二节
收入、财产和福利的分配政策

德国民主社会主义者主张每一个人都能够在自由决定的情况下依靠日益增多的收入构成自己的财产,这就必须以社会总产值的不断增长和公正分配为先决条件。然而,市场经济本身并不能保证收入和财产的公正分配。公民在分享社会的财富、成果和经济支配权方面愈是不平等,利益对立日益尖锐,相互之间谅解和相助的可能性也就愈小。不公正、不平等的收入分配会进一步加剧财产分配的不平等,财产分配的不平等又反过来导致收入分配的新的差别。因此,社民党认为,必须采取适当的措施,通过收入、财产和福利的公正分配,以最大限度地达到社会公正和实现广泛的社会稳定。

一、收入分配

德国民主社会主义公正的收入分配政策主要是,一方面,国家对不同的行业在税收和资助方面实行政策倾斜,间接影响雇员收入,如国家对农业、采煤业、交通业、建筑业长期提供财政资助,对工业提供税收优惠。这些调节,虽然直接目标并不是针对雇员,但可对雇员的收入产生积极的影响。另一方面则是通过实行工资自治,调节雇员和雇主之间的经济利益分配。战后联邦德国社会结构中最大的变动之一,就是全国的经济从业人员中,雇员比重急剧上升,也就是说,自己拥有生产资料或具有其他独立的谋生手段的人越来越少,而不得不出卖劳动力的人越来越多,约占全部从业人员的90%。雇员(特别是工人)同雇主相比,无论经济地位还是政治地位都比较低,在这种情况下,作为雇员利益政治上的代表的社民党和雇员经济利益代表的德国工会联合会,大力推行工资自治,以使雇员的地位有所提高。

所谓工资自治,就是雇员的工资既不是由国家规定,也不是只由雇主一方说了算,而是由代表雇员利益的工会和代表雇主利益的企业主联合会每年举行双边谈判签订劳资协议来确定工资增加的幅度。劳资协议涉及的内容包括工人计时工资或计件工资的标准、雇员每月薪金的数额、劳动时间的长短等有关劳动报酬和劳动条件等方面的问题。

1969年社民党主政期间,通过了《劳资协议法》。该法规定,涉及企业和企业法方面问题的劳资协议所规定的权利规范对所有企业适用,其雇主受协议约束。[6]以劳资协议的形式来确定雇员的工资收入,这也是德国民主社会主义的一大特色。在法国、意大利、奥地利和斯堪的纳维亚国家内,劳动和工资方面的许多问题如最低工资、休假期限、劳动时间等都是由政府规定的。而社民党推行的工资自治,国家是无权干涉的。当然,社民党可以通过其领导的联邦政府提出建议,并在必要时施加一定的影响,体现出德国民主社会主义的"总体调节"政策在分配领域的延伸。国家可通过每年年初发表的经济报告和其他受托研究机构的专门报告,分析经济形势,提供全国性的有关工资、经济、社会等方面的信息,提出政策目标和措施,其中也包括工资和物价等具体指标,并对未来发展予以预测。在此基础上,国家可以建议未来一年内工资调整的幅度。特别在经济不景气阶段,政府提出工资变动不宜超过一定限度,否则会对经济发展产生不良影响。对此,劳资双方在谈判时可以参照,但并不是非得照此推行不可。工资增加幅度的最终决定权还是在劳资双方的谈判。

由于实行了工资自治,在一定程度上提高了雇员的工资水平,在社民党执政期间,雇员工资在联邦德国国民收入中所占比重基本上呈逐年上升的趋势,而社民党下台以后,雇员工资在联邦德国国民收入中所占的比重又退回到社民党参政、执政前的水平。

值得指出的是,工资自治虽然也属于经济民主的范畴,但与共决制是有区别的。工资自治主要涉及工资和基本工作条件,而工人参与管理的共决则往往涉及劳资双方都关心的问题,如企业的投资、发展计划、劳动组织的改善等,劳资合作的味道更浓些。共决使工人对劳资双方作出的决定要承担义务,工人参与越多也就与本企业以及国家的经济和社会制度结合得越紧密。工资自治的劳资协议虽然也是劳资双方妥协合作的一种形式,但双边谈判有一定的对立性。工会进行谈判的目的主要是争取改善会员的生活待遇和工作条件,谈判一旦破裂,有可能导致罢工,而工人参与管理则只能减少罢工。

此外,还有一种分配方式就是通过累进制的直接税实行"二次收入分配"即再分配,对高收入者和富人课以重税,国家将税收收入补贴到社会中下层收入者身上。经过累进制纳税之后,使得社会的收入差距有所缩小。

二、财产分配

通过财产进行分配的手段主要是促进雇员参与生产性财产即参与企业资本和股份来分享企业利润,即参股和参资。社民党认为,职工对生产性资产的参股是经济民主的一个重要因素,是参与决定(共决)的另一种表现形式。通过这种形式,职工能够分享到企业利润,达到更多的社会公正和社会公平。在社民党执政期间,大约在一千个公司中实行了职工参与资本和在几千个公司中实行了职工分享企业经营成果的各种模式。通过这些模式,企业主让职工在一定程度上参与了企业的资本和利润。80年代初期,德国全国股份公司中的雇员股东人数为90多万,约占雇员总数的5%,但其股份大公司中所占的比重却微乎其微。例如,在著名的奔驰汽车公司,7.5名职工股东只占公司股本的1%。

资本的参与方式一般有两种:如果职工想减少风险,就采取贷款给企业的形式,也就是说,让职工参与提供外来资产;如果采取共同分担责任的风险资本的形式,那就可以使用职工股票、间接参与以及"沉默参与"等方法。所谓"沉默参与",意即企业每年从净利润中提出一定百分比作为"职工基金",规定凡在该企业工作多少年以上的职工都是该基金的成员。然后在记分制的基础上,确定每个职工根据自己的情况从基金中获得一份"股份",这份属于个人的股金永久留在基金中。到了年底,如果企业赢利,个人可按百分比获取股金利息;如果亏损,则要按分计算,从基金中按比例抽出钱来弥补企业的亏损。也有的企业从工资制度上想办法,如,每年雇员工资增加时,实际上增发给职工的只是其中一部分,另一部分则当作职工给企业的贷款或投资。这些都叫做"沉默参与"。

根据社民党执政期间颁布的《财产形成法》,劳资双方通过集体合同谈判达成协议,由资方每月为每个职工储蓄 52 马克,一年为 624 马克,年息优厚为 187 马克,7 年后整取。这种做法被称为"624 马克法"。这种间接的参资就形成了一种财产上的收入。德国最大的工会——五金工会从 1970 年起为职工争取了这笔收入。1979 年,联邦德国全国有 94% 的职工,得到了这笔收入。

即使社民党下台后,对雇员的参股和参资仍非常重视,1986 年 8 月,社民党纽伦堡党代会通过的该党中期经济纲领《纽伦堡行动纲领:克服大规模失业——对经济实行生态和社会性革新》指出:"经济民主不仅是要实现全社会的重要目标,而且是要实现职工的解放。单靠国家的调节和私人企业的独立自主,要在社会和生态方面对我国社会实行必要的革新还是不够的。更重要的是,还要利用一个不断扩大的、其意义日益重要的中间地带,其内容包括:职工参与决定、共同参与、职工入股、扩大消费者的权利,以及分散经营的其他形式等。……我们要求职工更多地参加企业的生产性投资。这种新的生产资本不应重新集聚在少数人手中。鼓励职工在企业范围外和根据劳资谈判的规定入股是为促进扩大投资而采取的一项必要措施。因此,国家必须把职工跨企业参加生产投资作为职工财产积累的一项内容,在税收上给予优惠,以促进其发展。"社民党 1989 年柏林纲领也大力呼吁:"我们要使一切人都拥有发言权和财产占有权。这意味着职工及其工会在一切层次拥有参与决定权,以及所有人都拥有生产性资产的参股权。"社民党通过推行参股参资,使雇员分享了企业利润,力求达到民主社会主义基本价值所追求的社会公正。由于资本和股份被雇员分占,尽管在总量上微乎其微,但对雇员是一种刺激,在承担工作岗位风险的同时还要承担资本财产的风险,这就迫使雇员努力工作做出更大成绩。另外,通过雇员参与企业资本,还实际上帮助了雇主部分地解决了筹资问题。这样,雇员和雇主——社会伙伴就一体化了。通过参与将雇员牢固地纳入了现存制度的轨道,社会平衡和稳定就容易实现了。

三、福利分配

德国民主社会主义的社会政策中,社会福利的公正分配是其政策重点。福利分配方面的政策主张主要指的是,通过普遍的社会安全保障系统(如社会保险、社会救济等),使雇员享受到各种社会福利,使公正的原则不仅体现在就业人员的经济利益和经济权力的分配方面,而且还要让人们在失去劳动能力或遭到意外困难时生活仍有保障。也就是说,要力求使社会市场经济带来的经济成果为全社会所分享,而不仅仅只是属于在业人员,更不是其中的一部分人。

社民党主张,每个公民依法有权享受国家社会福利金,这种福利金应用来尽可能多地消除因物质财富占有和生活机会分配过程中的不平等而产生的社会不公。社会福利政策应当为个人在社会中得以自由地发挥其才能和在个人负责的情况下建立自己的生活创造条件。决不容许把造成个人和社会灾难的社会状况看做是不可避免的和不可改变的事实加以忍受。社会保险制度必须与具有自我负责能力的人的尊严相符合。虽然艾哈德的社会市场经济区别于一般资本主义国家的市场经济,也特别强调社会公正和社会安全,但社民党在参政执政以后的政策主张上更向"社会"方面倾斜,较大幅度地提高了社会福利标准,在建设福利国家方面,取得了比较显著的成就。

联邦德国的社会保障制度有深厚的历史渊源。早在俾斯麦统治时期,即19世纪80年代俾斯麦实施反社会党人法时期,为了压制社民党的革命活动,俾斯麦力图通过扩大社会福利政策来扫除社民党搞革命活动的借口,敦促德意志帝国国会通过三项社会立法,即1883年的《工人疾病保险法》、1884年的《事故保险法》和1889年的《养老金保险法》。此后,从本世纪初到30年代,又先后通过了一系列社会立法。这些立法作为德国社会保障制度的萌芽,具有不可忽视的社会历史作用,但无论在性质上还是规模上,都不能同战后、尤其是社民党执政时期通过的社会立法相比。只是到了社民党执政期间,联邦德国才形成了只有少数几个西方国家才具有的致密的社会保障网。

战后德国经济的高速增长为社会福利的发展提供了广阔的可能。联邦政府在原有的基础上对社会保障制度进行了广泛的改革,颁布了一系列法律和法令。据不完全统计,1952年有《战争损失补偿法》,1956年有《士兵供给法》,并修改补充了《失业保险法》,1957年对养老金保险进行了改革,同时颁布了《农民老年救济法》,1960年有《联邦住宅补贴法》和《民防法》,1961年有《联邦社会救济法》,1963年有《事故保险新条例》,1964年有《联邦儿童补贴法》,1965年和1969年又两次修改《联邦社会救济法》。1969年社民党主政,连续颁布了《联邦教育法》、《劳工促进法》、《职业培训法》,1970年又发布《联邦教育促进法》,1971年通过《联邦流行病法》,1972年再次进行养老金保险改革,1974年颁布《失业救济条例》,1975年规定,子女补贴不受家庭收入的限制,即所有家庭第一个孩子每月补贴50马克,第二个孩子100马克,从第三个孩子起每个孩子每月200马克。1975年还通过了《大学生和残疾人强制性保险法》。1976年又颁布了《对暴力行为受害者赔偿法》。1979年建立了《单亲家庭保障金》,1981年又通过了《个体艺术工作者的强制性疾病和退休保险》。

这样,联邦德国的社会保障制度经过战后几十年的发展,至社民党执政时期形成了一个完备的、范围广泛的体系,使社民党建设民主社会主义的高福利国家有了可靠的法律保障。这一制度主要包括以下四个方面,即社会保险、社会照顾、社会救济和社会保障的特殊形式。

社会保险是社会保障制度的主体,包括养老、疾病、失业和工伤事故四个保险系统。其中最重要的是养老保险,其中有工人、职员的老年、残废和遗属保险,矿工、手工业者养老金保险,农业养老金保险,自由职业者老年保险等。

社会照顾包括两项内容:(1)战争受害者照顾、暴力行为受害者照顾和预防针注射不当的受害者照顾等。(2)均衡负担,这是同第二次世界大战造成的普遍社会后果有关的一种更广泛的社会照顾手段。

社会救济包括生活困难救济、护理救济、疾病救济、卫生预防救济、性病救济,对在外国的德国人的救济、对从国外遣返的德国人的救济等。此外,还有一种特别形式的社会救济——青年救济,这是由《青年福利法》规定的。社会救济的方式有货币、实物和提供服务三种。

社会保障的特殊形式包括儿童补贴、康复金、奖学金、对为社会尽义务者提供的社会权利和生活方面的保障、住房补贴等等。

总之,社会保障制度涉及的对象范围广泛,包括社会各个阶层,既有工人、职员、国家公职人员、农民、手工业者、大学生、外籍工人、现役军人、民防服役者,又有儿童、孤儿和半孤儿、老人、鳏夫、寡妇、残疾人、孕妇产妇、阵亡者、暴力行为受害者,甚至包括服刑的犯人。

在经济高速发展和法律保证的基础上,联邦德国的社会福利费用稳步提高。特别是在社民党执政期间,社会福利费用支出涨幅很大。以社民党执政前后比较,1970年社民党主政之初,社会福利支出为1801亿马克,十年后,1980年,即猛增到4770亿马克,每一项保险或救济费用都成倍的提高。而社民党下台以后,社会福利费用占国民生产总值的比重明显下降,各项费用支出均增幅不大甚至还有所减少,从中可见社民党的福利政策和基民盟福利政策的区别。在社民党执政期间,联邦德国的福利金水平始终是在稳步提高。如果考虑到自1974年以后,联邦德国经济增长速度逐渐放慢,从1974年到1982年这9年中,国民生产总值增长率没有一年超过10%,只有两年超过8%,有三年还在5%以下,在这种状况下,社会福利费用支出的增长率仍然以高于国民生产总值的增长率的速度在增长,就更可见社民党福利政策的倾斜程度。

德国民主社会主义的高福利政策对德国的经济社会发展产生了多方面影响,其中既有积极的影响,也有消极的影响。

首先,高福利的社会保障体系促进了社会安定,有利于经济发展。这使饱经忧患的联邦德国人民产生了一种前所未有的安全感。范围广泛的福利网为广大人民提供了生、老、病、死、伤、残、孤、寡、教育、就业、失业等多方面的保障,为他们解除了不少后顾之忧,使大多数人觉得为满足基本生活需求而斗争是多余的。联邦德国战后几十年来罢工较少,社会比较稳定,当然不能说完全得益于社会保障体系,但高福利政策无疑是使社会安定有利于经济发展的重要因素之一。

其次,高福利的社会保障体系保证了劳动力在良好的环境中得到再生产,并提高了劳动力质量。保持较高的生活水平,保持在意外事件、天灾人祸面前不至于陷入窘境,具有良好的家庭环境等,这一切都是劳动力再生产所需要的。同时,高福利政策使社会有可能为教育、培训和基础设施作大量投资。社会保障体系所提供的教育方面的福利措施,以及关于职业教育、改行培训等方面的法令和规定,对提高雇员科技文化水平起了积极作用,为德国高速稳定的经济发展提供了质量不断提高的劳动力。

再次,高福利政策也带来了各类产业,尤其是第三产业的发展。福利措施本身要求提供各种服务,包括医疗、保健、职业培训、旅游等等。以残疾人康复为例,从1970到1978年,社民党领导的联邦政府在公共康复机构范围内为残疾人资助了价值为6.3亿马克的康复设施,其中包括21家职业促进工厂,28个为残疾青年人进行初级培训的职业培训工场。从1978到1980年,联邦政府根据严重残疾者法令从均衡税中拿出3.65亿马克,用来建造残疾人工场。

综上所述,高福利的社会保障体系对经济、社会发展的积极意义主要是:创造了良好的经济、社会发展环境,保护了劳动力和提高了劳动力素质,并直接带来了某些经济部门的发展。

德国民主社会主义的高福利政策在对联邦德国的经济和社会发展带来积极影响的同时,也有若干消极影响,高福利社会保障体系的弊端也非常明显。

首先,过高的福利金水平对经济发展的强烈的离心倾向。一般来说,高福利应以国民经济的高幅增长为基础,特别是当福利金水平达到一定的高度以后,应与经济同步增长。当然,也不排除在一些其他因素作用的情况下,可能会出现某种向上或向下的波动,但它的增长率应同经济增长率基本适应。从表7-2"社民党执政期间联邦德国福利金年增长率和国民生产总值的年增长率的比较"可以看出,从1966—1982年16年间,只有1968、1976和1978年福利金年增长率低于国民生产总值年增长率,而且差数很小,分别只有2.7、2.0、1.6个百分点。其余13年间,福利金年增长率都高于国民生产总值年增长率,而且有许多年份差数很大。1967年是经济衰退年,是战后联邦德国首次出现全面的经济危机,国民生产总值的增长率只有0.9%,然而福利金却增长了7.0%,而且下一年的增长率仍然达到6.3%。1974和1975年国民生产总值出现相对低速增长,分别为7.1%和4.4%(在此前的三年,即1971—1973年,则分别为11.9%、9.4%和11.2%),而这两年福利金却分别增长了14.0%和14.6%。福利金的这种增长率并不由经济状况决定,而是由高福利计划自身规定的,这种社会保障体系的自动调节机制过于强调自身的发展而漠视经济状况或对经济形势的变化反应迟钝带来的离心倾向,不可避免的会给经济发展带来阻力。特别是当20世纪70年代末80年代初,世界经济出现结构性衰退,联邦德国受其影响,经济发展速度减慢,执政的社民党和自由民主党在高福利政策问题上发生意见分歧:自由民主党主张首先在社会福利方面减少国家支出,来克服国家财政赤字,而社民党却坚持高福利政策"居高不下",导致两党联盟破裂。在经济衰退时期过分强调高福利是社民党丧失执政地位的重要因素之一。

表7-2 1966—1982年社民党执政期间联邦德国福利金增长率与国民生产总值年增长率比较

年	1966	1967	1968	1969	1970	1971	1972	1973	1974
福利金年增长率(%)	10.6	7.0	6.3	8.3	13.8	13.8	12.7	12.8	14.0
国民生产总值年增长率(%)	6.2	0.9	9.0	7.7	13.0	11.9	9.4	11.2	7.1
年	1975	1976	1977	1978	1979	1980	1981	1982	
福利金年增长率(%)	14.6	7.1	7.2	6.2	10.6	7.6	6.9	3.8	
国民生产总值年增长率(%)	4.4	9.1	6.5	7.8	8.2	6.4	4.0	3.7	

资料来源:温斯特泰因:《联邦德国的社会保险体制》,弗朗茨·法伦出版社,慕尼黑,1980年;联邦经济部:《从数字看成就》,1982年。

第二,福利税的高增长对雇主的投资积极性产生消极影响。在社民党所采取的高福利的社会保障体系与德国经济发展之间的关系中有一个值得注意的现象,即雇主缴纳的福利税的增长率同固定资产投资的增长率之间有着某种联系。从表7-6可以看出,雇主福利税高增长率对固定资产投资产生了一种消极效应。在许多情况下,凡该年雇主缴纳福利税增长率较高,第二年、甚至其后数年内都会出现固定资产投资的低增长或负增长,反之亦然。1966年,社民党战后首次参政,福利税年增长率由1964年的5.6%和1965年8.7%上升为9.5%,固定资产投资的年增长率也就由1965年的30.4%下跌到1967年的-9.4%。当1967年雇主缴纳福利税的年增长率降至战后以来最低点1.8%时,固定资产投资的年增长率遂又很快升至1968年的9.0%、1969年的17.2%和1970年的23.9%。20世纪70年代上半叶的状况也同样说明了这一点。1970年,雇主缴纳福利金的年增长率剧增,达25.4%,是战后以来的最高点,这对其后五年内的固定资产投资都产生了消极影响。尽管从1971—1975年雇主缴纳福利税的年增长率逐年下降,但也未能阻止住固定资产投资年增长率下滑至负增长的颓势。从有关数据显示,固定资产投资年增长率从1970年的23.9%大幅度下跌至1971年的12.1%、1972年的5.4%、1973年的6.8%,直至1974和1975年的-5.3%和-0.9%。当然,固定资产投资年增长率受到许多因素的影响,但它的高增长、低增长和负增长时期与雇主福利税的低增长和高增长时期如此相对应,决不是偶然的。由于高福利的社会保障体系需要有福利金水平的迅速提高作为经济基础,必然要求雇主缴纳的福利税出现较快增长。一旦增长率过高、雇主负担加重过快,雇主投资积极性必然下降,对经济发展的消极作用是十分明显的。

第三,高福利要求高支付,使得社会保障体系的社会效益衰减,这种衰减积聚到一定程度,必然产生信任危机。以德国社会保障体系的主要领域养老金保险方面的状况为例,直到1967年,联邦德国在这一方面还没有出现支付危机。1957年之前,养老金福利开支水平不高。从1957年起,国家进行养老金改革,提高了这方面的福利税率(即福利税占总劳动所得的百分比),由原来的11%提高到1967年的14%,这一税率保持了整整11年,没有导致支付不平衡。社民党上台以后,实行民主社会主义的高福利政策,养老金费用增长迅速。为了避免出现支付危机,社民党参政、执政的联邦政府不得不频频提高福利税率,1968年调整为15%,1973年上升到18%。民主社会主义高福利的社会保障体系之所以保持和发展的秘密,就在于福利税的高增长率。换句话说,只要财政状况好转,高福利的社会保障体系就可以持续维持。反之,就会出现危机。从1974年起,德国经济衰退,但养老金年增长率从1974到1978年期间仍连续四年超过11%。过度的社会福利负担超过了已经相当高的养老金福利税率所提供的财政可能,促使政府不得不设法摆脱支付危机。当时,一些福利专家曾建议把1976年7月1日的养老金调整推迟半年到1977年1月1日进行,以便能减轻财政负担50亿马克。但社民党在"居高不下"的高福利政策主导下未采纳这一建议。直到1977年7月1日,才把养老金增长率从11%降为9.9%。可1978年的第21号养老金调整法令又规定,从1981年1月1日起,再一次把福利税率提高到18.5%。由此,德国民主社会主义以高福利为基础的社会保障体系就出现一种恶性循环:高福利金水平(赢得选民支持)→提高福利税率(增加投保者的负担)→福利开支的高增长率→支付危机(或潜在的支付危机)→提高福利税率(增加投保者的负担)→……这样,以福利金的高增长率为基础的高福利的社会保障体系所应产生的社会效益就被高福利税率大大削弱了。支付矛盾使选民对德国民主社会主义的高福利政策产生怀疑,也使政府内部产生削减福利开支的意向。可由于德国民主社会主义的高福利向选民们许下的诺言,一旦采取紧缩措施和削减社会福利必然会产生对政府的信任危机。加之德国社会保障制度结构所决定,受紧缩政策影响最大的是低收入阶层,因为削减幅度大的主要是由政府补贴和资助的项目。所以,当执政伙伴自由民主党,首先主张削减社会福利、减少国家支出、克服财政危机时,社民党即使想与自民党同步也是"骑虎难下",不得不"居高不下",在高福利政策问题上终致两党联盟破裂。正如社民党下台以后联邦德国《时代》周刊1984年的一篇评论指出的那样,欲染指政权的政治党派在竞选之年做出的福利保证越高,当选以后就会将手越深地伸进公民的口袋:福利国家先将越来越重的税务负担加给它的公民,使他们更穷一些,然后才能用慈善支出来扶助他们。而一旦当年诺言不能兑现,政权更迭就在所难免。可见,德国民主社会主义高福利政策本身就隐含了潜在的信任危机。

注：

(1)(2)《德国社会民主党简史(1848—1990)》,1991年波恩德文版,第482页,第485页。

(3)勃兰特等:《社会民主与未来》,重庆出版社1990年版,第32页。

(4)(5)《未来的社会主义》,中央编译出版社1994年版,第429—430,第29—31页。

(6)《劳动法》,德国袖珍手册出版社1988年慕尼黑德文版,第350页。

第八章
国际政策

德国民主社会主义的目标是全方位的,不仅在国内进行各种各样民主社会主义的改良实践,贯彻实行民主社会主义的政治、经济和社会政策,而且力图在国际社会中扮演重要角色,将民主社会主义推而广之。这就涉及到一个前提条件,即德国的民主社会主义者必须制定出一个与德国的国际地位相符的民主社会主义的国际政策。只有在国际社会中站稳脚跟,才能图谋更大的发展,赢得世界性影响。

如何制定民主社会主义的国际政策,勃兰特曾经作过总结。他在1968年指出,民主社会主义运动从开端之日起,"就以确认各国共处的正当性和合乎道德标准作为它的目标。"[1]这实际上就是说,在国际社会中,各国完全可以也应该在超越意识形态的道德标准的基础上和睦相处。对此,德国民主社会主义者充满了信心,特别是社民党踌躇满志地执政期间。在国际政策方面,他们也仍然是强调伦理信念和良心道德,强调具有承担责任的勇气是作为一个现代社会民主党人的标志。1972年初,勃兰特对社民党的领导成员特别有意识地明确指出:"对德国社会民主党的期望是很高的,很可能比它所能做的要多得多。我们必须对我们的朋友们明确说明,世界正在关注着我们,我们不仅要能够胜任承担责任,而且还要能够胜任承担国际的责任。"其方法就是,对内对外都友好相处:国内实行渐进的改良,国际上谋求安全和平和共同发展。在这方面,作为德国社会民主党和社会党国际的重要领袖,勃兰特不论在理论上还是实践中都做出了重大贡献。德国民主社会主义者基于安全、和平和共同发展的角度制订的国际政策,勃兰特是总设计师,其举足轻重的作用无可替代。在此需要说明的是,当社民党在野时,德国民主社会主义的国际政策一般来说只具有理论上和舆论上的意义,至多具有建设性影响;当社民党参政和执政时,这一政策则在相当大的程度上成为政府的外交政策,具有强烈的可操作性。

第一节
德国问题——从"理想"到现实

德国民主社会主义者在制订国际政策时,首先碰到的一个问题就是因德国特殊的国际地位而产生出来的"德国问题"。当然,无论是基民盟执政还是社民党当权,对此问题都无法回避。由于着眼点不同,联邦德国各政党在此问题上观点不尽一致,甚至截然相反。德国民主社会主义者在德国问题上走过了三步曲:起初是过分理想化的僵硬,哥德斯堡纲领以后转向现实主义的灵活,最终提出了以国家安全和国际和平为基调的、引起重大反响的"新东方政策"。由于新东方政策的提出、贯彻和推行,德国民主社会主义在世界上影响日增。

一、僵硬的、理想主义的"德国统一"

由于众所周知的原因,德国在第二次世界大战结束后被分为两个部分。两个德国的建立不是德国人民本身意志和法律的产物,而是以苏美为首的东西方之间的冷战局势造成的。随着两个德国分别在军事上参加北大西洋公约组织和华沙条约组织,在经济上加入西欧共同市场和经济互助委员会,德国的分裂步步加深。两个德国分别依附于以美国为首的西方集团和以苏联为首的东方集团,成为两大集团对峙的政治前沿。在 50 年代联盟党执政时期,阿登纳政府对外推行追随美国、向西方一边倒的政策,联邦德国与苏联和东欧国家的关系在"冷战"的背景下处于严重的对立状态。为了孤立民主德国,使整个德国统一于联邦德国加入西方集团,阿登纳政府在 1955 年与苏联建交后,实行了"哈尔斯坦主义",即除苏联而外,不与任何与民主德国建立或保持外交关系的国家建立或保持外交关系。这一政策的实施虽然有利于联邦德国在美国和西方的帮助下复兴民族经济,提高联邦德国作为战败国的政治地位,但却恶化了与苏联和东欧国家的关系,使联邦德国的东方政策走进了死胡同,从而也就违背了统一德国的初衷。

社民党对阿登纳政府这种政策举措激烈反对。德国的民主社会主义者在制定国际政策时,从安全和和平的角度出发(当然,不可否认,这其中也包含着强烈的民族主义因素),无法长期容忍德国的分裂,认为这是对国际和平的威胁,消除分裂才是欧洲和平秩序的开端。因此,社民党坚决反对阿登纳先靠西方、徐图统一的曲线统一政策,拒绝德国加入欧洲的机构,反对武装联邦德国。主张做出一切努力,马上实现德国的统一,将在自由中重新统一德国作为战后重建的社会民主党追求的两大目标之一(另一目标是发展社会主义民主,实现社会主义),将德国统一、领土完整置于民主社会主义国际政策的优先地位,认为德国的统一指日可待。战后初期,1945 年 10 月,当时德国还无人敢违逆四大战胜国的意愿,唯有舒马赫公然主张"德国将永远也不会承认四个战胜国在波兹坦确定的奥得—尼斯河为德国的边界。"[2] 为了维护德国在 1937 年以前的疆界内的统一,社民党不仅不承认奥得—尼斯河边界,而且从一开始就激烈反对美英法三国策划在西占区建立一个国家,认为这将造成德国分裂的既成事实,有碍德国统一。战后初期德国社民党急切要求德国统一,特别是要求恢复 1937 年以前的边界的僵硬的民主社会主义的国际政策为四大战胜国任何一国所不容。相比之下,阿登纳向西方一边倒的政策虽然恶化了与苏东的关系,但却密切了与西方的联系,特别是得到了美国的决定性的支持,这就决定了在战后很长一段时间内德国民主社会主义的国际政策使党自身在国际上陷入一种孤立的境地,这也是社民党战后迟迟未能上台执政的重要原因。50年代末,社民党又提出一个"德国计划",该计划规定,建立一个脱离北约和华约的中欧军事缓冲地带,分阶段地将德国的两个部分在政治和经济上合为一体,为全德国的自由选举做准备。但是,由于这一政策倾向于联邦德国保持中立,在当时的冷战背景下极不合时宜,东西方国家的政府和国内舆论都不予支持,"德国计划"很快夭折在所难免。在这种情况下,社民党重新调整其国际政策成势所必然。

二、灵活的现实主义的新东方政策

社民党对国际政策的调整在哥德斯堡纲领中有所体现。纲领明确提出:赞成建立国防;为缓和国际紧张局势裁军和禁止大规模毁灭性武器;努力争取使整个德国加入一个欧洲和有监督的限制军备的地带;同一切国家保持正常的外交和贸易关系。哥德斯堡纲领通过以后,社民党反对政府的声调也明显降低。1960年6月30日,魏纳在联邦议院就对外政策进行辩论时发表声明:社民党放弃以前制定的与政府相对立的"德国计划"以及与此相关的各种建议。魏纳这一声明在当时引起了轰动,被看做是社民党向国内宿敌伸出的寻求和解之手,意味着社民党要更多地寻找与执政党的共同点,特别在以往争论最激烈的对外政策上向执政党的立场靠拢。此后,社民党逐渐从20世纪50年代中期激烈抨击阿登纳政府在德国问题上的政策变为赞成联邦德国站在西方一边,对北约联盟履行自己的义务。

20世纪60年代,欧洲局势发生了重大变化:戴高乐上台后的法国与苏东搞缓和和合作在西欧产生相当大的影响;苏联在欧洲的力量逐渐与美国达到均势;民主德国的实力日益增强,在国际上承认民主德国成不可阻挡之势;特别是在1961年8月的"柏林墙"事件中,西方态度暧昧,不准备就柏林危机采取强硬措施。这些状况,使得德国民主社会主义者,首先是勃兰特受到很大的启发。勃兰特当时作为西柏林市长,对西方在"柏林墙"问题上的妥协感受最强烈。勃兰特认为,德国的分裂是东西方分裂造成的,因此,德国的重新统一只有同东西方关系的改变相联系才有现实性。在柏林墙问题上西方的妥协清楚表明,为了从战后冷战的局面中走出来,美苏都决心把德国的分裂状态心照不宣的保持下去。在这种情况下,位于东西之交的、分裂的德国的统一在短期内是无望的。德国特殊的处境使勃兰特深深认识到,"德国民族分裂的克服,最终需赖欧洲分裂的克服",这道"用世界政治水泥砌起来的墙"在欧洲一分为二的条件下是拆除不了的,德国要想成为一个整体首先取决于东西方和欧洲各个部分的未来发展,所以,联邦德国必须实行新的东方政策,"尽可能地使欧洲各国相互接近、共处和友好",[3]社民党一直坚持的把重新统一放在首位的立场应当加以修改,同时,也应重新确定同东方国家的关系。在这种思想认识指导下,以勃兰特为首的德国民主社会主义者加重了与东方缓和的分量,一方面,亲西方,另一方面,与东方搞缓和,走上了现实主义的"新东方政策"之路,不再指望"一夜之间"解决德国问题,而是通过渐变,一步步走向统一。具体说来就是,在东西方关系和两个德国关系问题上,通过相互接触、交往、对话和增进了解,使紧张的关系得到缓和;由于双方的僵持状态已非常严重,所以要从具体的事情做起,一步一步地推动缓和进程。尽管这一做法遭到联盟党的强烈反对,如阿登纳直到去世前都一直对勃兰特的"新东方政策"持批评态度,认为这项政策"试图用迈出一系列'小步子'的办法来改善同苏联集团的关系,从而缓和紧张局势"[4]是不可能的,这只会上俄国人的当,分裂了西方集团。然而,勃兰特基于对国际局势的分析和民主社会主义确认各国共处的正当性和合乎道德标准的基本价值观念,政策既定即不改初衷,坚定地稳步走上了与东方和解之途。

从20世纪60年代末到70年代初,"新东方政策"逐步成型,大致包括以下几个方面的内容:第一,承认民主德国(但决不是国际法意义上的主权国家的承认),和缓两个德国长期存在的紧张关系,德国的重新统一将通过德国人民自由的自决来实现;第二,承认奥得—尼斯河线,放弃使用武力,与东欧社会主义国家签约建交;第三,在全德削减美苏驻德的军事人员及装备,保证欧洲和平、安全和稳定;第四,建立欧洲安全体系。在这一新的民主社会主义的国际政策思想指导下,联邦德国的外交政策也从依附于美苏冷战而变为拥有自己独立的"人格",摆脱了过去那种被动状态,真正具有了德国自己的外交特色。以1970年8月德国与苏联签订互不侵犯条约为开端,同年12月德国与波兰签订"关于两国关系正常化基础的协定"。苏德条约和波德协定推动苏美英法四国于1971年9月达成关于柏林问题的协议,柏林协议的签订和生效进一步推动东西德谈判,两个德国于1972年12月签订了两国基础条约,一年后,德国与波兰签约,不久又分别与匈牙利和保加利亚发表建交公报。"新东方政策"在70年代硕果累累。联邦德国同东方的隔绝状态从此宣告结束。这不仅极大地改善了德国同苏东的关系,暂时解决了德国问题和柏林问题,而且稳定了欧洲秩序,为缓和国际紧张局势做出了重大贡献。

  德国民主社会主义的思想领袖勃兰特是现实主义的大师,其现实性通过新东方政策得到明显的体现。如上所述,新东方政策的现实性首先表现在它把顺应国际形势的变化与采取灵活的外交政策结合在一起,其次表现在它反映了当时德国社会中大部分人的社会心声,从而可得到广泛的支持。就社民党的性质而言,它是民主社会主义的改良政党,代表着德国的广大雇员阶层和其他劳动人民的利益,因此,它在制定其国际政策时首先必须考虑到它所代表的那部分人的利益。战后欧洲局势的紧张、东西方集团的对峙以及德国问题和柏林问题等,最终受害者还是广大劳动人民。因此,人民群众普遍反对战争,希望安定和和平。新东方政策紧紧抓住通过欧洲和平去统一德国这个中心环节,在很大程度上正是反映了这部分人的要求和心声。特别是当社民党成为执政党时,新东方政策的现实主义特性表现得淋漓尽致。从国家利益出发,新东方政策要求统一德国,但不承认民主德国。这看似矛盾,实则相容:统一德国是为了欧洲长久和平,不承认民主德国则是为了德国的重新统一。从民主社会主义的改良特性来看,新东方政策的现实主义,同时也就意味着渐进、改良:只有妥协、松动、和解,进而逐步渗透,才能达到德国统一。而任何敌对、僵化和紧张状态对于最终目的的实现——统一德国都是于事无补的。"运动就是一切"这句民主社会主义的至理名言运用于民主社会主义的国际政策也恰到好处——只有在不断的接触、交流等运动过程中,才有可能将民主社会主义的价值标准推而广之。从这个意义上来讲,现实主义的也就是理想主义的。而后来的德国统一在很大程度上恰恰证明了这一点。新东方政策的贯彻和执行,极大地缓和了自第二次世界大战结束以来欧洲存在的紧张局势,促进了东西方之间的谅解与合作,维护了世界和平,受到国际社会的较高评价。如果说,德国民主社会主义在世界上具有较大影响的话,新东方政策于此功不可没。

我们在评价新东方政策的积极作用时,对其消极影响也不可忽视。勃兰特的新东方政策包含着对东欧进行和平渗透的因素,尽管这一点不是新东方政策所特有的。早在1963年10月,勃兰特在西柏林发表演说时就曾明确提出西方国家同东方打交道时应采取"和平演变"的策略。在新东方政策思想主导下,东西柏林之间的紧张关系渐渐松动,东西柏林居民的相互往来日益频繁。正是通过这些起初并不起眼的"小小步骤",日积月累,滴水穿石,终至20世纪80年代末,柏林墙轰然倒塌,民主德国转瞬间被联邦德国"统一",东欧诸社会主义国家体制迅速瓦解,政权易帜。当然,我们不能把民主德国被联邦德国"吞并"和东欧剧变完全归因于新东方政策。从社会主义国家本身来看,主要是自身建设没有搞好。但如若没有新东方政策打开东西德之间和东西方之间的僵局,使得双方关系逐渐松动,往来频繁,相知日深,统一的进程可能要大打折扣,东欧的变化也可能没有那么迅速。因此,从历史发展来看,德国民主社会主义的新东方政策不仅缓和了当时欧洲紧张的政治局势,而且对日后两德统一、东欧剧变客观上起到了间接的促进作用。

第二节
国际社会——在安全和发展中维护和平

和平、安全和发展是德国民主社会主义国际政策的主旋律。和平是目标,发展是手段,安全是前提。没有国家的安全和国与国之间的安全,没有世界各国经济的共同发展,国际社会中的和平就成了空谈。

一、和平构想

社民党对和平问题的关注始于魏玛时期。在1925年海德堡纲领的"国际政策"一节中,社民党宣称"以全部力量反对任何加剧民族间矛盾和任何威胁和平的行动,要求和平解决国际争端并要求由强制性的仲裁法庭消除争端"。囿于当时的条件,德国民主社会主义和平政策的构想既不具体也不成熟,真正意识到和平问题的重要并将和平与安全联系起来共同考虑是在第二次世界大战以后。

随着第二次世界大战以来科学技术的迅猛发展,社民党在制定民主社会主义的国际政策时进一步认识到,在当今核武器、化学和生物等大规模杀伤性武器的时代,人类只能共生或共亡。这种历史上前所未有的抉择要求人类重新采取新的方式对待国际事务,尤其是对待保障和平问题。因此,社民党认为和平有两层涵义,首先,绝不允许把战争作为政治的手段,核战只会导致人类的灭亡;其次,和平不能仅仅停留在停战这一层次上,更重要的是它还意味着各国人民在没有武力、没有剥削和没有压迫中共同生活,意味着各国人民在经济、文化和生态、人权方面的共同合作。1959年哥德斯堡纲领以"国际大家庭"为题呼吁:"通过设立国际法庭、制定国际条约、承认各国人民的自决权和一切国家的平等,承认领土不可侵犯和不干涉别国人民事务等方式来保障和平。"勃兰特也特别强调指出:"只有和平才能使我们的世界得到安宁。和平只有得到安全的支撑才能传播开去。"[5] 1989年柏林纲领进一步指出:"和平是一项政治任务,而不是一项较量武器技术水平的任务。"[6] 为此,德国民主社会主义的和平政策的出发点是:(1) 和平政策必须有利于缓和权力冲突,寻求利益平衡,考虑共同利益,通过地区性的联合反对世界大国的霸权主义行径,用和平竞赛和政治争论的文化来解决不同社会制度、不同意识形态和不同宗教之间存在的对立。(2) 和平政策必打破军事官僚和军火工业利益集团的统治,将军工生产转为民用生产。(3) 和平政策必须立足于和平教育和和平研究,争取和平不只是世界大国和各国政府的任务,和平还需要各国人民的普遍参与,以增进各民族之间的相互理解,才能做到裁减武器和消除敌意。

但是,仅仅有良好的和平愿望是远远不够的。为了实现持久和平,必须保证国家安全和国际社会的共同安全,以及世界各国经济的共同发展。没有安全和共同发展作为前提条件,世界和平就只能是愿望而不能成为现实。

二、安全政策

由于第二次世界大战后德国被分割的特殊状况,德国对安全问题非常敏感。在很长一段时间内,在美苏冷战的态势下,德国的安全问题解决得不好,很容易牵一发而动全身,引发两个超级大国的冲突,加剧国际紧张局势。因此,如何制订一项妥贴有效的安全政策,对德国民主社会主义者是一场严峻的考验,在很大程度上也决定着德国民主社会主义的成败。如前所述,当社民党在野时,安全政策只是一种理论构想,至多也只起一种压力和舆论作用,而一旦社民党执政,德国民主社会主义的安全政策就成为国家的外交政策。对于一直谋求执政地位的社民党来说,安全政策对于该党能否执政以及执政形象能否得到国际社会的认可至关重要。

德国民主社会主义的安全政策有两个层次。第一个层次:国家安全。社民党主张,为了捍卫自由民主,赞成有条件的建立国防。也就是说,国防的主要目的是保证国家安全、保护平民百姓,国防军的规模、数量必须同德国的政治地位和地理位置相适应。其使命是:在结构上无进攻能力的情况下,以自身的防备能力防止战争的发生。同时,国防必须限制在为缓和国际紧张局势、为有效地监督裁军和为德国的重新统一创造条件的范围之内。第二个层次:国际社会的共同安全。对共同安全的涵义,勃兰特1988年在社民党建党125周年的集会上的讲话中有清楚地阐释。他认为,当今世界各国联系日益紧密,相互依赖性越来越大,这就要求人们采取一种新的行为方式,越出以往对安全和合作的理解。核时代要求实现共同安全并把潜在的对手当作共同生存的伙伴。唯其如此,才能保障民族的生存。为此,社民党要求通过国际法在全世界范围内禁止大规模毁灭性武器,实行普遍的和有监督的裁军,最终建立一个具有强制手段的国际法律秩序来取代各国的国防,实现人类永久和平。如果从这两个层次出发去考察新东方政策,显而易见,立足于缓和基础上的新东方政策就是德国民主社会主义安全政策的重要组成部分。新东方政策的巨大成功表明国际社会对德国民主社会主义安全政策的接受和认可。

在德国民主社会主义的安全政策方面,值得一提的是 1987 年 8 月 27 日社民党基本价值委员会和德国统一社会党中央委员会社会科学院共同签署的"意识形态争论和共同安全"的联合文件。在这一文件中,德国民主社会主义者将其安全政策建立在超越意识形态的全球缓和的基础之上。文件强调,在核武器时代,战争不再是政治的工具,核战意味着一切政治的终结和一切目标的破灭。因此,文件呼吁全人类超越不同的社会制度和意识形态的分歧,在和平共处和共同安全的基础上,不仅在军事领域,而且在政治、经济和人道主义领域,建立有效的和持久的国际安全体系,为共同安全结成伙伴关系,开展不同制度的竞赛和文明的政治争论。文件还特别指出,由于生产力发展已经超越了国界,全球性问题日益尖锐,因此两种制度和不同国家之间的合作是发展国家和世界经济的前提,是逐步解决全球性人类问题的前提,是消除世界的贫穷和不发达的前提,是文化和信息交流的前提,简言之,是人类文明发展的前提。这一文件虽然只是与民主德国签署的,但实际上它不仅仅只是针对民德,而且是同时表明了社民党对整个国际社会和平与安全政策的构想。

三、共同发展

第二次世界大战以后科技的迅速发展,生产力的飞速提高,世界经济的日益网络化、国际化以及国际经济的高度交织,使得单靠一国采取措施已不再能够解决经济发展问题。世界经济体制内部虽然相互依存,但这种相互依存往往有利于发达国家而不利于发展中国家。例如,发达国家由于失业问题加强本国的贸易保护主义倾向,从而使发展中国家失业人数进一步增多。而经济危机和大量失业,在德国民主社会主义看来是世界大战的潜在的因素。因此,德国民主社会主义者主张加强国家间的合作和调节手段的国际化,争取世界各国经济的共同发展;主张在协调世界经济的过程中,本着相助的精神,平衡发达国家和发展中国家的利益,促进世界各国经济发展和财富的重新分配,以确保世界和平秩序的建立和巩固。为此,德国民主社会主义者除极力赞成北南合作和南南合作以外,还提出了以"于邻有益"取代"以邻为壑"的政策主张。这一政策主张的提出始自20世纪70年代,即社民党踌躇满志执掌政权之时。当时,世界经济陷入一种实际增长率低、周期性贸易收缩、创纪录的失业与贫困之中。经济危机殃及世界经济和政治关系的各个领域。无论北方还是南方国家,都被迫采取守势。在国际货币基金组织的压力下,许多贸易逆差国都设法削减进口,降低成本,以增强竞争力。在世界经济一体化的情况下,一国的进口即是其他国家的出口,削减进口就会压缩全世界贸易。这种"以邻为壑"的紧缩政策,对世界的整体发展极为不利。因此,社民党提出"于邻有益"代替"以邻为壑"的国际经济政策主张,呼吁思想相近的政府实行有计划的合作,建立一种新的世界经济的发展模式。这一模式的基础是通过重新分配求得各国经济的复苏和增长,而不是通过经济增长来进行重新分配。德国民主社会主义者认为,如果没有全球性需求的扩大,以及工农业之间、社会各团体和阶级之间、世界经济各个区域和地区之间开支和资源的重新分配,就不可能实现世界经济的全面复苏与发展,国际政治、经济的紧张局势也就不可能真正得到缓解。总之,德国民主社会主义者"于邻有益"、共同发展的政策目标是一种在社会积累和重新分配的基础上,而不是在通过不平等取得增长的基础上的新型的发展模式。这一模式对国际局势的稳定发展是有利的,因而在国际上引起较好反响,并成为社会党国际的一项主要经济政策。

　　从德国民主社会主义国际政策的运行轨迹来看,首先,变紧张为缓和,然后,从缓和到发展、到和平。其中,缓和是这一政策的核心,是从对抗走向和平的桥梁。只有从缓和着手,才能化干戈为玉帛,变冲突为合作,从相互不信任、敌视走向互相理解和和睦相处。以缓和为核心,以安全、发展为手段和以和平为目标的德国民主社会主义国际政策的推行使国际局势发生了很大变化,勃兰特因之获诺贝尔奖当之无愧。这一政策蕴含的许多积极因素是值得吸取和肯定的。当然,如果我们以为,德国民主社会主义者在推行缓和、妥协政策的同时放弃了其基本价值,那就大错特错了。德国民主社会主义从实用性出发推行的缓和国际紧张局势的政策只是一种暂时的妥协,只是由于"地理位置处在东西方不同的社会制度相互采取敌对行为的最前沿,比其他人更容易受到指摘和伤害",因而才"率先行动",超越意识形态,谋求共同安全,其最终目标仍是要实现民主社会主义基本价值所规定的多元化、人权、自由等。对此,德国民主社会主义始终未予放弃。勃兰特丝毫没有忘记:"致力于以共同安全为基础的缓和政策并没有使社会民主党人和共产党人相互间观点的基本分歧消失。"[7]对于社民党与共产党之间关系的实质,社民党理论家迈耶尔一再告诫社民党人,说共产党"实际上不是与我们合作解决人类普遍面临问题的力量。我们一直理所当然地与它就人权、民主、多元论和自由问题进行和平而激烈的争论。""在我们基本价值涉及的绝对民主、人权和多元论问题上是不允许讨价还价的。"[8]总之,社民党推行缓和政策是与联邦德国所处的政治地理位置的敏感性密切相关,并不表示放弃了基本价值。所谓"超越意识形态分歧",从主观上来看是社民党树立形象的一种权宜之计和力图重新执政的策略手段,在客观上则扩大了德国民主社会主义的影响,提高了德国民主社会主义的国际地位。因此,我们在看到德国民主社会主义国际缓和政策积极作用的同时,切不可忽视社民党与共产党在自由、民主、人权等一些基本的价值观念方面的尖锐分歧,而应始终保持清醒的认知。

注:

(1) 克·哈普雷希特:《维利·勃兰特——画像与自画像》,上海人民出版社1976年版,第241页。

(2) 特奥·皮尔克:《希特勒以后的德国社会民主党》,1965年德文版,第55页。

(3)(5) 维利·勃兰特:《人民和政治:1960—1975》,波士顿1976年英文版,第295—296页,第236—237页。

(4) 尼克松:《领导者》,世界知识出版社1983年版,第195页。

(6)《德国社会民主党简史(1848—1990)》,1991年波恩德文版,第469页。

(7)《新社会》,1986年波恩德文版,第347页。

(8) 参见《新社会》1987年第10期。

结　语

一

从对德国民主社会主义模式来龙去脉的整体研究可以看出,德国的民主社会主义诞生于国际社会主义运动中修正主义和马克思主义之间发生冲突的时期。如果以德国的历史进程来划分,德国民主社会主义发展至今可以划分为四个阶段:(1) 潜发展阶段,19 世纪德国社会民主主义向民主社会主义的转化;(2) 萌芽阶段,从 19 世纪末 20 世纪初至第一次世界大战,提出民主社会主义的一些基本概念(主要是政治民主的改良);(3) 框架阶段,即两次世界大战之间时期,构建民主社会主义思想体系的基本框架,政治民主增加反对专政的内涵,经济民主理论也已比较成熟。用托·迈耶尔的话来说就是,这一时期德国的民主社会主义"进一步发展了修正主义关于社会主义的一些观点,并将其具体化和精确化";(4) 模式化阶段,即战后至今,特别是在参政执政时期将民主社会主义政纲变为国策,无论是对德国、对国际社会民主党还是国际政治社会,均以模式化态势产生巨大影响。这一阶段最重要的标志是哥德斯堡纲领,该纲领使修正主义的主要内容成为现代民主社会主义的理论基础。

综观四个发展阶段,德国民主社会主义是建立在改良的修正主义或修正的改良主义(修正马克思主义的改良主义)的基础之上,对马克思主义的修正和改良就是德国民主社会主义的理论基础。这种修正和改良之所以能逐步扩展，成为一种思潮、运动乃至模式，一方面，是因为有其深厚的社会历史根源，另一方面，也是一大批改良主义者有意识传播的结果。

德国民主社会主义是德国历史发展的产物，是德国社会民主主义改良思潮流变和改良运动演进的必然结果。无论作为一种思潮还是作为一种运动，德国民主社会主义都源远流长、历史悠久。在德国工人运动的历史上，德国社会民主主义的改良一而再、再而三地表现出来，虽然曾有一段时间马克思主义在社民党内占有主导地位，但改良思潮始终绵延不断，并终占上风。在资本主义长期和平发展的条件下，在资本主义从自由竞争发展到垄断的时代变迁过程中，在中产阶级人数逐渐增多、社会阶层分化的社会转型期，作为德国重要的社会基础的小资产阶级及其思想的主要表现形式——改良主义思潮极易膨胀，经伯恩施坦之手点化，社会民主主义演化为民主社会主义是德国历史发展的必然。德国民主社会主义从最初的概念发展为两次世界大战之间时期初具规模的思想体系是魏玛议会民主制共和国所提供的改良实践的产物。而这种改良在战后联邦德国的进一步强化则与德国独特的历史背景有关：德国在战争期间经历了法西斯独裁统治，这促使社民党人在战后特别强调民主、自由、人权和伦理道德因素，坚决反对任何形式的专政；战后德国一分为二，联邦德国处在东西方不同社会制度和不同意识形态的夹缝之中，这就迫使以夺取国家政权为目标的社民党人要想在夹缝中谋生存、求发展，就必须对外开拓缓和之路，"以接近求转变"，对内谋求与其他政党的广泛的合作，只有合作才能保持国家的稳定，在重树德国形象的过程中建树社民党的温和形象。而无论是强调民主、自由还是谋求缓和和合作，都必须以改良、妥协为基础——民主、自由权利的逐步扩大，缓和、合作进程的逐步进展都是政党政治改良、妥协的产物。无论是社民党、自民党还是基民盟—基社盟，各党在内外事务的某些细节方面可能有不同意见，并且也可能有激烈的辩论，但在基本原则上，联邦德国各党比法国或意大利各党都具有更大的一致性。德国社会民主党的政策主张根据需要始终是"稳定体制"的政策和"变革体制"的政策。而一旦变革（改良）涉及到体制稳定时，即以稳定优先，改良置后。之所以出现这种状况,绝不是源于德国人的天性,而是由于德国民主社会主义者不得不接受德国现存的社会体制和格局——因承受战争和被分裂的后果而出现的局面。所以,战后德国民主社会主义以改良为特征树立起自身的温和形象,逐步赢得世界性影响,是德国历史造成的。如果社民党以一种革命斗争的而非改良的政党的面貌出现,与德国历史的发展不合拍,德国民主社会主义绝不会取得今天这样大的影响和成就。

从理论上来看,德国民主社会主义影响大的一个很重要的原因是具有较大的理论张力。相对于其他几种民主社会主义模式来说,德国民主社会主义理论上较为系统和完整。德国人素以抽象思维、理论思辨能力强而著称。且不说费希特、黑格尔、谢林、康德等著名的哲学家,即以德国工人运动为例,马克思恩格斯吸收前人的理论遗产,在德国工人运动和欧洲其他国家工人运动的基础上创立的马克思主义对德国工人运动的历史和现状以及整个国际工人运动产生了巨大而深远的历史影响。至今社民党内传统的马克思主义者仍有一席之地,时时给党内右派以掣肘,尽管影响在日益缩小。德国工人运动史上一个接一个的"主义"和改良思潮为德国民主社会主义提供了丰厚的理论遗产。波尔恩式的改良的社会民主主义,拉萨尔及其拉萨尔主义,伯恩施坦对马克思主义的修正及伯恩施坦主义,考茨基及考茨基主义,以及新康德主义的马堡学派、弗莱堡学派等等,德国民主社会主义就是建立在这些理论家及其创立的"主义"、"思潮"、"学派"的基础之上。有了深厚的理论基础,再加上深受善于构建理论大厦、动辄创立思想体系的传统思想的影响,经盖尔、希法亭、内尔逊、艾希勒,以及奥伦豪尔、舒马赫、勃兰特、席勒、埃普勒、迈耶尔等,德国民主社会主义遂逐步发展:从概念到体系,从理论到实践,从运动到模式。多元主义兼容并蓄的主导思想和以伦理为特征的自由、公正、相助的基本价值论构成德国民主社会主义的思想主线。尽管这一思想体系内容庞杂,自称承继了多种思想渊源,流派众多,但主要的理论支撑点仍有迹可循:国家理论、民主理论、混合经济理论、总体调节的政策主张,以及社会政策思想、国际政策思想等构成德国民主社会主义思想体系中主要的理论结构要件,使这一思想体系层次日益丰满。

哥德斯堡纲领不仅是使德国社民党走出困境、走向执政的理论界碑和历史起点,而且是对社会党国际1951年法兰克福宣言民主社会主义理论的彻底阐述,成为其他国家社民党制订纲领的理论楷模。哥德斯堡纲领以其特有的理论张力在国际社会民主党民主社会主义思想体系中独树一帜,纲领提出的基本原则,至今仍是德国社民党乃至国际社民党赖以遵循的行动准则。

自从哥德斯堡纲领发表以后,欧洲许多国家的社民党大都按照德国社民党的提法,自称为人民党或劳动人民党,而不再称为工人阶级的政党。德国社民党提出的基本价值成为社会党国际联结各国社民党的思想纽带,各国社民党在基本价值的基础上再根据各国实际情况提出了适合于自身发展和国际合作的理论原则。20世纪60年代末,社会党国际受到德国社民党提出的与东方谋求缓和路线的强大影响,改变了以前的冷战政策,开始接受德国社民党提出的"新东方政策"。自1974年德国社民党主席勃兰特兼任社会党国际主席后,德国社民党的威望、德国民主社会主义的理论张力在勃兰特卓有成效的努力下突出表现出来。社会党国际在国际政治中的影响越来越大就是证明。由于德国民主社会主义对国际社会民主党的影响和渗透,以至于有些社民党领导人认为社会党国际似乎成了德国社民党对外政策的工具。这种说法虽然有点夸张,但德国民主社会主义的理论影响力可见一斑。甚至在20世纪80年代末90年代初的东欧演变过程中,也可以看到这一理论思想的影响。如1990年4月,保加利亚共产党易名为保加利亚社会党,在6月举行的大选电视辩论、改名后的保加利亚社会党主席利洛夫回答反对派提出的"在马列主义的经典著作中找不到所谓的'民主社会主义'的新提法"时,利洛夫就搬出了德国社民党主席勃兰特关于民主社会主义的理论阐述来证明民主社会主义的提法是有理论根据的。由此可见德国民主社会主义的理论影响和渗透确实非同一般。

当然,理论具有强大影响是一回事,理论能否和实践紧密结合则是另一回事。纵观德国民主社会主义运动发展的历程,指引运动进程的理论和实践始终处于一种若即若离的脱节状态,尽管在一定时间内也曾结合得较好。德国人长于理论思维,但理论和实践的结合却往往很难,更多是处在脱节状态,且脱节呈现着一种右倾的姿态:在德国民主社会主义发端时期即19世纪末20世纪初,德国社民党基本上是马克思主义的理论,但在工人运动中改良的实践却在悄然进行,理论和实践处于若即若离之中(参见第六章第一节);两次世界大战之间时期,虽然在党的正式纲领中的理论表述仍是马克思主义,但是这种马克思主义的理论表白已没有什么实际意义。社民党在参政、执政的实践中逐步地、公开地、堂而皇之地改良和妥协,党的性质也在逐步地向人民党方向转变,马克思主义词句只是成为改良实践的一种点缀。甚至党纲中马克思主义的阐述往往却得出改良主义的结论(如1921年格尔利茨纲领将消除资本主义不平等淡化为一种"道德的要求")。改良的实践需要改良的理论,因此,在另一个理论层面上,民主社会主义的大的理论框架在逐步形成。两次世界大战时期,德国民主社会主义的雏形成为战后德国社民党在联邦德国政党政治中妥协、改良的理论先声。这一时期,改良的理论和实践虽未紧密结合,但结合似乎隐约可见。后来法西斯的崛起扭曲了德国历史的正常发展,打断了这一可能的结合。战后,德国民主社会主义理论和实践的结合仍然何其艰难,直到哥德斯堡代表大会,这一结合的过程才得以完成。

哥德斯堡纲领对民主社会主义理论的彻底阐述解决了社民党马克思主义理论和改良实践的背离,首次完成了改良主义理论和实践的统一。哥德斯堡纲领反映和进一步指明了德国民主社会主义者改良实践的方向,团结了党内大多数,为广大选民所接受,使德国民主社会主义深深地扎根于德国社会改良的实践之中。在哥德斯堡纲领指导下,德国民主社会主义获得了长足的进展,德国社民党迅速走上政坛,从配角到主角,演出了一幕幕颇有影响的民主社会主义活剧。马克思曾经指出,理论在一个国家的实现程度,决定于理论满足于这个国家的需要程度。德国民主社会主义的理论和实践的结合在德国乃至在世界上产生影响,说明德国民主社会主义尚能在一定时间内和一定程度上被德国现存资本主义体制接纳和认可,德国民主社会主义适合了当时德国社会的发展。然而,这种理论和实践的结合不可过分夸大,也只是"在一定时间内和一定程度上"。因为,二者的结合并非十分紧密,因此二者的统一也并非一成不变。且不说社民党在野时期,即使在参政、执政时,社民党有限的改良也时时遇到其他政党的掣肘而大打折扣,德国民主社会主义的一些社会、经济政策在触及到资产阶级的根本利益时往往遭到激烈反对而难以有效的贯彻。即使是基本价值,若与现实政治发生冲突也得让位,更谈不上完全兑现。这就出现一种新的脱节现象:改良理论往往不能到位,在实践中大大变形走样。在德国民主社会主义近百年的发展过程中,社民党理论和实践的脱节问题始终未能彻底解决,从马克思主义理论与改良实践的背离,到改良理论和实践的大致统一,经过短暂的紧密结合(主要是在20世纪六七十年代),又回复到脱节,这是另一种意义上的脱节,即改良的理论在资本主义制度框架内的可行性遭到了限制。出现脱节现象的原因是多方面的,但其中最主要的一点,则是理论走在了实践的前面。

从理论和实践的关系而言,一般来说,理论应当适当超前,不能滞后,但理论不能超出实践过远。过分超前或者滞后的理论对实践的指导价值就会大大降低,脱节也就在所难免。当马克思主义历经艰难曲折,战胜种种非马克思主义思潮,好不容易在社民党内占主导地位可以用革命的理论去指导革命实践时,德国工人运动中改良思潮的影响却仍十分强大,小资产阶级的广泛存在,新的中产阶层的大批出现以及工会运动的改良实践顽强地抵制着马克思主义革命理论的思想影响。因此,就出现这样一种奇怪的现象:马克思主义革命理论用以指导俄国和中国的革命实践行之有效,而产生马克思主义的德国本土却始终未能将这一理论变为现实。随着德国历史的发展,马克思主义理论与德国工人运动似乎距离越来越大,而改良的理论——民主社会主义却蓬勃兴起,德国改良的实践需要改良理论的指导,民主社会主义的改良应运而生成势所必然。但即使是民主社会主义的改良,在资本主义制度框架内也难以被全部吸收和包容,于是又出现新一轮民主社会主义改良理论与实践的脱节。这就说明,德国民主社会主义的改良与德国历史和现实的发展仍有一定的距离。德国民主社会主义到底能走多远,在资本主义制度范围内能否走得通,德国民主社会主义的社会目标和理想如何一步步地成为现实,民主社会主义的基本价值——自由、公正、相助能否真正落实到位,在人们心中还得打个问号。但有一点可以肯定,不管德国社民党是否想或能够解决德国民主社会主义理论和实践的脱节,继续右倾,向全社会各色人等、向各种意识形态全面开放,并在很大程度上趋同于资产阶级政党的政策主张(资产阶级政党也时时做出一些认同于民主社会主义改良的让步)是必定无疑的。

二

德国民主社会主义一个很重要的特征,是随时根据实际情况的需要而做出妥协。特别是自20世纪50年代末以后,社民党的政策举措反对政府的声调明显降低,努力寻求同政府合作。在采取何种经济体制和德国统一步骤问题上,德国民主社会主义者从反对社会市场经济到逐步向社会市场经济靠拢到最后完全接受,从反对同西方结盟到赞成德国加入北约,接受北约联盟的保护。在这两个事关德国社会发展和国家、民族的安全问题上的重大转变,极大地改变了社民党在国内各阶层民众中的形象,扩大了选民对社民党的政治认同和归属。正是由于这种现实主义的改良、妥协,才使得日后社民党不再始终是处于在野党地位,徘徊在政权边缘,而是打开通向执政之门进入政权之中,从参政到执政,进而部分地实施民主社会主义政策纲领。应该说,这种妥协对执掌政权来说是必要的,也是不可避免的;是实用主义的,也是现实主义的。讲它是实用主义,是因为社民党一切以夺取政权为依归;讲它是现实主义,是说这种僵硬不变的思想路线已不符合德国当时的实际状况,只有进行现实主义的改变,党才能重新焕发活力。一个党的纲领政策如若不结合本国实际随时做出修正,党就必然会失去群众基础,得不到选民的拥戴,政治地位必然下降。政党最终目标是夺取政权,而在西方社会,在德国,夺权的前提条件是争取选民多数。这种政党以取得政权为指向的本质属性必然要求的实用主义和改变政纲的理性的现实主义的结合,改良、妥协、第三条道路、平静的革命等等就毫不奇怪了。在议会民主传统和多党政治体制条件下，社民党欲想执政，实现民主社会主义的目标，只有通过不断的妥协。德国民主社会主义的妥协、改良是德国议会民主、政党政治的必然产物。

对于德国民主社会主义超阶级的国家观和民主论，我们应予严肃地批判。我们始终坚持无产阶级专政并利用这一专政最终消灭国家。德国民主社会主义唯心主义的基本价值论将伦理绝对化是不科学的。基本价值中的自由在政治上的要求是主张多党制、思想上主张多元化；公正强调的是在经济生活中生产资料的占有不平等的条件下经济权力的分配应当公正，所以提出工人参与、共同决策、雇员参与企业资本和股份等；相助更多的是体现在社会政策领域中以公正为基础的福利再分配和国际团结、国际合作等。以基本价值作为思想主线提出来的一系列政策主张，在一定程度上减轻了资本主义经济发展所造成的严重后果，在德国国内产生较大的吸引力，被大多数群众所接受，促进了德国社会的平稳发展。德国民主社会主义主张的政治上的多党制和思想上的多元化与我国坚持共产党领导的多党合作制和以马列主义、毛泽东思想、邓小平理论"三个代表"重要思想为主导的一元意识形态尖锐对立，但让少数人讲话、特别是让持不同意见的人讲话的思想言论自由对于我们广开言路、倾听各种声音、促进社会稳定则具有借鉴和参考价值。社会主义不是道德的结果，不是如艾希勒所说"追求在政治上和经济上实现伦理目的"，而是生产方式矛盾运动的产物。抽象的伦理不是社会主义的出发点和归宿。社会主义的发生、发展、运动的深刻根源只有到经济关系中去寻求，对此，我们应有清醒的认识。在此基础上，对于德国民主社会主义从公正、相助角度提出的共决制以及一系列社会福利的政策思想、环境保护和生态平衡、劳动人道化等，我们完全可以采取"拿来主义"，去其糟粕，取其精华，对之进行积极的扬弃，为我改革服务，为四化建设服务。

德国民主社会主义从"社会国家"、"法治国家"出发得出的一些正确的认识和主张，对于我们如何更好地发挥社会主义国家的功能和作用具有启发意义。德国民主社会主义从生态角度提出的环境保护政策，重视职业教育和职业培训促进生产发展，为保障充分就业、维护社会稳定提出若干劳保措施和一系列社会福利政策，单纯的经济增长已没有前途、要按质量标准来衡量经济增长的真知灼见等，对于我们正确认识和解决在我国改革开放、促使经济腾飞过程中出现的若干相伴生的社会问题，以及以人为本的建设和谐社会，注重人与自然协调发展、经济与社会协调发展、城市与乡村协调发展、地区经济协调发展等都有相当重要的参考价值。德国民主社会主义者以和平、发展为主调的国际政策与我们国家的和平外交、建立国际政治经济新秩序的主张也有相当的共同性。其他如国际援助、南北合作、东西对话缓和国际紧张局势、不同意识形态之间和不同社会制度之间可以共存共处的主张等等都是值得欢迎和肯定的。当然，我们说基本价值可以扬弃并不是意味着全盘接受，基本价值在政治上与科学社会主义的对立是不容抹煞的客观存在，勃兰特在与东方搞缓和时提醒民主社会主义者的名言"安全伙伴并不意味着是价值伙伴"对于我们同样是一种警醒——我们在扬弃民主社会主义时应有自己的价值判断。

  关于德国民主社会主义的经济理论，其中混合经济思想主张的生产资料占有形式以私有制为主、公有制为辅是以不根本触动资本主义制度为前提的。将这种以私有制为主的混合经济绝对化为走向社会主义的必然道路从理论上来讲是说不通的。社会主义社会最终是要消灭生产资料私人占有的。在消灭私有制问题上，我们不能同意德国民主社会主义认为所有制形式是无所谓的混合经济观。但是，对德国民主社会主义的社会市场经济模式的积极作用应予辩证。尽管社会市场经济的始作俑者不是社民党，但倘若没有社民党百余年来强大的社会民主主义—民主社会主义的改良运动，德国的市场经济不可能那样重视社会因素。尤其是社民党执政以后，承继了联盟党艾哈德的社会市场经济并有所发展，提出"总体调节"以及"中期计划"等国家宏观调控的方法和手段，使联邦德国顺利渡过20世纪60年代末期战后首次遇到的经济危机。社民党对市场经济的作用及其局限、国家计划的功能和任务的认识，社民党强调在市场经济过程中重视国家调控举措，以及如何使经济发展始终保持相对平稳、均衡，而且这个均衡不是国民经济的所有领域和所有部门齐头并进、结构比例原封不动，而是在国民经济的各项重大比例关系中不出现严重的、长期的和多方面的比例失调,不造成对整个国民经济和人民生活相当有害的、特别明显的"长线"和"短线"等等,德国民主社会主义的社会市场经济模式都给我们提供了有益的启示。从这一模式提供的经验可以看出,市场机制并非万能,总会在某些方面、某些时候失灵或失效,损害一些人的利益,造成结构性失业和地区差别,因此需要国家来引导和调节,运用社会保障制度和政府的财政手段来校正竞争的偏差,对在市场经济活动中利益不能完全体现出来的那部分人予以社会保障、照顾和救济。在尽可能的放开市场,即尽量发挥市场机制作用以后,让国家多收(税收)、多花(合理支出)和多管(制订法规),进行宏观调控,促进社会公平,克服分配不均,达到社会稳定,是非常必要的。"市场经济+总体调节+社会保障"的德国民主社会主义经济发展模式对于我们建设社会主义市场经济体制确可借鉴。只要我们坚持社会主义方向,坚持以公有制为主体以及与公有制相适应的按劳分配制度,坚持解放生产力、发展生产力、消灭剥削、消灭两极分化和共同富裕的社会主义的本质特征,那么,从市场经济根据价值规律配置资源既不姓"资"、也不姓"社",不是区分社会制度的标志来说,从我国正在进行社会主义市场经济体制建设,重视社会主义国家的宏观调控手段来说,德国民主社会主义的社会市场经济完全可以大胆借鉴。当然,不能全盘照搬,应根据中国的国情予以扬弃。

德国民主社会主义运动中党和工会的关系颇耐人寻味。工会中立作为国际工人运动中的一种改良主义思想倾向,在德国表现得比较充分。但无论是工会中立还是独立,对德国民主社会主义的改良运动都共同起着推动作用。从历史发展来看,在工人运动之初和资本主义长期的和平发展年代里,工会中立和工会独立都有利于积聚力量,壮大工人队伍。特别在德国这样一个奉行政党政治、具有议会民主传统的国度,党与工会彼此独立又互相合作,工会作为重要的压力集团通过种种途径对议会和政府施加影响,有利于社民党更好地开展议会斗争。社民党是从事政治活动、以取得政权为目标,以便把党的政纲变为国家政策的政治组织,而如果得不到工会的支持,社民党纲领和政策的影响力就会大大减弱,从而无法持续保持强大的政治力量。反过来看,工会不以党作为政治"靠山",工会运动的发展也要大打折扣。所以,工会形式上的"独立"、实际上作为重要的压力集团倾向于社民党并通过党来满足自身的要求,对双方都有利。社民党不是象英国那样的"工会党",德国工会也不是没有独立性的、依附于党的"党工会",党支持工会的经济斗争,工会支持党的政治斗争,二者互不干涉,互不替代,而是互相支持,互相补充。工会若失去了自身的独立性,与党捆在一起,那样反而不利于社民党民主社会主义政策的推行,从而不利于德国民主社会主义运动的扩展。特别是德国曾经经历过法西斯专政,许多人对政治不感兴趣,在这种情况下,独立的工会容易成为较好的利益代表,可以帮助社民党争取到一大批工人群众,使德国的民主社会主义运动有一个较为广泛的群众基础。所以,德国民主社会主义运动中党与工会这种地位相等、相互独立的平行发展,比较符合资本主义国家利益多元社会的发展要求,使党和工会在政党政治的角逐中均可立于不败之地。但是,工会和党这种各自独立发展的关系模式是有条件的。在资本主义长期和平发展中,这一关系模式的弊端尚未暴露。与为谋取执掌政权而斗争的政党不同,工会毕竟主要是从事经济斗争的群众组织,党和工会不同的性质和不同的社会政治作用决定了工会必须由党来领导。在资本主义社会中,工会对政治斗争完全保持中立或独立是根本不可能的。工会与党平起平坐甚至凌驾于党之上,只会给革命斗争带来危害。革命政党应正确处理好与工会的关系。粗暴地干涉工会工作当不可取,任工会独立发展亦不妥当。正确的做法应是始终重视对工会的领导以及对工会会员思想理论上的指引,引导工会从自发的经济斗争向自觉的政治斗争转化。德国战后几十年来一直平稳发展,在党与工会的关系问题上未显大的波折与动荡。目前工会独立于政党政治这一关系模式能否经得起未来德国社会发展变化的检验,现在下结论还为时尚早。但有一点可以肯定的是,在社会转型期,党应紧紧地将工会控制在手中,这样才能果断地、不失时机地通过各种手段把革命运动的发展推向前进。

三

从德国民主社会主义的发展来看,社会主义的进程没有像第一、第二次世界大战结束以后的苏联、东欧和中国那样以革命性变革的方式推动和催生,德国社会民主党一直在用和平、民主的方法对资本主义进行改良。关于用民主的方法改造资本主义,马克思恩格斯曾有过这样的思想。马克思在第一国际纲领形成过程中所写的一些著作,曾经讲过在政治民主的范围内逐步实现社会变革,即一旦国家有了民主的结构,工人阶级组织得很好和拥有强大的力量,而资产阶级军事力量又较弱的情况下,就有可能一步一步地把资本主义社会改造成社会主义社会。民主的国家可以废除个别部门的资本主义原则,代之以符合社会主义标准的条件。马克思提到过的这种社会主义变革的因素是:制订保护工人的立法,限制每天的工作时间,对工人子女实行义务教育和发展合作制度等(德国民主社会主义者认为,马克思设想的这种社会主义变革可以"在民主基础上采取经过深思熟虑的建设性的步骤和使用和平的手段")。恩格斯晚年也讲,工人阶级行使政治权力和对社会进行社会主义改造,最适当的组织是民主共和国。恩格斯认为,民主共和国是"无产阶级专政"的真正媒介。此外,恩格斯曾预计,如果社会民主党在改造资本主义社会的问题上赢得了多数人的支持,那么经济上占统治地位的阶级会毫不犹豫地取消政治民主,在这种情况下,工人阶级就必须用暴力进行反击,以恢复和捍卫民主。

但是,从德国的发展情况来看,当社民党赢得了多数人的支持以后,政治民主并未取消,因此也无需进行暴力革命。即使在未获选民多数、长时间在野的情况下,政治民主也仍然一如既往。社民党作为德国政党政治中的一个大党,与其他政党轮流执政,共享政治民主。社民党有长期的议会活动实践,积累了较丰富的议会斗争经验,因此在资本主义民主框架内游刃有余,或参政、执政,或成为最大的在野党。在西方发达资本主义国家,当资本主义社会的发展还并没有使无产阶级贫困化积累到相当严重的程度、还不具备革命形势时,当人民群众的生活水平普遍提高、资本主义的生产关系还有一定的弹性,还能容忍资本主义生产力继续发展的时候,运用民主改良手段改造资本主义是一种积累和壮大力量的现实可能的较好选择。但是,如果已经具有革命形势而仍一味地沉湎于改良主义之中,贻误大好时机,这种改良应予坚决摒弃。应交替使用改良和革命的两手,促成资本主义向社会主义的转化。没有革命形势硬要革命,是为盲动;已有革命形势而不敢革命,是为保守。极端作法,均不可取;有机结合,方为上策。

虽然德国民主社会主义的改良作法影响较大,但由于资本主义世界的现实矛盾重重,资本主义制度能为德国民主社会主义的改良目标提供的现实可能性毕竟有限。德国民主社会主义不触动资本主义的框架结构,在资本主义内部进行小打小闹的点滴改良,没有从根本上改变广大劳动人民受压迫受剥削的地位。用民主改良的方法改造资本主义,并进而实现社会主义,至今还未在任何国家被证明有效。在不触动资本主义制度的条件下妄谈自由、民主、公正等是不可能的。点滴改良成了对资本主义的加固而不是削弱。虽然德国民主社会主义的推行使德国劳动人民的生活有相当程度的改善,公民的民主权利也有一定程度的扩大,但这都未超出资本主义所允许的范围。何况战后德国社会民主党大部分时间在野,德国民主社会主义所谓影响巨大、得以夸耀的年代也仅仅是20世纪六七十年代。德国民主社会主义一系列政治、经济、社会目标和措施在短暂的十几年执政中不能说这一模式已示成功。德国民主社会主义在一些根本之点上如无产阶级专政、阶级斗争、消灭生产资料私有制、以马克思主义作为党的指导思想等与科学社会主义的尖锐对立是显而易见的。我们在建设有中国特色的社会主义——科学社会主义时与民主社会主义应坚决划清界限。当然,划清界限并不妨碍我们吸取其中于我有益的方面。

目前德国社会民主党仍在执政,但德国统一遗留问题多多,德国在欧洲一体化进程、欧盟立宪等重大的欧洲一体化事务中肩负着欧洲大国的政治责任,诸多政治思潮、政治结构的相关变量在变动的欧洲、变动的德国社会中有着很多不确定性。但无论德国社民党是否持续执政,有一点可以肯定,德国民主社会主义要在实践中贯彻推行其基本的政治经济目标,必然会遇到现行制度的抵制和约束,大部分目标可能都无法兑现或者大打折扣。特别是经济民主、社会福利的诺言要完全兑现相当困难。当然,德国民主社会主义还处在发展变化之中,对其提出的新的改良措施和手段及其发展趋势,还有待进一步观察、研究。

参 考 文 献

1. 〔德〕韦·阿贝尔图斯:《德意志联邦共和国经济史》,商务印书馆 1988 年版。
2. 〔德〕路德维希·艾哈德:《来自竞争的繁荣》,商务印书馆 1988 年版。
3. Bender, Peter: Neue Ostpolitik: Vom Mauerbau zum Moskauer, Muechen, 1986.
4. Berstein, EEduard: Texte zum Revisionismus, Verlag NeueGeselschaft, Bonn-Bad Godesberg, 1977.
5. 〔德〕卡尔·艾利希·博恩等:《德意志史》第三卷(上、下),《从法国革命到第一次世界大战(1789—1914)》,商务印书馆 1991 年版。
6. Born, Karl Erich (Hg.): Moderne deutsche Wirtschaftsgeschichte, Koeln/Berlin, 1966.
7. 〔德〕维·勃兰特、〔奥〕布·克赖斯基、〔瑞典〕欧·帕尔梅:《社会民主与未来》,重庆出版社 1990 年版。
8. Bracher, Karl Dietrich [u. a.] (Hg.): Geschichte der Bundesrepublik Ddutschland, Bd. 1—5, Stuttgart/Wiesbaden, 1981.
9. Braunthal, Julius: Geschichte der Internationale, 3 Bd, DietzVerlag, Berlin, 1978.
10. Brock, Adolf [u. a.]: Die Wuerde des Menschen in der Aarbeitswelt, Europaeische Verlagsanstalt, 1969.
11. Bruns, Wilhelm: Die Ost-West-Beziehungen am Wendepunkt? Bilanzund Perspektiven, Verlag Neue Gesellschaft, Bonn, 1988.
12. Bruns, Wilhelm/Christian Krause/Eckhard Luebkemeier: Sicherheitdurch Abruestung, Orientierende Beitraege zum Imperativ unsererZeit, Verlag Neue Gesellschaft, Bonn, 1984.

13. 〔苏〕斯·布赖奥维奇:《卡尔·考茨基及其观点的演变》,东方出版社 1986 年版。
14. 曹长盛主编:《两次世界大战之间的德国社会民主党(1914—1945)》,北京大学出版社 1988 年版。
15. 曹长盛:《民主社会主义同科学社会主义的对立和区别》,中国高等教育 1990 年第 9 期。
16. Cassel, D.: Wirtschafspolitik in Systemvergleich, Verlag Vahlen, Muenchen, 1984.
17. 陈乐民:《战后西欧国际关系(1945—1984)》,中国社会科学出版社 1987 年版。
18. 陈秀山、雷达:《市场·国家·国际协调——资本主义市场经济是怎样运行的》,中国青年出版社 1993 年版。
19. 陈宣圣、汉民:《德意志的明天》,四川人民出版社 1992 年版。
20. 〔德〕维·赫·德拉特:《维利·勃兰特传》,商务印书馆 1989 年版。
21. 〔法〕雅克·德罗兹:《民主社会主义(1864—1960)》,上海译文出版社 1985 年版。
22. Dietz Verlag: Kleines politisches Woerterbuch, Dietz Verlag, Berlin, 1983.
23. 丁建弘、陆世澄:《德国通史简编》,人民出版社 1991 年版。
24. Dowe, Dieter/Kurt Klotzbach: Programmatische Dokumente der deutschen Sozialdemokratie, Verlag J. H. W. Dietz Nachf. GmbH, Berlin/Bonn, 1984.
25. Eppler, Erhard: Plattform fuer eine neue Mehrheit, ein Kommentarzum Berliner Programm der SPD, Verlag J. H. W. Dietz Nachf. GmbH, Bonn, 1990.
26. Erhard Ludwig/A. Mueller-Armack: Soziale Marktwirtschaft, Ullstein Verlag, Frankfurt, 1972.
27. 〔苏〕费多谢耶夫等:《什么是"民主社会主义"?》,中国社会科学出版社 1984 年版。
28. Fetcher, Iring (Hg.): Geschichte als Auftrag. Willy Brandts Redenzur Geschichte der Arbeiterbewegung, Berlin/Bonn, 1981.
29. Fricke, Werner/Wieland Jaeger (Hg.): Sozialwissenschaften undIndustrielle Demokratie, Verlag Neue Gesellschaft, Bonn, 1988.
30. Fricke, Werner/Wilgart schuchardt (Hg.): Beteiligung als Elementgewerkschaftlicher Arbeitspolitik, Erfahrungen aus Norwegen, Italien, Schweden und der Bundesrepublik Deutschland, Verlag Neue Gesellschaft, Bonn, 1984.
31. 高放主编:《当代世界社会主义概论》,中国人民大学出版社 1990 年版。
32. 高放、黄达强主编:《社会主义思想史》,中国人民大学出版社 1987 年版。

33. 戈尔巴乔夫、勃兰特等:《未来的社会主义》,中央编译出版社 1994 年版。
34. 〔德〕威廉·格雷韦:《西德外交风云纪实》,世界知识出版社 1984 年版。
35. Geis, Manfred[u. a.](Hg.): Widerstand und Exil der deutschen Arbeiterbewegung 1933—1945, Grundlagen und Materialien, Veerlag NeueGesellschaft, Bonn, 1982.
36. Grebing, Helga: Geshichte der deutschen Arbeiterbewegung, 10. Auflag, Muechen, 1983.
37. Grosser, Dieter: Der Staat in der Wirtschaft der Bundesrepublik, Lesk Verlag, Opladen, 1985.
38. Guenter, Klaus/Kurt Thomas Schmitz: SPD, KPD/DKP, DGB in denWestzonen und in der Bundesrepublik Deutschland 1945—1975, Verlag NeueGesellschaft GmbH, Bonn, 1980.
39. Guenther, Klaus: Sozialdemokratie und Demokratie, 1946—1966: DieSPD und das Problem der Verschraenkung innerparteilicher undbundesrepublikanischer Demokratie, Verlag Neue Gesellschaft, Bonn, 1979.
40. Hamel, H.: Bundesrepublik Deutschland-DDR: Die Wirtschaftssysteme, C. H. Beck Verlag, Muechen, 1983.
41. Heimann, Horst/Thomas Meyer(Hg.): Berstein und der DemokratisdheSozialismus, Verlag J. H. W. Dietz Nachf. GmbH, Beerlin/Bonn, 1978.
42. Heimann, Horst/Thomas Meyer(Hg.): Reformsozialismus und Sozialdemokratie, zur Theoriediskussion des Demokratischen Sozialismusin der Weimarer Republik, Verlag J. H. W. Dietz Nachf. GmbH, Berlin/Bonn, 1982.
43. Heinze, Rolf G. /Bodo Hombach/Siegmar Mosdorf(Hg.): Beschaeftigungskrise und Neuverteilung der Arbeit, Ein Diskussionsband, Verlag Neue Gesellschaft, Bonn, 1984.
44. Heinze, Rolf G. /Bodo Hombach/Henning Scherf(Hg.): Sozialstaat2000, auf dem Weg zu neuen Grundlagen der sozialen Sicherung, einDiskussionsband, Verlag Neue Gesellschaft GmbH, Bonn, 1988.
45. Hensel, K. Paul: Systemvergleich als Aufgabe, Gustav FischerVerlag, Stuttgart, 1977.
46. Hilferding, Rudolf(Hg.): Die Gesellschaft, Internationale Revuefuer Sozialismus und Politik, ein Soderheft der Gesellschaft zu KarlKautskys 70. Geburtstag, Verlag Sauer und Auvermann KG, Frankfurt/Main, 1968.
47. Hochguertel, Gehard/Barbara Stiegler: Die Aufgaben des DGB ander Basis, Verlag Neue Gesellschaft, Bonn, 1978.

48. Huebner, von Emil: Jahrbuch der Bundesrepubik Deutschland 1991—1992, Verlag C. H. Beck, Muechen, 1993.

49. Institut der deutschen Wirtschaft: Internationale Wirtschaftszahlen, Koeln, 1988.

50. Jahrbuch Arbeit und Technik in Nordrhein-Westfalen 1988, Schwerpunktthema: Arbeit, Umwelt und Beschaeftigung, Verlag NeueGesellschaft GmbH, Bonn, 1988.

51. Jesse, Eckhard: Die Demokratie der Bundesrepublik Deutschland, eine Einfuehrung in das politische System, Colloquium Verlag GmbH, Berlin, 1986.

52. Kaden, Albrecht: Einheit oder Freiheit, Die Wiedergruendung derSPD 1945/46, Verlag J. H. W. Dierz Nachf. GmbH, Berlin/Bonn, 1980.

53. 〔美〕戈登·A.克雷格:《德国人》,上海译文出版社 1990 年版。

54. 〔美〕史蒂文·克雷默:《西欧社会主义——一代人的经历》,东方出版社 1992 年版。

55. 〔英〕G.D.H.柯尔:《社会主义思想史》第二卷、第三卷(下册)、第四卷(上册),商务印书馆 1978 年版、1986 年版、1990 年版。

56. Kloenne, Arno/Hartmut Reese: Die deutsche Gewerkschaftsbewegung von den Anfaengen bis zur Gegenwart, Hamburg, 1984.

57. Klotzbach, Kurt: Der Weg zur Staatspartei, Programmatik, praktische Politik und Organisation der deutschen Sozialdemokratie 1945 bis 1965, Verlag J. H. W. Dietz Nachf. GmbH, Berlin/Bonn, 1982.

58. Kohl, Helmut: Deutschland's Zukunft in Europa, Verlag Bussetseewald GmbH, Hetford, 1990.

59. Krause, Werner/Wolfgang Groef: Willy Brandt ... auf der Zinne der Partei ... Parteitagsreden 1960 bis 1983, Verlag J. H. W. Dietz Nachf., Berllin/Bonn, 1984.

60. Kurlbaum, Georg/Uwe Jens (Hg.): Beitraege zur sozialdemokratischen Wirtschaftspolitik, 2. Auflage, Bonn, 1984.

61. 蓝瑛、谢宗范:《社会主义流派政治思想述评》,上海社会科学院出版社 1988 年版。

62. Lehmann, Hans Georg: Oeffnung nach Osten, die Ostreisen Helmut Schmidts und die Entstehung der Ost und Entspannungspolitik, Verlag Neue Gesellschaft, Bonn, 1984.

63. Leipold, H.: Wirtschafts-und Gesellschaftssysteme im Vergleich, Gustav Fischer Verlag, Stuttgart, 1985.

64. Leminsky, Gerhard/Bernd Otto: Politik und Programmatik der Deutschen Gewerkschaftsbundes. Zweite voellig ueberarbeitete Auflage, Koeln, 1984.
65. 李兴耕编:《当代西欧社会党的理论与实践》,黑龙江人民出版社1988年版。
66. 列宁斯大林论工会,工人出版社1980年版。
67. Lompe, Klaus/Lothar F. Neumann(Hg.): Willi Eichlers Beitraege zum demokratischen Sozialismus, Verlag J. H. W. Dietz Nachf. GmbH, Berlin/Bonn, 1979.
68. Lutz, Dieter S.: Lexikon Ruestung, Frieden, Sicherheit, Verlag C. H. Beck, Muechen, 1987.
69. 《马克思恩格斯论工会》,工人出版社1980年版。
70. 《马克思恩格斯全集》,人民出版社1985年版。
71. 〔意〕萨尔沃·马斯泰罗内:《欧洲民主史——从孟德斯鸠到凯尔森》,社会科学文献出版社1990年版。
72. Materialien zum Bericht zur Lage der Nation im geteilten Deutschland, Bonn, 1987.
73. Markovic, Mihailo: Democratic socialism: theory und practice, Sussex Harvester Press, 1982.
74. Meyer, Thomas: Demokratischer Sozialismus, eine Einfuehrung, Verlag Neue Geselschaft GmbH, Bonn, 1982.
75. Meyer, Thomas: Bersteins konstruktiver Sozialismus, Verlag J. H. W. Dietz Nachf. GmbH, Berlin/Bonn-Bad Godesberg, 1977.
76. Meyer, Thomas: Grundwerte und Wissenschaft im Demokratischen Sozialismus, Verlag J. H. W. Dietz Nachf. GmbH, Berlin/Bonn, 1978.
77. Meyer, Thomas/Susanne Miller/Joachim Rohlfes: Lern-und Arbeitsbuch deutsche Arbeiterbewegung, Darstellung Chroniken Dokumente, Bd 1—3, Verlag Neue Gesellschaft GmbH, Bonn, 1984.
78. Mielke, Siegfried(Hg.): Internationales Gewerkschaftsbuch, Opladen, 1983.
79. Miller, Susanne/Heinrich Potthoff: Kleine Geschichte der SPD, Darstelung und Dokumentation 1848—1990, Verlag J. H. W. Dietz Nachf. GmbH, Bonn, 1991.
80. 〔英〕C. L. 莫瓦特编:《新编剑桥世界近代史》第12卷,《世界力量对比的变化(1898—1945)》,中国社会科学出版社1987年版。
81. Moeller, Alex(Hg.): Wirtschaftspolitik in den 80er Jahren, Verlag Neue Gesellschaft GmbH, Bonn, 1984.

82. Die Neue Gesellschaft/Frankfurter Hefte, Verlag J. H. W. Dietz Nachf. GmbH, Bonn, 1989—1993.

83.〔苏〕尼基京:《"民主社会主义"思想体系批判》,中国人民大学出版社1985年版。

84. Niemann, Heinz[u. a.]: Geschichte der deutschen Sozialdemokratie, 1917—1945, Dietz Verlag, Berlin, 1982.

85. Nimtz, Walter[u. a.]: 120 Jahre deutsche Arbeiterbewegung, Dietz Verlag, Berlin, 1964.

86. Oertzen, Peter von/Horst Ehmke/Herbert Ehrenberg: Orientierungsrahman' 85, Text und Diskussion, Verlag Neue Gesellschaft GmbH, 1976.

87. Osterroth, Franz/Dieter Schuster: Chronik der deutschen Sozialdemokratie, Band Ⅰ: Bis zum Ende des Ersten Weltkrieges; Band Ⅱ: Vom Beginn der Weimarer Republik bis zum Ende des Zweiten Weltkrieges; Band Ⅲ: Nach dem Zweiten Weltkrieges. Verlag J. H. W. Dietz Nachf. GmbH, Berlin/Bonn, 1975, 1975, 1978.

88.〔英〕罗纳德·欧文:《西欧基督教民主党》,上海译文出版社1987年版。

89. 潘琪昌:《走出夹缝》,中国社会科学出版社1990年版。

90. Parness Diane L.: The SPD and the Challenge of Mass Politics, The Dilemma of the German Volkspartei, Westview Press, U. S. A., 1991.

91.〔英〕威廉·E.佩特森、阿拉斯泰尔·H.托马斯:《西欧社会民主党》,上海译文出版社1982年版。

92. Piehl, Ernst: Multinationale Konzerne und internationale Gewerkschaftsbewegung, Europaeische Verlagsanstalt, Frankfurt am Main, 1974.

93. Ponhoff, Marion: Foe into Friend, the makers of the New Germanyfrom Konard Adenauer to Helmut Schmidt, London, 1982.

94. Preiss, Hans: Von der wirtschaftlichen Krise in die politische Katastroph? Sieben Referate 1978 bis 1983. Berlin/Bonn, 1983.

95. 裘元伦:《稳定发展的联邦德国经济》,湖南人民出版社1988年版。

96. Raff, Diether: Deutsche Geschichte vom Alten Reich zur Zweiten Republik, Max Hueber Verlag, Muenchen, 1985.

97. Rudolf, P. Hans: Einfuehrung in die Theirie der Wirtschaftssysteme, Olenbourg Verlag, Muenchen, 1987.

98. Rummel, Alois: Bonn-Sinnbild deutscher Demokratie, Bouvier Verlag, Bonn, 1990.

99. 萨雷切夫:《寻求"第三条道路"——现代社会民主党思想发展史》,东方出版社 1991 年版。

100. Schachtschabel: Wirtschaftspolitische Konzeption, W. Kohlhammer Verlag, Stuttgart, 1976.
101. 《社会党经济国际政策委员会报告：全球性挑战》，东方出版社 1987 年版。
102. 社会党国际文件集编辑组：《社会党国际文件集(1951—1987)》，黑龙江人民出版社 1989 年版。
103. 〔德〕米夏埃尔·施奈德：《德国工会简史》，中国工人出版社 1992 年版。
104. Statistisches Bundesamt(Hg.): Datenreport 1985, Zahlen und Fakten ueber die Bundesrepublik Deutschland, Verlag Bonn Aktuell GmbH, Stuttgart, 1985.
105. Steiniger, Rolf: Deutschland und die Sozialistische Internationale nach dem Zweiten Weltkrieg, Darstellung und Dokumentation, Verlag Neue Gesellschaft GmbH, Bonn, 1979.
106. Stoess, Richard (Hg.): Partein der Bundesrepublik Deutschland 1945—1980, Westdeutscher Verlag GmbH, Opladen, 1984.
107. Strasser, Johanno/Klaus Traube: Die Zukunft des Fortschritts, Der Sozialismus und die Krise des Industralismus, Berlin/Bonn, 1984.
108. Walpuski, Guenter: Verteidigung + Entspannung = Sicherheit, Texte und Materialien zur Aussen-und Sicherheitspolitik, Verlag NeueGesellschaf GmbH, Bonn, 1984.
109. Weber, Wolfgang Hirsch: Gewerkschaften in der Politik, Von der Msssenstreikdebatte zum Kampf um das Mitbestimmungsrecht, Koeln und Opladen, Westdeutscher Verlag, 1959.
110. Wehler, Hans-Ulrich: Moderne deutsche Sozialgeschichte, Koeln/Berlin, 1966.
111. Weinberger, Marie-Luise: Aufbruch zu neuen Ufern? Gruen-Alternative zwischen Anspruch und Wirklichkeit, Verlag NeueGesellschaft, Bonn, 1984.
112. Wickert, Ulrich: Angst vor Deutschland, Hoffmann und Campe Verlag, Hamburg, 1990.
113. Winkler, Heinrich August: Von der Revolution zur Stabilisierung, Arbeiterbewegung in der Weimarer Republik 1918 bis 1924, Verlag J. H. W. Dietz Nachf., Berlin/Bonn, 1984.
114. 〔苏〕西比列夫：《社会党国际》，中国社会科学出版社 1983 年版。
115. 〔英〕F. H. 欣斯利编：《新编剑桥世界近代史》第 11 卷，《物质进步与世界范围的问题(1870—1898)》,中国社会科学出版社1987年版。

116. 殷叙彝:《民主社会主义的过去和现在》,《真理的追求》,北京,1990年第4期,第6期。

117. 张契尼、潘琪昌:《当代西欧社会民主党》,东方出版社1987年版。

118. 赵永清:《论德国的工会中立》,《国际共运史研究(1)》,人民出版社1987年版。

119. 赵永清:《什么是"民主社会主义"?》,《民主与科学》,北京,1991年第1期。

120. 赵永清:《评民主社会主义的民主观》,《苏州大学学报》,苏州,1992年第1期。

121. 赵永清:《民主社会主义的经济民主剖析——德国社会民主党的共决制思想和实践研究》,《国际共运史研究》,北京,1992年第2期。

122. 赵永清:《论德国社会民主党对普法战争态度的历史分歧》,《世界历史》,北京,1993年第1期。

123. 赵永清:《李卜克内西的民主社会主义是科学社会主义吗?》,《北京大学学报》,北京,1993年第4期。

124. 赵永清:《从哥德斯堡到柏林——战后德国社会民主党纲领比较》,《国际政治研究》,北京,1994年第1期。

125. 赵永清:《民主社会主义思想体系的理论核心——基本价值论剖析》,《江苏社会科学》,南京,1994年第3期。

126. 赵永清:《多元之表象》,《伦理之实质——民主社会主义世界观比较研究》,《南京社会科学》,南京,1994年第4期。

127. 赵永清:《民主社会主义基本价值比较》,《北京大学研究生学刊》,1994年第1期。

128. 中国人民大学书报资料中心:《国际共产主义运动》,北京,1988—1993年。

129. 中国人民大学书报资料中心:《科学社会主义》,北京,1988—1993年。

130. 中华全国总工会国际工运研究室:《外国工人如何参与企业管理》,工人出版社1987年版。

131. 中联部资料编辑中心:《社会党国际和社会党重要文件选编》,中共中央党校出版社1993年版。

132. 朱正圻、林树众等:《联邦德国的发展道路——社会市场经济的实践》,中国社会科学出版社1988年版。

133. 〔德〕库特·宗特海默尔:《联邦德国政府与政治》,复旦大学出版社1985年版。

134. 《世界各国贸易和投资指南——德国分册》,经济管理出版社1995年版。

后　　记

　　民主社会主义研究是国内外学术界研究的热点。本书对德国民主社会主义的研究，是在这方面进行个案研究的一个尝试，力图通过对德国民主社会主义模式的解剖透视出民主社会主义的大致走向。由于德国民主社会主义的生成、发展、演变，内容极其广泛，时间跨度巨大，这一初衷能否达到，有待学术界师长同仁指正。

　　本书的写作，首先得益于导师曹长盛教授悉心指点，是导师的帮助、支持和鼓励，使我逐步理清德国民主社会主义理论的发展脉络，勾勒出德国民主社会主义整体运动和实践的框架。本书的写作还得益于张汉清教授和黄宗良教授通读初稿并提出具体修改意见；中央编译局殷叙彝研究员审查书稿提纲，给我许多方向性提示；中国人民大学高放教授的谆谆教诲开阔了我的学术思路；杨荫滋教授、张映清教授也提了许多宝贵意见；北京大学出版社杨书澜老师对编辑出版本书付出了许多辛勤劳动。谨向诸位老师深表谢意。

　　国务院新闻办公室主任蔡武身居要职公务繁忙，但时时给以关心问候，为我写作提供许多支持和帮助；与陈林研究员、孟捷教授、章铮教授、邱泽奇教授、毛寿龙教授等学者的学术探讨激起的思想火花给我以诸多有益启示……在此书完稿之际，对诸位同学的感激之情难以言表，恕不一一；谨录于此，以示谢忱。

　　吾妻方燕鼎力支持我在学业上努力攀登，工作中多出成果,将女儿抚养成人。每每我求学、工作与妻女惜别,就感到欠她们太多太多。如果我有所成绩,当有吾妻一半。谨以此书作为回报。

赵永清
2005 年 8 月于阿比让